高职高专教育“十三五”规划教材

GAOZHI XUESHENG XINLI JIANKANG JIAOYU JIAOCHENG

高职学生心理健康教育教程

主　审　许　辉
主　编　施光荣　贾劲松
副主编　周　丰　黄　凌
　　　　彭　晓　易　娟

郑州大学出版社

内容提要

本书系高职高专学生心理素质教育教材，采用以项目为导向、以任务为驱动的情境模式，共10个项目，内容涉及认识高职学生的心理健康、培养良好的自我意识、塑造健全的人格、学会有效的学习、走进网络生活、学会有效的应对压力与挫折、学做情绪的主人、建立和谐的人际关系、认识高职学生的恋爱与性、高职学生的生命教育等多个方面。

图书在版编目（CIP）数据

高职学生心理健康教育教程 / 施光荣，贾劲松主编
. — 郑州 ：郑州大学出版社，2019.7
ISBN 978-7-5645-6588-6

Ⅰ.①高… Ⅱ.①施… ②贾… Ⅲ.①大学生—心理健康—健康教育—高等职业教育—教材 Ⅳ.①G444

中国版本图书馆CIP数据核字（2019）第151568号

郑州大学出版社出版发行
郑州市大学路40号　　邮政编码：450052
出版人：张功员　　发行电话：0371-66658412
全国新华书店经销
北京佳顺印务有限公司
开本：787 mm×1 092 mm　1/16
印张：14
字数：338千字
版次：2019年7月第1版　　印次：2019年7月第1次印刷

书号：ISBN 978-7-5645-6588-6　　定价：36.80元

前　言

随着我国改革开放的不断深入，市场经济的迅猛发展，高职学生所面临的环境和压力越来越大。如何提高心理健康教育的实效性，这是摆在每一个心理健康教育工作者面前的重要课题。本书根据教育部《普通高等学校学生心理健康教育课程教学基本要求》的最新文件精神，紧密结合高职院校学生心理发展特点，紧扣“知识传授、心理体验与行为训练”来编写，旨在让学生掌握并应用心理健康知识，培养自我认知能力、人际沟通能力、自我调节能力，最终提高他们的心理素质，促进全面发展。教材内容突出知识性、可读性和应用性的特点。

本书由湖南生物机电职业技术学院施光荣、贾劲松老师担任主编，湖南生物机电职业技术学院周丰、黄凌、彭晓、易娟担任副主编，许辉老师担任主审。全书总体框架由许辉、施光荣、贾劲松设计，经过反复讨论后最终确定十个项目，具体编写分工如下：项目一、二，许辉；项目三，喻穹；项目四、六，施光荣；项目五，贾劲松；项目七，易娟；项目八，周丰；项目九，汤小阳。最后由许辉和施光荣负责统稿。

全书采用项目教学的方法，十个项目涵盖了心理健康的基本知识、自我意识、人格、学习管理、网络心理、压力与挫折、情绪管理、人际交往、恋爱与性、生命教育等内容。每个项目根据主题的需要，包含3～4任务，在全书的每个项目中，相应设计出“心有灵犀”“心海导航”“学习目标”“青春故事”“心理知识”“拓展活动”等六个模块。情境化的教学设计具体明确，可操作性强，有助于提高教学的针对性、实用性和有效性。

在本书编写出版过程当中，得到了编者单位领导的大力支持，也得到了出版社的支持和指导，同时编者还参考和引用了国内外有关教材、著作和研究成果，在此一并致以衷心的感谢！由于编者水平有限，时间仓促，书中难免存在疏忽与不妥之处，敬请同行专家及读者多提建议和意见，以便修订完善。

编　者

前言

目　录

项目一

认识高职学生的心理健康

◆心有灵犀

这世界除了心理上的失败，实际上并不存在什么失败。只要不是一败涂地，你一定会取得胜利的。

——亨·奥斯汀

只要朝着阳光，便不会看见阴影。

——海伦凯勒

◆心海导航

英国哲学家怀德海在《教育的目的》一书中写道：“在中学阶段，学生应该伏案学习；在大学里，他该站起来，四面瞭望。”作为一名高职新生，从中学到大学，从备受父母呵护到走向独立，要独自面对相对复杂的社会环境，这就必须要有一个积极健康阳光的心理，而大学生心理健康教育课程将为你提供有力的指导和支持。

◆学习目标

【知识目标】

1. 掌握心理健康的基本知识和大学生心理健康的标准。
2. 学会适应大学生活的方法。
3. 大学生常见的心理困惑及异常心理。
4. 心理咨询的概念、意义和特点。
5. 大学生心理咨询的内容与类型。

【能力目标】

1. 养成心理保健的良好习惯。
2. 提高自己的适应能力。
3. 确立正确的心理咨询观念以及自助求助的意识。

【素质目标】

1. 具有良好的适应和心理调适能力。
2. 要有健康的心理素养。

◆青春故事

“身残仍怀公益心的好学生”黄秋生

黄秋生，湖南生物机电职业技术学院 2014 级学生，3 岁时身患小儿麻痹症，身高仅 1.3 米，双腿细小变形，走起路来一瘸一拐，不能长时间站立。“比起别的小儿麻痹症患者来说，我还算是幸运的，至少我还不需要拐棍轮椅。”黄秋生乐观地说。从穿衣洗漱、做菜吃饭、到房间整理，他都独立完成。黄秋生说：“我从不觉得自己与别人有什么不同，别人能做到的事情我都要尽力去做。”上大学后，黄秋生看到“善行 100 · 爱心包裹”公益活动招募志愿者，他毫不犹豫地报名参加，这让身边的老师同学很吃惊。黄秋生说：“我身体不好，家人、老师、同学都很关心，爱护我。我也想把爱传递出去。以前，我在电视里看到过志愿者，觉得帮助别人很快乐。我很想这样做。”他克服一切困难为山区的孩子募捐，2015 年黄秋生被评为湖南省高校志愿服务先进典型——“最美志愿服务者”。

（资料来源 360 百科：https：//baike. so. com/doc/2601175 - 24926675. html）

分析：人生路上不如意事十有八九，当遇到人生险境时，我们应该持有一种什么样的态度？黄秋生同学作出了很好的回答。他没有因为自己身体残疾而自暴自弃，而是选择了坚强乐观、自力更生，还在自己的能力范围内，以助人为乐，贡献出自己的力量。

任务一　走进心理健康

◆心理知识

一、心理健康概述

（一）关于健康

健康是人们工作、学习、生活之本，拥有了健康就拥有了希望。古希腊哲学家赫拉克利特对此有精辟的论述：人如果没有健康，智慧就难以表现，文化无从施展，力量不能战斗，财富会变成废物，知识无法利用。在当今社会，人们越来越关注自己的健康。一个人怎样才算健康呢？对于健康的理解，传统的健康观认为“无病即健康”，也就是对健康更多地关注于生理和身体方面。随着社会科技的发展和人们认识的提高，一种新的健康观应运而生。

1948 年世界卫生组织（WHO）成立时在其章程中就指出：“健康是身体、精神和社会适应上的完美状态，而不仅仅是没有疾病或是身体不虚弱。”接着世界卫生组织规定了健康 10 条标准：①有足够充沛的精力，能从容不迫地应付日常生活和工作压力，而不感到过分紧张；②态度积极，乐于承担责任，不论事情大小都不挑剔；③善于休息，睡眠良好；④能适应外界环境的各种变化，应变能力强；⑤能够抵抗一般性的感冒和传染病；⑥体重得当，身体均匀，站立时，头、肩、臂的位置协调；⑦反应敏锐，眼睛明亮，眼睑不发炎；⑧牙齿清洁、无空洞、无痛感、无出血现象，齿龈颜色正常；⑨头发有光泽、无头屑；⑩肌肉和皮肤富有弹性，走路轻松匀称。

20世纪80年代，世界卫生组织再次对健康概念作了新的补充，指出健康应包括躯体健康、心理健康、社会适应良好和道德健康四个层面。就个体而言，具体包括如下内容：①躯体健康是指人体的结构完整，生理功能正常；②心理健康是指在身体、智能、及情感上与他人的心理健康不矛盾的范围内，个人心境发展最佳的状态；③社会适应良好是指能胜任个人在社会生活中的各种角色，能立足角色创造性地工作并取得成就，贡献社会，实现自我；④道德健康是指在稳定的道德观念支配下表现出来的一贯的符合社会道德规范的行为。综合以上内容可以看出，现代意义的健康不仅要求个体生理健康，同时还要求在心理、社会化和道德层面健康，这四者之间相互联系、相互促进。

（二）关于心理健康

1. 心理健康的定义

心理健康是一个较为复杂的概念，不同的专家学者和相关组织都做出了相关论述。心理学家英格利士（H. B. English）认为“心理健康是指一种持续的心理状态，当事者在那种情况下，能作良好的适应，具有生命的活力，能充分发挥身心的潜能。心理健康是一种积极丰富的情况，不仅是免于心理疾病而已。”社会工作者波孟（W. W. Bochm）从社会学的角度出发，认为“心理健康是符合于某一水准的社会行为，一方面能为社会所接受，另一方面能为本身带来快乐。”我国心理学专家张春兴认为“心理健康是一种生活适应的良好状态。”

1946年第三届国际心理卫生大会给心理健康定义为：心理健康是指在身体、智能以及情感上与他人的心理健康不相矛盾的范围内，将个人心境发展成最佳状态。《简明不列颠百科全书》对心理健康是这样解释的：心理健康是在本身和条件许可范围内所能达到的最佳功能状态，不是指绝对的十全十美的状态。

结合不同专家学者的相关论述，我们认为，心理健康从广义上是指一种高效而满意的持续的心理状态；从狭义上讲指人的基本心理活动的过程内容完整、协调一致，即知、情、意、行、人格完整协调，能适应社会。

界定一个人心理健康与否，应遵循三条基本标准。

(1) 心理活动与外部环境是否具有同一性。一个人的所思所想、所作所为是否能正确的反映外部世界，有无明显差异。

(2) 心理过程是否具有完整性和协调性。一个人的认知过程、情绪情感过程、意志过程内容是否完整协调。

(3) 个性心理特征是否具有相对稳定性。在没有重大的外部环境改变的前提下，人的气质、性格、能力等个性特征是否相对稳定，行为是否表现出一贯性。

根据国内外的研究与实践，人的心理健康水平大致可划分为三个等级。

(1) 一般常态心理。表现为心情经常愉快满意，适应能力强，善于与他人相处，能较好地完成同龄人发展水平应做的活动，具有承受挫折、调节情绪的能力。

(2) 轻度失调心理。不具有同龄人所应有的愉快满意心境，与他人相处略感困难，独立应对生活工作有些吃力。若能主动调节或请专业人士帮助，可以恢复常态。

(3) 严重病态心理。表现为明显的适应失调，长期处于焦虑、痛苦等消极情绪中难以自拔，严重影响正常的生活和工作。如不及时矫治，发展下去会成为精神病患者。

2. 心理健康的特点

(1) 心理健康的状态具有相对性。即人的心理健康与人们所处的时代、环境、年龄、文化背景等方面的因素有关，所以不能仅仅以一种行为或者一个偶然事件来判断他人或自己心理是否健康。

(2) 心理健康的状态具有连续性。健康与不健康没有绝对的分界，而是一种连续或交叉的状态。良好的心理健康状态到严重的心理疾病之间是一个渐进的连续体，没有绝对的界限。

(3) 心理健康的状态具有可逆性。现代社会人们生活的节奏很快，遭遇的压力和突发事件也很多，如果我们不注意心理保健，经常处于这种这种负性事件之中，心理就会出现失衡或者疾病；倘若心理有困惑，出现了失衡或者疾病，我们学会及时自我调整和寻求心理咨询的帮助，就会恢复到心理健康的状态。

(4) 心理健康的状态具有动态性。心理健康的状态不是固定不变的，它是一个动态发展的过程。心理健康水平会随着个人的成长、经验、环境的改变及自我保健意识的发展而发展变化，一个心理健康的人就是接受、欢迎、愿意也有能力不断改变的人，他生活在过程中。

二、心理健康的标准

一个人心理是否健康，并不像生理健康那样具有精确的、易于度量的指标。心理学家们一般是从个体适应环境的角度提出心理健康的标准，包括自我意识水平、情绪调控能力、挫折耐受能力、社会交往能力、环境适应能力等。不同的心理学家对于心理健康的标准有着多种多样的看法。

(一) 国内外学者关于心理健康标准的研究

1946 年召开的第三届国际心理卫生联合会提出心理健康的标志是：①身体、智能、情绪十分调和；②适应环境，人际关系中彼此能谦让；③有幸福感；④在工作和生活中，能充分发挥自己的能力，过有效的生活。

美国著名心理学家马斯洛和麦特曼在 20 世纪 50 年代提出心理健康的十条标准：①有充分的自我安全感；②能充分了解自己，并能恰当估量自己的能力；③生活理想切合实际；④与现实环境保持接触；⑤人格完整和谐；⑥具有从经验中学习的能力；⑦人际关系良好；⑧在不违背团体的情况下，能使个性得到发展；⑨适当的情绪表达及控制；⑩在不违背社会规范的情况下，能恰当地满足个人的需要。

中国人民大学心理系教授张积家从心理教育目标上理解心理健康，主要包括三大方面和八个特征。三大方面是指：①心智潜能得到充分发挥；②形成了优良的心理品质；③情绪稳定，适应良好，有幸福感和成就感。八个特征是指：①智力正常：乐于学习，求知欲强，探索兴趣浓，能充分发挥自己的潜力，取得优良成绩；②情绪健康：情绪稳定，心情愉快，反应适度；③意志品质优良：自觉，果断，坚韧和自制；④人际关系和谐：乐于交往，悦纳自己和他人，广交朋友，又有知己；⑤人格健全：人格无缺陷和偏差，自我意识清醒正确，人生态度积极进取，心理特征完整统一；⑥适应社会生活；⑦心理特点符合年龄特征；⑧有幸福感和成就感，自我肯定。

（二）高职学生心理健康的基本标准

【读一读】

全国大学生心理健康日

为引导大中学生关注自身心理健康，2000 年，由北京师范大学心理系团总支、学生会倡议，十多所高校响应，并经北京市团委、学联批准，确定每年的 5 月 25 日为北京大学生健康日，“5·25”是“我爱我”的谐音。

2001 年四川省、广东省也确定每年的 5 月 25 日为本省的大学生心理健康日。随后“525——大学生心理健康日”在全国的高校中得到了认同，全国的高校都利用这一天开展多种形式的心理健康教育活动，此后，教育部，团中央，全国学联办公室向全国大中学生发出倡议，把每年的 5 月 25 日确定为全国大学生心理健康日。

高职学生普遍年龄一般在 18～23 岁，正处于青年期。高职学生心理健康的标准既要符合一般普通人心理健康的标准，又要体现高职学生的心理发展规律与特点和他们特定的社会交往的要求。综合国内外专家学者的观点，根据高职学生这一特殊社会群体的生理、心理和社会角色特征，我们认为高职学生心理健康标准主要应包括以下内容：

（1）有正常的智力水平。智力是人的观察力、注意力、想像力、记忆力、思维力的综合。正常的智力是人一切活动的最基本的心理前提。如果智力有缺陷，则社会化的过程难以进展，心理发展水平必然受到障碍，难以独立生存。心理健康的人能在工作、学习、生活中保持好奇心、求知欲，能发挥自己的智慧和能力，获取成就。

（2）了解并接受自己。心理健康的高职学生既能了解自己，又能接受自己，有自知之明，即对自己的能力、性格和优点都能做出比较恰当的、客观的评价；对自己不会提出苛刻的、非分的期望与要求；对自己的生活目标和理想也能切合实际，因而对自己也是满意的；同时努力发展自己的潜能，即使对自己无法补救的缺陷，也能安然处之，而不是过于自卑或过分自负。

（3）建立和谐的关系。心理健康的高职学生乐于与人交往，有正确的人际交往态度和有效的人际沟通技能，能用尊重、信任、友爱、宽容、理解的态度与人相处；不仅能接受自我，也能接受他人，接纳他人，能认可别人存在的重要性和作用，同时他也能为他人所理解，为他人和集体所接受，与集体融为一体，与人际关系协调和谐，社会支持系统强而有力。

（4）调节与控制情绪。心理健康的高职学生他们的愉快、乐观、开朗、满意等积极和肯定情绪总是占优势，虽然有时也会有悲、有忧、有愁、有怒等消极和否定情绪，但一般不会持续长久；他们能适度地表达自己的情绪和通过恰当的方式宣泄自己的不良情绪，不为情绪所控，不因为情绪影响正常的生活，我们常说的情商便体现了这一能力。

（5）良好的环境适应能力。环境适应能力包括正确认识环境的能力和正确处理个人与环境关系的能力。心理健康的高职学生能正确客观地认识、评价自己所处的学习环境和生活环境，能坦然面对并接受现实，同时通过努力使自己主动适应环境，积极改造环境；言行举止基本符合社会规范，与社会保持良好接触，生活有理想但不脱离现实，能面对现实，调整自己的需要与欲望，使自己的思想行为与社会协调统一。

任务二　学会适应大学生活

◆心理知识

一、关于适应的相关知识

（一）适应的概念

适应主要是指个体对环境变化做出的反应。它包含两层含义：一则是顺应环境，即个体根据环境的改变而改变自我。顺应良好的个体就可以很好地融入周围环境，而顺应不好的个体则容易产生孤独、苦闷的情绪，无法很好地融入周围环境。二则是在顺应环境的同时，个体也要保持自我的能动性。适应是一个动态发展的过程，人总是在不断变化中取得与环境的平衡。如果与环境失去平衡，人就要通过改变行为来重新构建新的平衡。

（二）适应的意义

1. 适应有利于个体的生存

生物学家达尔文提出的“物竞天择，适者生存”的自然法则同样也适应于人类社会。人自出生那一刻起，就要不断适应环境的变化。人只有不断地适应环境、改变不适应环境的因素，才能在环境中生存下来，并使种族社会得到繁衍。

2. 适应有利于个体的发展

发展是指个体的身心随着时间的推进而不断变化的过程。个体的发展意味着身心发育成熟，个体的认识、情绪、情感、能力和社会功能等各个方面趋向成熟。发展和适应是辩证统一的，适应是为了更好地发展，而发展则更有利于个体更好的适应环境。个体就是通过不断地适应是、发展、再适应、再发展，促使自己的心理不断地成长和成熟，以面对环境中更多更新的挑战。

二、高职新生的不适应及调适方法

（一）新生适应不良的表现

（1）思乡情绪困扰导致的依赖感。想家是新生最多见的问题，饮食、生活不习惯、学业困惑等因素都成为了想家的诱因，特别是自理能力稍差，父母照顾过多的新生尤其突出。

（2）生活不适应导致的焦虑感。饮食习惯和生活习惯方面的差异会使部分新生不适应。初到新环境，吃饭就是一个问题，如菜的口味、种类等。再有来自不同地方的同学在一个寝室生活，作息时间、生活习惯、卫生习惯等都会各有特色，造成一连串的不适应。

（3）学习不适应导致的迷茫感。高职学习与中学学习在学习任务、学习目标、学习内容、学习形式和考核方式上都有很大的不同，对于刚进校不久的新生，相当一部分人会有许多的不适应。高职的学习任务明显轻松，还会多出较多的自习时间，新生突然面对多出的自由时间有点不知所措。学习内容方面相比较中学而言，高职更加侧重专业，强调动手实践能力，注重理论联系实际，这些都多少会给学生带来难题。

（4）经济拮据带来的自卑感。高职学生群体中有部分人来自富裕家庭，他们崇尚享乐，追求名牌，出手阔绰，显得处处高人一等。相比之下，更多的学生则来自普通家庭，还有的是贫困家庭，这些学生的家里每个月寄来的固定生活费使他们显得囊中羞涩，有些甚至因处处省吃俭用而被看作“小气”。

（5）人际交往不适导致的孤独感。学生心理咨询中最为常见的问题就是如何搞好寝室人际关系？如何和不同性格的人相处？与异性相处的尺度如何把握？这些问题由此引发的人际矛盾和心理不适给大学新生带来了许多烦扰与困惑。有些学生宁愿把自己封闭在一个独立的天地里也不愿意和他人交流沟通，最后成了孤家寡人，感觉世态炎凉，人情淡薄。

（6）心理落差大带来的失落感。进入高职学院的新生也有部分高考失利者，他们以较好的成绩进入高职，结果发现高职学校里相当部分的人都是压线进来的，高职院校和自己理想的大学存在着差距，当新鲜感褪去的时候，新生很容易由此产生强烈的失落感。面对新环境，要重新给自己定位，找准自己的位置，设立目标。否则，伴随着的就只有消沉与失望。

（二）新生适应不良的原因

1. 个人因素

据研究，一个人的适应能力与其年龄、知识经验有关。个体的适应能力和水平随年龄和知识经验的增长而提高，而适应不良的行为随着年龄和知识经验的增长呈现减少的趋势。另外，疾病、生理缺陷、心理素质、社会价值取向等因素也会影响到人的心理适应能力。心理研究者马莹在一项以 500 名高职学生为被试的研究结果中发现，高职学生心理适应能力发展不仅受神经系统特性的影响，而且与个体的自我概念、思维模式有关。

2. 家庭因素

家庭作为孩子成长的重要场所，对个体的适应能力有重要的影响。父母的兴趣爱好、受教育程度、对孩子的教养方式、家庭的氛围、家庭的收入和父母间的关系等因素，对青少年的人格发展和行为方式都会产生潜移默化的影响。朱誉惠认为家庭环境、经济状况都影响高职学生的学校适应性。家庭比较富裕的学生相对能尽快的适应高职学生活，而那些家庭比较贫困的学生则适应相对较慢些。杨青的研究表明父母间良好的人际关系有利于孩子心理适应水平的发展，家庭出身背景对心理适应水平也有一定的影响作用。

3. 学校因素

学校教育也是影响学生适应能力的重要因素。学校对心理健康教育重视不够，学生缺少相关知识的学习培训，另外据心理学研究表明，由于学校中竞争压力大、学生对所学的专业兴趣不高、人际关系不好等因素也严重影响到了学生的适应水平。

（三）学会适应新生生活

1．重新定位，确立新的目标

【读一读】

关于大学的思考

社会是个大舞台，每个人都是舞台上的角色。人的社会角色经常会发生转换。由中学生变成大学生，这就是一种角色转换。对新角色的认同，是每位大学新生适应新环境的有效途径之一。请思考以下问题，并且写出自己的答案。

①大学是什么？

②我理解的大学是什么？

③我上大学的原因是什么？

④我上大学的目标是什么？

⑤我在大学打算做些什么？

高职新生入学后要有目标，经常要问自己“我来大学干什么”，“我在今后应该成为一个什么样的人”，这样有利于角色定位，适应新环境。许多新生入学后，往往会有意放纵自己，导致目标、理想、方向的迷失，这是诱发心理问题的病灶。因此新生入学熟悉环境后，应立即确立一个新的奋斗目标。有了一个明确而现实的目标，可克服新生所面临的迷茫感。同时从心理学角度来说，有一个明确的目标，会使心理指向集中一处，这样无形中会转移注意力，削弱心理问题对自身的实际影响力，从而更有利于各种心理问题的解决和心理障碍的消除。

高职学生在选择和确立目标时一定要谨慎选择，要充分考虑到现实社会需要、高校培养目标和个人的现实状况等因素的影响，同时目标一旦确定，就要全力以赴，不抛弃不放弃。但如果在新目标的实现过程中，发现原来的目标过高或过低，那就要果断调整，使目标更全面、更快速地发展起来。

2．正确认识自我、悦纳自我

心理健康的标志之一是悦纳自我。因此，进入新的环境，同学们要重新找到和摆正自己的位置，承认和接受自我，肯定和满意自我，应该是我们的一大心理追求。每个人都会遇到一些不如意的事情，如家境贫寒、学习条件差、考场失意、人际关系不融洽等。在这些困难面前，有人积极面对，在克服困难的过程中得到锻炼；有人悲观失望、怨天尤人，甚至精神崩溃。

在高职学生活中，中学时代的一切都是过去式，大家都站在了同一起跑线上。每一个同学都既要正确认识自我，也有正确认识他人。既要看到自己的优点，树立自信心，也要看到自己和他人之间存在的差距与不足，要扬长避短，取长补短，切忌过于自信或自卑。

3．学会学习

面对新的学习环境、学习课程和老师的授课方式，大学新生一定要主动适应。多向高年级的学长请教，寻求任课教师、辅导员和班主任的帮助。除此之外，同学们还得自己费心思来改变自己。如要培养自主学习的好习惯，变被动学习为主动学习；要学会自我管理和自我约束，学会支配闲暇时间等等。

4. 学会合理表达自己的感受

处于情绪困扰之中的人，常常想的越多越觉得烦躁和焦虑，同学们要学会“合理宣泄”，当你忧虑、烦恼、郁闷时，不妨选择向家人、老师、同学或朋友倾诉，或者到学院心理健康中心来寻求专业心理咨询师的帮助，以此缓解心理压力。

5. 学会与人交往

异地求学的丧失感在一定程度上需要由朋友来弥补。有了良好的人际关系，就有了支持的力量，有了归属感和安全感，心情才能愉快。因此，高职学生应主动开放自己，学会交往。高职学生在交往中应坚持真诚待人、宽容待人、平等待人等原则，并掌握交往的技巧。心理学研究表明：人人都希望得到别人的赞扬同时害怕别人的指责。所以，交往中不要总是批评、指责别人，而应真诚地赞扬和欣赏别人。如果一定要批评人，也应先表扬后批评或者巧妙地暗示对方注意自己的错误。与人交谈时，要善于倾听别人的讲话，因为倾听本身就等于告诉对方：你是一个值得尊敬的人，是一个值得我倾听你讲话的人。这种对他人的尊重，无形中就会满足对方自尊心的需求，赢得对方的好感，加深彼此的感情。高职学生还应把握交往的度。人际交往上的“度”是指保持良好人际关系所需要把握的方向、深度、广度等。

任务三　认识高职学生常见的心理问题

【案例】

吴谢宇弑母案

吴谢宇，男，北大学子，福州文科状元，2015 年 7 月 11 日，在家里杀害其母谢天琴后潜逃。半年后其母遗体被警方发现，当时遗体被用活性炭掩盖气味，房间经过严格密封，吴谢宇还用母亲的手机同亲戚联系，以要出国留学为名，借款百万。吴谢宇是同学和老师眼中的学霸，好学生，学习生活极度自律，有清晰的人生目标，人缘很好，喜欢打篮球，经常主动帮助需要帮助的同学。吴谢宇为什么要杀害相依为命的母亲？这个案件带给我们很多思考，好学生的标准究竟是什么？除了所谓的成绩好之外，心理健康应该是更为重要的评价标准之一。

◆心理知识

心理问题也称心理失衡，是指各种心理及行为异常的情形。心理的正常和异常之间没有明确和绝对的界限。一般认为人的心理及行为是一个由正常逐渐向异常，彼此相互转化的过程。因此，心理问题是普遍存在的，现实生活中的每一个人都有可能会产生一定程度的心理问题。心理学家们根据心理问题的严重程度不同，把心理问题分为心理困扰、心理障碍和精神病。

一、高职学生常见心理问题

（一）高职学生常见的心理困扰

心理困扰是指人们因为一些内在或外在的原因使自己陷入一种烦闷、焦虑和不安的心理状态。生活中每个人都有各种各样的心理困扰，高职学生中常见的心理困扰主要包括以下内容。

1. 适应不良带来的困惑

适应不良的问题主要出现在高职新生期。由于中学和大学在生活环境、学校管理和学习方式上的变化，部分高职新生平常生活自理能力差、心理承受能力弱，这时一旦离开自己熟悉的环境，就会明显表现不适应。

2. 人际交往中的心理困惑

良好的人际关系式个体适应社会、实现自我和谐发展的重要条件。据学院心理健康中心统计结果表明，人际交往问题在咨询案例中占首位。由于学生在个性、兴趣、需要、动机和价值观等方面不完全相同，不少学生因缺少人际交往技能、技巧或性格内向、孤僻，或有自卑、自闭心理等，常常出现沟通不良，从而产生困惑、焦虑等心理问题。

3. 恋爱与性的困扰

高职学生正处于青春期，一方面性生理发育成熟，另一方面没有了升学压力，开始比较关注两性问题。爱的渴望与需要是一个永恒的话题。有的同学因情窦初开而兴奋，有的会经历浪漫而纯洁的爱情，同样也可能会体验失恋的情感，为情所困是高职学生常见的烦恼。性的困扰包括性的观念、性的行为等方面，涉及性生理的成熟、性心理的发展及两性相处带来的问题。

4. 择业压力引发的心理困扰

自高校扩招以来，高职学生就业压力增大，竞争激烈。他们憧憬未来，更关心个人的发展。选择什么样的职业，如何寻找工作，要不要进行职业转换等等等，都是他们在职业发展中会面临的困扰。

5. 学习的困扰

高职学生因为学习而产生的困扰表现在许多方面。有的学生理解能力、知识基础较差，因而对学习感到吃力；有的学生本身学习习惯不好，对学习本身缺乏兴趣，缺乏学习动力和目标的；还有部分学生对所学专业不满意而产生厌学情绪等等。

6. 重大生活事件带来的困扰

例如亲人丧失、罹患严重疾病、父母离异、父母失业等重大生活事件，特别是在急性应激阶段，严重影响高职学生的生活，给个体带来极大的困扰。

（二）高职学生常见的心理障碍

心理障碍也可称为心理异常、心理变态，是指心理（精神）状态、心理过程或人格较明显地偏离正常，这些异常状态给患者造成了心理上的困扰，并给其正常的学习、生活和工作带来了消极的影响。心理问题对人的影响是短暂的、轻微的，但心理障碍对人的影响是持久的、强烈的。心理障碍有很多种，这里只介绍在高职学生中常见的神经症、人格障碍和性心理障碍。

1. 神经症

神经症是高职学生中最为常见的一类心理障碍。神经症，又称神经官能症，是一组大脑功能轻度失调的疾病的总称，可分为神经衰弱、抑郁症、焦虑症、恐怖症、强迫症、疑病症、癔症。这七种神经症除了癔症表现为周期性短暂发作外，其他的病程大多是持续的，一般有不少于三个月的持续时间。它们的共同特点主要有：起病常与精神因素有关；症状多样，可表现为精神、神经和躯体症状，但检查不出相应的器质性损害；患者一般意识清晰，有自制力，要求治疗；部分患者有性格缺陷。

（1）神经衰弱。神经衰弱又称神经衰弱性神经症，是高职学生中常见的一种心理障碍。它的特点是容易兴奋，迅速疲倦，并常常伴有各种躯体不适感和睡眠障碍。

高职学生患神经衰弱的原因使多方面的，主要是由缺乏面对现实的勇气和良好的适应能力造成的，如学习负担过重、专业思想不稳定、个体自我调节失灵，对社会、对人生思虑过多，在家庭和恋爱问题上受挫等。所有这些，在患者头脑中产生强烈的思想冲突，使得神经活动过程强烈而持久地处于紧张状态，超过了神经系统本身的张力所能忍受的限度，从而造成心理失调。

神经衰弱的预防在于消除人格弱点为根本，同时注意合理安排学习和生活作息，适当参加娱乐活动和体育锻炼，并进行必要的心理治疗，如认知疗法，一般可以收到较好的效果。

（2）焦虑症。焦虑是由紧张、不安、忧虑、恐惧等感受交织而成的情绪状态。在日常生活中，很多人都体验过焦虑情绪，比如考试前的夜不能寐，上台前的忐忑不安，这些暂时性的焦虑都不属于心理异常。

焦虑症患者常常在没有明确现实威胁时也产生焦虑反应，而且其焦虑体验较正常人更强烈，他们的恐慌不知因何而起。焦虑症的一般症状是情绪紧张、注意力不集中、身心疲惫、心悸、失眠等，平日大多处于一种无事不担心、无时不忧虑的生活状态。有时可能突然无缘无故地惊慌、好像大祸临头一样，同时伴有心跳加快、呼吸急促、四肢发抖、头昏目眩、肌肉发紧、盗汗、尿频尿急等症状，这种突发性的恐慌称为急性焦虑。高职学生进入新的环境，各方面都要重新开始适应和调整。如果对自己期望过高，压力过大，凡事患得患失，时间长了，就会产生持续性的焦虑、不安、担心、恐慌，并且还伴有明显的运动性不安以及各种躯体上的不舒适感。

焦虑症的预防在于建立正确的自我评价机制，通过在他人的安慰、鼓励、劝解和引导下，消除担忧并认识到自身人格发展的特点，自觉进行性格的自我塑造，改变性格中的不良成分，注意情绪的自我管理。另外加强体育锻炼，积极参加学校集体活动，改善人际关系，并进行有规律的松弛训练，如绘画、种花、听音乐，也有很好的效果

（3）强迫症。强迫症是指当事人的行为不受自由意志的支配，即使其行为违反自己的意志，却仍然一再身不由己地重复。强迫症有两种含义，一种是强迫性观念，另一种是强迫性行为，二者有时单独出现，有时同时出现。这些观念和行为在当事人心中往往有特别的象征意义，如果没有那样做，就总觉得内心不安。

强迫性观念主要表现为反复而持久的观念、思想、印象或冲动念头。强迫性怀疑，即

患者对已完成的事情总是放心不下，要反复多次检查确实无误后才能放下心来。如怀疑是否关好门窗，准备投寄的信是否已写好地址，煤气是否已关好等等，在怀疑的同时常伴有明显的焦虑；强迫性回忆，患者对过去的经历、往事等反复回忆，虽知毫无实际意义，但总是反复回萦于脑中，无法摆脱，因而感到厌烦之极。如回忆已讲过的话用词、语气是否恰当等；强迫性联想，当患者听到、见到或想到某一事物时，就不由自主地联想起一些令人不愉快或不祥的情景，如见到有人抽烟就想到火灾；强迫性穷思竭虑，患者对一些毫无现实意义的问题，总是无休止地思考、深究。如天为什么要下雨等等。

强迫性行为主要表现为不由自主地重复出现一些动作，自知不必要而又不能摆脱。常见有强迫性洗手、洗衣；强迫性检查，如出门时反复检查门窗是否关好，寄信时反复检查信中的内容；强迫性仪式动作：患者总是做一些具有象征性福祸凶吉的固定动作，试图以此来减轻或防止强迫观念所引起的焦虑不安；强迫计数，如看到电杆、台阶、汽车等时就开始计数等。

强迫症的预防主要是合理安排生活节奏，充实课余生活，调整心态，自我疏导，不过分压抑自我。强迫症的最佳治疗方法是森田疗法。行为疗法对强迫动作有一定效果。向患者解释精神生活中的各种知识，增强他们的自信心，对缓解症状也有一定效果。

（4）抑郁症。抑郁症是高职学生中常见的一种心理障碍。抑郁症以心境持续低落为主要特征并持续至少两周以上，给本人造成痛苦和不良后果，严重影响社会功能的正常发挥，并且至少有一下症状中的四项：①对日常活动丧失兴趣，无愉快感；②精力明显减退，无原因的持续疲乏感；③精神运动迟滞；④自我评价过低、自卑或有内疚感；⑤联想困难，或自觉思考力显著下降；⑥反复出现想死的念头，或有自杀行为；⑦失眠，或早醒，或睡眠过多；⑧食欲不振，或体重明显下降；⑨性欲明显减退。

预计到2020年，抑郁症将跃居危害人类健康疾病的第二位，占全球疾病负担的15%。自杀是抑郁症最危险的症状之一。据研究，抑郁症患者的自杀率比一般人群高20倍。严重的抑郁症患者中有15%的人以自杀结束自己的生命。

抑郁症的预防在于树立正确的人生观和价值观，培养乐观、积极、幽默的人生态度，提高对挫折的耐受力；同学习自我协调和控制的方法。抑郁症的治疗以认知疗法最佳，通过认知疗法改变患者对现实、自我的不良认知，以从根本上解决患者产生抑郁情绪的病因。严重者还需考虑药物治疗。

（5）恐惧症。恐惧症是指对某些事物或特殊的情境产生十分强烈的恐惧感，这种恐惧感与引起恐惧的情景通常是极不相称。患者明知自己的恐怖是不切实际的，而且所害怕的事物和情景并不会对自己造成伤害，但就是控制不住地感到恐惧，常伴有回避行为，患者感到非常痛苦。恐惧的对象可能是单一的或多种的，如动物、广场、登高或社交活动等。如生活中很多人怕蛇，不能认为是恐惧症，但如果看到蛇的图片，或者听到蛇字就吓得受不了，那就是恐惧症了。

恐怖症的预防在于找出产生恐怖的根源，分析自己性格形成的过程，然后有针对性地改变这种状况。同时应多参加体育运动，在运动中释放不良心病。对于恐怖症可采取行为疗法和认知领悟疗法。

（6）疑病症。疑病症指患者在没有任何证据的情况下确信自己有病，从而处于对疾病持续、强烈的恐惧和疑虑之中。主要表现为怀疑自己患了某种疾病，并带有一种固执的病态信念，很难改变。哪怕是刷牙时出现的恶心，别人碰到他的衣服等，他都会被看成的器官或组织患病的先兆或已经患了某种疾病，而且特别容易与肿瘤、精神病等慢性病联系起来想，整天提心吊胆，焦急异常。

疑病症的预防在于一方面可去医院进行全面、细致的体格检查和必要的化验及仪器检查，根据检查结果表明并无躯体性疾病，以打消自身的思想顾虑。另一方面要心胸宽广，努力培养乐观情绪，提高生活信心。还应做一些力所能及的工作和家务活，每天坚持体育锻炼，要多与朋友和亲人交流，培养幽默感，从而战胜消极悲观情绪和不良心理状态。

【读一读】

神经症的简易判断

神经症与正常心理冲突的分界和区别需要运用精神病学知识和技巧，一般通科医生和心理咨询师可以用比较简单而容易掌握的方法来进行评定。这包括如下三个方面：

(1) 病程。不到3个月短程，评分1分；3个月到一年中程，评分2；一年以上长程，评分3。

(2) 精神痛苦的程度。轻度病人自己可主动设法摆脱，评分1；中度病人自己摆脱不了，需借助人或环境才能摆脱，评分2；重度病人几乎完全无法摆脱，即使别人安慰开导也无济于事，评3。

(3) 社会功能。能照常工作、学习及人际交往只有轻微妨碍，评分1；工作、学习及人际交往效率显著下降，不得不减少工作或部分工作，某些社交场合尽量回避，评分2；完全不能工作学习，不得不休病假或退学，某些必要社交场合完全回避，评分3。

如果总分为3，可以认为还不能诊断为神经症。如果总分不小于6，神经症的诊断是可以成立的。4～5分为可疑病例，需要进一步观察确诊。需要补充说明的是，对精神痛苦和社会功能的评定，至少要考虑近三个月的情况才行，评定涉及的时间太短是不可靠的。

2. 人格障碍

人格障碍亦称病态人格，它是一种人格发展的内在不协调，是在没有认知过程或没有智力障碍的情况下出现的情绪反应、动机和行为活动的异常。它明显偏离正常人格，形成了一贯的反映个人生活风格和人际关系的异常行为模式。人格障碍通常始于童年期或青少年期，并长期发展到成年期或终生。常见的有以下几种类型。

(1) 偏执型人格障碍，表现为感觉极度过敏，思想行为固执，坚持毫无根据的猜疑，好嫉妒，对自己估价过高，对人要求过多，不信任别人，表情冷漠、缺乏幽默。

(2) 分裂型人格障碍，表现为行为怪癖、孤独、思想内向、沉默寡言，对人对事冷漠无情，具有明显的社会适应不良，几乎没有朋友和社会交往，精神萎靡，行动笨拙，但对紧张和困难、批评和赞扬又态度超然，满不在乎。

(3) 自恋型人格障碍，人格表现幼稚，有强烈的自我中心倾向，经常以炫耀自己的方式引人注意。缺乏同情心，理解不了别人的感情，人际关系一般会比较紧张。

(4) 反社会型人格障碍，一切言行以自我为中心，不遵守社会规范，不重视别人的权利，是一种损人利己的异常性格。

(5) 回避型人格障碍，对人际关系过度敏感，期待别人接纳，生怕遭人拒绝伤及自尊，因而在矛盾的心情下回避本要参与的社会活动。

(6) 依赖型人格障碍，性格幼稚，凡事依赖别人的帮助与支持，如不得以独行其事时，就会感到极大的恐惧。

(7) 强迫型人格障碍，刻板固执，言语僵化，做事循规蹈矩、墨守成规，不会随机应变，对变动的生活情境及复杂的人际关系均不能有效适应。

(8) 被动攻击型人格障碍，这种人惯于隐藏内心的愤懑和仇恨。对分配给他们的事情，当面答应，唯唯诺诺，心里却在想方设法拖拉敷衍，常常找借口故意把事情搞糟。

人格障碍主要有以上八种类型，在情感、警觉性、冲动控制、感知和思维方式等表现与众不同。

3. 性心理障碍

性心理障碍也称性行为变态，指性冲动障碍和性对象的歪曲，即寻求性欲满足的对象与性行为的方式与常人不同，违反社会习俗而获得性欲满足的行为。以下介绍几种常见的性心理障碍。

(1) 性指向障碍。①同性恋，目前，从医学标准而言，许多国家（包括中国）和地区已不把同性恋看作是一种变态，但从社会常模而言，仍然是不正常的性心理和性行为。近年研究证实，同性恋者是艾滋病的易感人群，引起了世人的关注和恐惧；②双性恋，在正常的生活条件下，从少年时期就开始对同性和异性两种成员均持续表现爱的迷恋倾向，难以建立和维持与异性成员的家庭关系。

(2) 性偏好障碍。①恋物癖，其特征是以收藏和接触异性穿戴或佩带物品的方式引起性兴奋。大多是成年男子，异装癖是恋物癖的一种特殊形式，表现是通过穿戴异性服装服饰而得到性欲满足，喜欢从头到脚穿着打扮成异性一样。大多数异装癖是男性；②裸露癖，以显露自己的生殖器，从对方的惊叫、逃跑或厌恶反应中求得性满足为特征的性变态，大多数是男性。通常并无进一步的性侵犯行为；③摩擦癖，指男性病人在拥挤场合或乘对方不备之际，伺机以身体某一部分（常为阴茎）摩擦和触摸女性身体的某一部分，以达到性兴奋的目的，摩擦症患者没有暴露生殖器的愿望，也没有与摩擦对象性交的要求；④窥阴癖，指以偷看别人的性活动或异性裸露的身体为唯一方式而取得性兴奋或快感的一种性变态。

(3) 性身份障碍。性身份障碍有两个特点，一是持续存在的强烈的自我性别认同障碍，即强烈认同自己为相反的性别，例如男性患者具有不折不扣的女性心理，强烈认定自己是女性，是投错了胎，非要医生把他们改变为女性；二是对自己的生理性别有强烈的厌恶感，以致要求改变自己的生理性别。如果不能满足其性别转换的要求，常具有强烈的自杀或自残倾向，甚至自己动手割去阴茎和睾丸。性心理障碍是由成长过程中的性心理发育、遗传因素、教养方式、教育背景、社会影响等一系列因素造成的。病因复杂，其治疗也比较困难。应从婴儿就正确培养，加强青春期性知识教育，引导正常性行为发展，一旦出现不正常性心理、性行为，应及时求治，防止其发展。目前主要采用心理治疗，配合药物治疗。

（三）精神分裂症

精神分裂症是指在较长的一段时间内（一个月以上）表现出以妄想（例如被害妄想或

钟情妄想)、幻觉（幻听、幻视或幻嗅)、言语紊乱、情感平淡、言语贫乏或意志减退等症状的严重精神疾病。

精神分裂症作为一种重度精神疾病，最近几年逐渐成为高校危机事件的重要因素之一。本病多在青壮年起病，最常见于15～35岁，有50%的病人在20～30岁发病。病程多迁延，起病形式可分为急性和慢性，前者的治愈的希望较大，而后者很少有治愈的可能。此病的复发率较高，因此应注意预防复发，否则可能需要终生治疗。目前，高校对精神分裂症高职学生工作的重点是如何预防、识别、更好更快地将患者送去就医，同时对精神分裂症同学及受其影响的同学进行心理援助。

二、高职学生心理问题的原因

高职学生作为一个特殊群体，他们的心理素质和所处的外部环境都有明显的特异性。

影响高职学生心理健康水平的因素是多种多样的，既有社会、家庭、学校等客观原因，也有个体生理、心理等主观原因。

（一）客观因素

1. 社会因素

社会因素是影响高职学生心理发展的决定性因素。对于正处于社会变革和转型时期的高职高职学生来说，高校扩招和国家分配制度的改革，为他们提供了广阔的发展空间和前所未有的发展机遇。同时，由社会变革带来的负面影响使高职学生产生极大的心理困扰。面对纷繁复杂的社会环境，高职高职学生们不可避免地会感到混乱、空虚、压抑和无所适从，产生各种各样的心理矛盾和问题。

2. 家庭因素

家庭是社会的细胞，是一个人最早接触的社会环境。家庭环境对人的一生产生重要的影响，特别是早年形成的人格结构会在以后的心理发展中打下烙印。家庭因素对高职学生心理健康状况的影响主要来自家庭的情绪氛围、父母的教养态度和教育方法、家庭结构及成员关系、家庭经济状况等方面。

3. 学校因素

高职学生的大部分时间生活在学校里，其成长与发展同学校教育和管理是分不开的。因而高职学生的心理健康不可避免地会受到学校的影响。学校的教育方式方法、校风学风、人际关系以及在学习上的成就与挫折等，都会影响高职学生的心理健康。此外，大多数高职院校对高职学生心理健康关心的力度不够，也是影响高职高职学生心理健康的重要因素。

（二）主观因素

高职学生个体本身的因素也是影响高职学生心理健康状况的重要原因。尽管高职学生在自我意识、个人情感、自我完善等各方面都在趋向独立和成熟，但由于其认识水平和社会阅历不足等原因，其情绪和情感处在最复杂动荡的时期，世界观、人生观、价值观处于形成的重要时期，心理发展不平衡、情绪不稳定，不可避免地会出现难以适应环境、人际关系障碍、学习上的困惑和择业的难题等一系列心理问题。

总之，造成高职学生出现心理问题与心理障碍的原因是多方面的，社会、生理、心理等因素时常交织在一起，相互联系，相互制约。因而，维护高职学生的心理健康也应该从多方面入手，多管齐下，综合治理。

三、高职学生应对心理问题的态度

（一）正确面对自身出现的心理问题

当感到自己出现心理困扰时，要主动寻求心理咨询人员的帮助与指导。心理咨询是一项专业化的助人工作，可以处理许多问题。我们在生活中遇到的一般的心理困扰、心理障碍，通过当事人自己的努力或亲人朋友的帮助可能会得到处理，但若状况比较严重，自己难以摆脱，并且家人、朋友也难以给自己有效的帮助，或者有些问题因为隐私性太强，对家人、朋友很难启齿，寻找心理咨询人员的帮助是比较明智的选择。

（二）正确对待身边有心理问题的同学

（1）能接纳，不歧视。每个人在其人生道路中都会遇到各种各样的问题，也会产生各种心理困扰，甚至还会出现心理疾病。因此，任何人都没有权利去嘲笑出现社会功能失调的人。我们接纳他人，实际上也是为自己营造和谐的生存环境。

（2）向有关机构反映情况。各高校的心理咨询机构是负责本校学生心理健康工作的机构。当你发现周围有同学的言行举止明显反常，而自己又无法给他更多和更有效的帮助时，最好及时将这名同学的情况反映到学校心理中心的专业人员那里，以便提供专业的帮助；或是帮助安排他来咨询；或是向学校有关部门提出建议。无论怎样，最终目的都是帮助他处理自身的问题，并为广大同学的学习、生活创造一个良好的环境。

（3）建议和指导他们及时治疗。尽管心理咨询也可以对一些心理疾病进行疏导，但某些心理疾病需要得到一些的支持和干预，因此，专科医院是帮助他们治疗心理疾病的最好选择。

任务四　认识心理咨询

【案例】

刘宁，男，四川凉山某县的理科状元，曾以650分的高分考入中国科技大学。因为某些原因，刘宁大学毕业没有找到理想的工作。他开始沉迷网络，四处流浪。当记者问他为什么自己的生活会像现在这样时，刘宁的回答“从小学到中学，我的成绩都一直很不错；考进中科大的时候，带着万分之一的希望、有没有可能像爱因斯坦、霍金一样，成为伟大的科学家，甚至能影响整个世界；但进入大学之后，学习成绩一般，和同学们比起来也只是平凡普通的一员，而且感觉自己也没有天才的聪慧和疯狂。但在现实生活中，让我像大多数人一样，找个工作结婚生子、挣钱养家，我觉得很无聊，很没意思。”

（资料来源：http：//news.sinA.com.cn/c/2014－02－12/114029444717.shtml）

分析：刘宁由县理科状元沦为流浪汉的案例说明了大学生关于自我认识方面出现了一些偏差，对理想和现实的认识，对人生目标与理想的缺失，求职择业与现实生活面对的压力等。其实，刘宁的生存状态本不该如此。如果他当时就读的大学能够给予他更多的支持与帮助；如果他当初自己主动去寻求心理帮助……

◆心理知识

一、心理咨询的概念

心理咨询是运用有关心理科学的理论和方法，通过解除咨询对象的心理问题（包括发展性心理问题和障碍性心理问题），来维护和增进心理健康，促进个性发展和潜能开发的过程。心理咨询是一门科学，是一种技术，也是一门艺术。

二、心理咨询的分类

（一）按照咨询的内容划分

（1）障碍性咨询。指对存在程度不同的非精神病性心理障碍、心理生理障碍者的咨询，以及某些早期精神病人的诊断、治疗或康复期精神病人的心理指导。咨询的目的就是通过系统的心理治疗，帮助来访者克服障碍，缓解症状，恢复心理平衡。从事咨询的人员需要经过充分的精神医学和临床心理学的训练。

（2）发展性咨询。指帮助来访者更好地认识自己和社会，充分开发潜能，增强适应能力，提高学习、工作和生活质量，促进人的全面发展。咨询内容十分广泛，凡是在人生各时期出现的心理问题都属于咨询的范围。如学习、恋爱、职业选择、家庭生活等，咨询师通过与来访者共同探讨，可以帮助来访者全面客观地认识自我，发现自己的优势和潜能，同时也能看到自己尚待发展的地方。然后共同确定今后努力的方向，制定出合理的发展目标、发展计划，促进来访者的发展。

（二）按照咨询的规模划分

（1）个体咨询。个体咨询一对一的关系，提供了一个可靠安全的环境，可使某些人降低他们的防御性，与咨询师建立彼此信任的关系。它为咨询师与求助者提供了最大限度的个人接触的可能性。个体咨询有利于求助者消除顾虑，谈出自己内心深处的想法。

（2）团体咨询。团体咨询是在团体情境中提供心理帮助与指导的一种心理咨询形式。它是通过团体内人际交互作用，促使个体在交往中通过观察、学习、体验，认识自我特殊性。

（三）按照咨询的方式划分

（1）门诊咨询。在专门的心理咨询机构或医院的心理咨询门诊进行。心理医生与当事人采取面对面的方式交谈。门诊咨询掌握情况全面，能够更深入地为当事人提供有效的帮助。是一种首选的心理咨询方法。

（2）现场咨询。指咨询师在学校、机关、企业、部队、社区、家庭、医院等现场，对咨询对象提出的各种心理问题给予咨询帮助。例如重大考试前，深入学校进行考前心理辅导等。

（3）电话咨询。利用电话的方式对当事人给予劝告、安慰或鼓励、指导。由于电话咨询的方便性、快捷性和保密性，深受当事人的喜爱。这种形式在国外的主要功用是心理危机干预，故被称为“希望线”“生命线”。

（4）信函咨询。以通信的方式进行咨询，咨询师根据求助者来信描述的状况或提出的问题，以通信的方式给予回信答复，其优点是不受居住条件限制，对那些不善于口头表达或较为拘谨的当事人来说是一种较易接受的方法。

（5）专栏咨询。在报纸、期刊、电台、电视台和网络开辟心理咨询专栏，对读者、听众、观众提出的典型心理问题进行公开解答。优点是受益面广，具有治疗与预防并重的功能。但是针对性差。

（6）网络咨询。网络以其极强的保密性、隐蔽性、快捷性及实时性，为心理咨询提供了无限发展的空间。通过网络，咨询对象能够真正毫无顾忌地倾诉自己的隐私，暴露自己的问题，从而使心理医生能够在尽可能短的时间内掌握当事人的基本情况，做出适时的分析判断，并可以通过实时交谈不断矫正其分析判断，做出切合实际的引导及处理。

（四）按照治疗时间长短划分

（1）长期咨询。咨询时间较长，大于 3 个月，可达十几年甚至终身，每周 1～2 次，也可少达每月或每年一次，多达每天一次。常见于精神分析和分析性心理治疗。

（2）短期咨询。咨询的时间较短，重点在于问题的解决和症状的去除。少于 3 个月，一般十几次，短则五六次，有时可少至一两次。

（3）限期咨询。常见于集体心理治疗、家庭治疗、个别治疗等。咨询师在开始咨询时与来访者共同订立咨询计划，对咨询的次数或期限做规定。

三、心理咨询的原则与任务

（一）心理咨询的原则

（1）保密原则。保密原则是心理咨询中最重要的原则，是建立良好咨访关系的基础，是咨询者的职业道德。心理咨询保密范围包括对咨询的谈话内容保守秘密，不公开来访者的姓名，拒绝关于来访者情况的调查等等。

（2）中立原则。咨询员在心理咨询中应始终保持不偏不倚的立场，确保心理咨询的客观与公正，不得把自己私人的意愿、利益掺杂进去，保持冷静的、清晰的头脑，咨询过程中，不轻易批评对方，不把自己的价值观强加于对方。

（3）信赖原则。咨询员应满腔热情，真诚的态度，从正面、积极的角度来审视来访者的问题，它是信任与接纳的化身，若要尊重与接纳每一个来访者，必须我们对人的本质有积极的信念，相信每一个体独特的潜能，重视每一个体的人性尊严与价值，这样，他才相信人的可塑性，可改变性，才能采取正面、积极的审视态度引导来访者的转变与成长。

（4）理解与支持原则。此项原则要求咨询员设身处地地去感受来访者的内心体验，以深刻了其精神痛苦和行为动机。从专业角度而言，这种真诚理解是同感的基础。咨询员对来访者的自我反省与转变的努力予以及时的肯定与支持，则可使他们深受鼓舞，改变对自我的认识，将有助于来访者解除心头的郁结。从而获得鼓励和信心。

（5）发展性原则。咨询员要以发展变化的观点来看待来访者的问题。高职学生心理咨询的核心是成长问题。由此，心理咨询员不仅应当了解来访者已经有的发展历程和结果，更重要的是在于揭示来访者今后发展的可能性和发展方向，这就要求咨询员有较高的洞察能力和预见能力。

（二）心理咨询的任务

心理咨询的任务是帮助正常人群在生活中化解各类心理问题，解除种种心理困惑，克服各种心理障碍，矫治不良行为，理顺人格结构，纠正不合理的认知模式和非逻辑思维，学会调整人际关系，深化自我认知，端正处事态度，构建健康的生活方式，增强适应能力等等。心理咨询完成上述任务，皆为达到一个目的——提高个人心理素质，使人健康、愉快、有意义地生活下去。具体内涵有以下几点：

（1）认识内部矛盾。人们所产生的大部分心理问题是源于自己尚未解决的内部冲突，而非源于外界。咨询能为这些人提供新的经验，通过咨询，人们往往惊奇地发现，大部分冲突是人们自己造成的，同时人们还能通过咨询学会使软弱的内心世界变得坚强起来。

（2）纠正错误观念。许多前来咨询的人都持有不同性质的错误观念，正是这些错误观念导致各种心理问题的产生。心理咨询，可以帮助人们面对那些以前认为“无法解决”的问题，帮助人们坦诚面对生活，让一个人不再自我欺骗，并有能力做出清醒、明智的选择，使我们能健康成长，并感受生活的快乐。

（3）深化求助者的自我认识。心理咨询可以引导人们去发现真实的自我。当人们真正认识了自己时，就可以随时根据自己的情况来绘制生命的蓝图。自我认识的关键是求助者的自我探索，在这个环节中，咨询师起着启发和引导的作用，帮助人们了解真实的自我，享受属于自己的生活。

（4）帮助求助者学会面对现实问题。大多数心理出现困惑的人，是因为其应对现实问题的许多方法不恰当。很多人采取躲避或逃避现实，以减少自己的焦虑，针对这些问题，咨询师可以通过许多方法和途径，引导这些人回到现实中来。

（5）增加心理自由度。大多数前来寻求咨询的人，至少在一个相当重要的方面缺乏心理自由，而心理咨询为咨询者提供了给心理以更大自由的机会，帮助咨询者正确地认识并接受自己矛盾的感情，使他们逐渐理解自己、接纳自己。

（6）帮助求助者作出新的有效行动。心理问题的要害，不在于求助者控制不住自己的思想、情感，而在于求助者不通过有效行动去改变或满足自己的情感。咨询师通过鼓励求助者采取满足需求的有效行为，帮助求助者减少心理烦恼。

四、正确认识心理咨询

多年来人们心中的“求医问药”模式可谓根深蒂固。如今许多原来不把心理问题当回事的人，意识到自己可能有心理疾患，并产生了主动求助于心理医生的愿望。但不少人对心理咨询的认识仍有一定的局限性，甚至产生了一些误解。因此，必须予以纠正。

1. 心理问题不等于精神病

心理问题域精神病是两个不同的概念。精神病史一个医学概念，是最严重的心理疾病，它与一般心理问题和轻度心理障碍有很大的区别。在许多人眼里，来咨询的人很可能有什么不正常或有精神病，要不就有见不得人的隐私或道德品质方面有问题。这样一来，使得很多人宁愿饱受精神上的痛苦折磨，也不愿或不敢前来就诊。

2. 心理学不等于窥见内心

许多来访者在咨询时不愿或羞于吐露自己的心理活动，认为只要简单说几句，咨询者就应该能猜出他心中的想法，要不就表明咨询者水平不高。其实心理治疗师也是人，他们没有什么特异功能能窥见他人的内心世界，他们只是应用心理学的理论和方法，对来访者提供的一定信息进行讨论和分析，并进行咨询与治疗。因此，来访者需详尽地提供有关情况，才能帮助医患双方找到问题的症结，有利于治疗师作出正确的诊断并进行恰当的治疗。

3. 心理咨询不等于无所不能

一些来访者将心理咨询神化，认为咨询者无所不会、无所不能，什么样的心结都能一下打开，所以常常来诊一两次，没有达到所希求的“豁然开朗”的心境，就大失所望，再也不来了。实际上，心理咨询是一个连续的、艰难的改变过程。心理问题常与来访者的个性及生活经历有关，就像一座冰山，积封已久，没有强烈的求助、改变的动机，没有恒久的决心与之抗衡，是难以冰消雪融的，所以来访者需有打“持久战”的心理准备。

4. 心理医生不等于救世主

一些人把心理医生当作“救世主”，将自己的所有心理包袱丢给医生，以为医生应该有能耐把它们一一解开，而自己无须思考、无须努力、无须承担责任。其实，心理医生只能起到分析、引导、启发、支持、促进来访者改变和人格成长的作用，他无权把自己的价值观和愿望强加给来访者，更不能替来访者去改变或作决定。来访者需认识到，“救世主”只有一个，那就是自己。只有改变自己、战胜自己，最终才能超越自我，达到理想目标。

5. 心理咨询不等于思想工作

心理咨询作为医学中的一门科学，有着严谨的理论基础和诊疗程序，它与思想工作是有本质区别的。思想工作的目的是说服对方服从、遵循社会规范、道德标准及集体意志。而心理咨询则是运用专门的理论和技巧寻找心理障碍的症结，予以诊断治疗，咨询者持客观、中立的态度，而不对来访者进行批评教育。另外，某些心理障碍严重者，需要结合药物治疗，这更是思想工作所不能取代的。

6. 心理咨询不等于心理治疗

一般说来，心理治疗倾向于发现心理问题后应如何治疗，包括涉及人格的矫正。心理咨询主要是针对那些有各种心理冲突问题的人，而不是心理障碍的人，如人际关系问题、婚姻家庭问题、职业选择问题等。但在实践中，心理咨询与心理治疗的确有很多重叠之处，有时难解难分。

关于心理咨询，大家应该认识到心理困扰人人有，在发达国家，主动地寻求心理咨询是一件非常普遍的事，心理咨询是一个过程。同时，通过上述几个“不等于”可以使人们了解心理咨询的性质和工作方式，打消顾虑，敞开心扉，积极主动地与心理医生进行配合，帮助自己解除痛苦，营造积极健康的生活，所以使人成长才是心理咨询的主旋律。

【读一读】

了解心理咨询工作流程

心理咨询工作流程：来访者电话预约或前来心理中心预约→来访者选择咨询教师→约

定咨询时间→填写来访者基本信息→根据需要做心理测验→工作人员通知咨询教师会谈安排→如约面谈→来访者完成老师布置的作用→结束咨询→咨询记录整理归档。

◆拓展训练

【越测越乐】

症状自评量表 SCL－90

指导语：表 1－1 中列出了有些人可能有的症状或问题，请仔细阅读每一条，然后根据该句话与您自己的实际情况相符合的程度（最近一个星期或现在），在五个答案里选择一个最适合你的答案并打“√”，现在开始吧！吧！

表 1－1　症状自评量表 SCL－90

序号	症状	没有	很轻	中等	偏重	严重
1	头痛	1	2	3	4	5
2	神经过敏，心中不踏实	1	2	3	4	5
3	头脑中有不必要的想法或字句盘旋	1	2	3	4	5
4	头昏或昏倒	1	2	3	4	5
5	对异性的兴趣减退	1	2	3	4	5
6	对旁人责备求全	1	2	3	4	5
7	感到别人能控制你的思想	1	2	3	4	5
8	责怪别人制造麻烦	1	2	3	4	5
9	忘记性大	1	2	3	4	5
10	担心自己的衣饰整齐及仪态的端正	1	2	3	4	5
11	容易烦恼和激动	1	2	3	4	5
12	胸痛	1	2	3	4	5
13	害怕空旷的场所或街道	1	2	3	4	5
14	感到自己的精力下降，活动减慢	1	2	3	4	5
15	想结束自己的生命	1	2	3	4	5
16	听到旁人听不到的声音	1	2	3	4	5
17	发抖	1	2	3	4	5
18	感到大多数人都不可信任	1	2	3	4	5
19	胃口不好	1	2	3	4	5
20	容易哭泣	1	2	3	4	5
21	同异性相处时感到害羞不自在	1	2	3	4	5
22	感到受骗，中了圈套或有人想抓您	1	2	3	4	5
23	无缘无故地突然感到害怕	1	2	3	4	5
24	自己不能控制地大发脾气	1	2	3	4	5

续表

序号	症状	没有	很轻	中等	偏重	严重
25	怕单独出门	1	2	3	4	5
26	经常责怪自己	1	2	3	4	5
27	腰痛	1	2	3	4	5
28	感到难以完成任务	1	2	3	4	5
29	感到孤独	1	2	3	4	5
30	感到苦闷	1	2	3	4	5
31	过分担忧	1	2	3	4	5
32	对事物不感兴趣	1	2	3	4	5
33	感到害怕	1	2	3	4	5
34	我的感情容易受到伤害	1	2	3	4	5
35	旁人能知道您的私下想法	1	2	3	4	5
36	感到别人不理解您，不同情你	1	2	3	4	5
37	感到人们对你不友好，不喜欢您	1	2	3	4	5
38	做事必须做得很慢以保证做得正确	1	2	3	4	5
39	心跳得很厉害	1	2	3	4	5
40	恶心或胃部不舒服	1	2	3	4	5
41	感到比不上他人	1	2	3	4	5
42	肌肉酸痛	1	2	3	4	5
43	感到有人在监视您、谈论您	1	2	3	4	5
44	难以入睡	1	2	3	4	5
45	做事必须反复检查	1	2	3	4	5
46	难以作出决定	1	2	3	4	5
47	怕乘电车、公共汽车、地铁或火车	1	2	3	4	5
48	呼吸有困难	1	2	3	4	5
49	一阵阵发冷或发热	1	2	3	4	5
50	因为感到害怕而避开某些东西、场合或活动	1	2	3	4	5
51	脑子变空了	1	2	3	4	5
52	身体发麻或刺痛	1	2	3	4	5
53	喉咙有梗塞感	1	2	3	4	5
54	感到对前途没有希望	1	2	3	4	5
55	不能集中注意力	1	2	3	4	5
56	感到身体的某一部分较弱无力	1	2	3	4	5
57	感到紧张或容易紧张	1	2	3	4	5

续表

序号	症状	没有	很轻	中等	偏重	严重
58	感到手或脚发沉	1	2	3	4	5
59	想到有关死亡的事	1	2	3	4	5
60	吃得太多	1	2	3	4	5
61	当别人看着您或谈论您时感到不自在	1	2	3	4	5
62	有一些不属于您自己的想法	1	2	3	4	5
63	有想打人或伤害他人的冲动	1	2	3	4	5
64	醒得太早	1	2	3	4	5
65	必须反复洗手、点数目或触摸某些东西	1	2	3	4	5
66	睡得不稳不深	1	2	3	4	5
67	有想摔坏或破坏东西的冲动	1	2	3	4	5
68	有一些别人没有的想法或念头	1	2	3	4	5
69	感到对别人神经过敏	1	2	3	4	5
70	在商店或电影院等人多的地方感到不自在	1	2	3	4	5
71	感到任何事情都很难做	1	2	3	4	5
72	一阵阵恐惧或惊恐	1	2	3	4	5
73	感到在公共场合吃东西很不舒服	1	2	3	4	5
74	经常与人争论	1	2	3	4	5
75	单独一人时神经很紧张	1	2	3	4	5
76	别人对您的成绩没有作出恰当的评价	1	2	3	4	5
77	即使和别人在一起也感到孤单	1	2	3	4	5
78	感到坐立不安、心神不宁	1	2	3	4	5
79	感到自己没有什么价值	1	2	3	4	5
80	感到熟悉的东西变成陌生或不像是真的	1	2	3	4	5
81	大叫或摔东西	1	2	3	4	5
82	害怕会在公共场合昏倒	1	2	3	4	5
83	感到别人想占您的便宜	1	2	3	4	5
84	为一些有关“性”的想法而很苦恼	1	2	3	4	5
85	认为应该因为自己的过错而受到惩罚	1	2	3	4	5
86	感到要赶快把事情做完	1	2	3	4	5
87	感到自己的身体有严重问题	1	2	3	4	5
88	从未感到和其他人很亲近	1	2	3	4	5
89	感到自己有罪	1	2	3	4	5
90	感到自己的脑子有毛病	1	2	3	4	5

要求：

(1) 独立地、不受任何人影响地自我评定。

(2) 每次评定一般在20分钟内完成。

· SCL－90各项因子说明

(1) 躯体化：体现心血管、胃肠道、呼吸系统、头痛、肌肉等方面最近有无问题。

(2) 强迫症：明知没有必要，但又控制不住自己，反复出现为特征，主要表现在思想观念上和行为上。

(3) 人际关系敏感：与他人交往不自在，人际交往能力低下，害怕与人交往，表现出自卑感，严重的导致自闭。

(4) 抑郁：对生活的兴趣减退，缺乏活动的愿望和动力，表现出悲观失望。其特点是以消极的心态看待问题和自己，严重的产生死亡和自杀的念头。

(5) 焦虑：表现出紧张、神经过敏，严重的惊恐发作。焦虑是指当前的或某一特定事物引起的，有明确的对象，时间较短。一般来说，焦虑发展成抑郁时要以药物治疗和心理咨询相结合。

(6) 敌对：从思想、情感和行为三方面分析，爱争论、冲动、爆发、摔东西。

(7) 恐怖：分为社交恐怖和广场恐怖。以社交恐怖居多，表现出内向、害怕与人交往、自卑感强。广场恐怖是指到空旷的地方无缘无故地感到恐怖。

(8) 偏执：敌对、猜疑和妄想。

(9) 精神病性：各种急性的症状和行为，轻度以上的具有分裂性行为方式的特征，表现出精神病性的症状和行为。

(10) 其他：睡眠障碍和饮食不良。

· SCL－90的因子计分（表1－2）及解释

评分标准：

(1) 总分超过160的，提示阳性症状。

(2) 阳性项目数超过43的（43项2分以上），提示有问题。

(3) 因子分≥2的。2～2.9为轻度；3～3.8为中度；3.9及以上为重度。

分析：

(1) 只有一项≥2的，如轻度抑郁、中度强迫等。

(2) 有2项或多项≥2，如果其中有一项是躯体化的，要先分析是躯体不适引起心理问题，还是心理问题引起躯体不适。可以先到医院检查，排除气质性症状后，再做心理咨询。如果是躯体化问题应以临床治疗为主，心理咨询为辅。如果躯体化没有问题，其他有2项及以上≥2的，要按因子分的高低列出，如果有抑郁、焦虑和精神病性的要分别做SDS、SAS和MMPI测量，以便确诊。

表1－2　SCL－90的因子计分表

总分	症状序号													因子总分
(1) 躯体化：12项	1	4	12	27	40	42	48	49	52	53	56	58		
各症状对应的因子分														

续表

总分	症状序号													因子总分
（2）强迫症状：10 项	3	9	10	28	38	45	46	51	55	56				
各症状对应的因子分														
（3）人际关系敏感：9 项	6	21	34	36	37	41	61	69	73					
各症状对应的因子分														
（4）抑郁：13 项	5	14	15	20	22	26	29	30	31	32	54	71	79	
各症状对应的因子分														
（5）焦虑：10 项	2	17	23	33	39	57	72	78	80	86				
各症状对应的因子分														
（6）敌对：6 项	11	24	63	67	74	81								
各症状对应的因子分														
（7）恐怖：7 项	13	25	47	50	70	75	82							
各症状对应的因子分														
（8）偏执：6 项	8	18	43	68	76	83								
各症状对应的因子分														
（9）精神病性：10 项	7	16	35	62	77	84	85	87	88	90				
各症状对应的因子分														
（10）其他：7 项	19	44	59	60	64	66	89							
各症状对应的因子分														

【越读越乐】

北大前校长王恩哥新生入学讲话

第一句话，结交“两个朋友”：一个是运动场，一个是图书馆。不断地“充电”“蓄电”“放电”。

第二句话，培养“两种功夫”：一个是本分，一个是本事。做人靠本分，做事靠本事，靠“两本”起家靠得住。

第三句话，乐于吃“两样东西”：一个是吃亏，一个是吃苦。做人不怕吃亏，做事不怕吃苦。吃亏是福，吃苦是福。

第四句话，具备“两种力量”：一种是思想的力量，一种是利剑的力量。思想的力量往往战胜利剑的力量。

第五句话，追求“两个一致”：一个是兴趣与事业一致，一个是爱情与婚姻一致。

第六句话，插上“两个翅膀”：一个叫理想，一个叫毅力。如果一个人有了这“两个翅膀”，他就能飞得高，飞得远。

第七句话，构建“两个支柱”：一个是科学，一个是人文。

第八句话，配备两个“保健医生”：一个叫运动，一个叫乐观。运动使你生理健康，乐观使你心理健康：日行万步路，夜读十页书。

第九句话，记住“两个秘诀”：一个是健康的秘诀在早上，一个是成功的秘诀在晚上。爱因斯坦说过：人的差异产生于业余时间。业余时间能成就一个人，也能毁灭一个人。

第十句话，追求“两个极致”：一个是把自身的潜力发挥到极致，一个是把自己的寿命健康延长到极致。

（资料来源：http：//www. xici. net/d193139390. htm）

【越看越乐】

火柴人

影片中主人公罗伊是一名患有精神强迫症的骗子，他和野心勃勃的搭档弗兰克联手，经营着小打小闹的骗子生涯，依靠罗伊高明的骗术，屡屡有人受骗上当。这次哥儿俩又精心策划着一起新买卖，此时却有一个名叫安吉拉的14岁少女闯入了他们的生活，并彻底搅乱了罗伊原本井井有条的世界。安吉拉自称是罗伊失散多年的女儿，罗伊又惊又喜，努力想成为一个平凡的好爸爸，弥补过往失落的亲情，但安吉拉的出现也让不习惯与人相处的罗伊几度濒临抓狂边缘。更糟的还在后头，劲爆女儿发现父亲赖以维生的“职业”后，竟对骗徒生涯发生浓厚兴趣，苦苦哀求父亲让她加入骗子行列。

心理看点：洁癖、强迫性人格。

项目二

培养良好的自我意识

◆心有灵犀

知人者智，自知者明。——老子

先打量自己，再纠正自己。——尼采

对于宇宙，我微不足道；可是，对于我自己，我就是一切。——辛涅科尔

◆心海导航

自我意识是个体意识发展的高级阶段，是衡量个性成熟水平的标志，是整合、统一个性各个部分的核心力量，也是推动个性发展的内部动因。正确认识自我、接纳自我、调控自我和实现自我是良好自我意识的表现，这对于一个人的心理健康和成长成才具有重要意义。

◆学习目标

通过教学使学生认识自我发展的重要性，了解并掌握自我意识发展的特点，能够识别在自我意识发展过程中出现的偏差及原因，并能够对其进行调适，建立自尊自信的自我意识。

【知识目标】

1. 自我意识概述。
2. 高职学生自我意识发展的特点。
3. 高职学生自我意识偏差及调适。
4. 培养健全的自我意识。

【能力目标】

培养认识自我、接纳自我、调控自我和实现自我的能力与方法。

【素质目标】

建立自尊自信自控自律的自我意识。

◆青春故事

留日学生汪佳晶刺母案

赴日留学5年的23岁青年汪佳晶，于2011年4月1日晚在上海浦东国际机场大厅对前来接机的母亲顾某连刺9刀，顾某一度生命垂危。经法医鉴定，其伤势构成重伤。事后，汪某被警方刑拘。对于行凶原因，汪某称，母亲表示不会给他钱，还说“要钱的话就只有一条命了这种话，我脑子一下子空白，冲上去就捅了她”。但顾某否认他们当晚曾因学费发生争执。同年10月，上海市浦东新区人民法院对该案作出一审判决，以故意伤害罪判处汪佳晶有期徒刑3年6个月。

（资料来源：https：//baike.so.com/doc/5439007－5677328.html）

分析：留学生刺母案引人深思。于汪某而言，作为一个成年人，父母能够提供出国学习的机会要懂得感恩，应该能够清醒地认识自身的条件和家庭条件，学习之余主动找工作赚钱养活自己，而不是留学5年一直靠父母的资助，自己则养尊处优，好逸恶劳。学会正确认识自我，完善自我，这是大学阶段必须自始至终要积极关注的重要问题。

任务一　认识自我意识

◆心理知识

一、自我意识的功能与结构

（一）自我意识的含义

自我意识又称为自我，是指一个人对自己的认识、评价和期望，包括对自己的心理倾向、个性心理特征和心理过程的认识与评价。正是由于人具有自我意识，才能够把自己与自然界以及其他社会成员区分开来，才能使人了解自己、感受自己，从而对自己的思想和行为进行自我控制和调节，进而改变和发展自己。自我意识是个体意识发展的高级阶段，是一个人心理成熟和心理健康的重要标准。

自我意识包括四个层次：对自己及其状态的认识；对自己肢体活动状态的认识；对自己思维、情感、意志等心理活动的认识；同时自我意识也反映人与周围现实的关系。

（二）自我意识的功能

自我意识是个体对自己以及与自己有关的各种信息的整体认识，这种认识影响着个体的情绪并控制着个体的行为。个体的自我意识与个体的成长发展息息相关。自我意识在个体成长和发展中具有导向激励、自我控制、内省调节等功能。

（1）导向激励功能。目标是人才发展的导航机制。一个人要想成就一番事业，就必须从自身的实际出发，制定明确的目标，只有如此才会调动自身的潜能，激发强大的动力。人通过正确的自我认识，确立较为合理的“理想自我”，就为个人将来的发展确定了目标，对个人的认知、情感、意志、行动会产生很大影响，是个体活动的动力。自我意识健全的个体，在从事一项活动之前，活动的目的和结果就以观念的形式存在于头脑之中了，并依此做出计划，指导自己的活动，从而激发起强大的动力，达到预期的目标。

（2）自我控制功能。一个人如果有了发展目标而不付之于行动，其结果仍然是一无所获。个体要想将来有所建树，首先要有科学的目标，同时还要有自立、自主、自信、自制的意识，并对自己偏离目标的情感和行动，加以调节和控制。在通往成功的大道上，很多人与成功失之交臂，并不是因为缺乏机会和才华，而是因为缺乏自我控制的意识和能力。自我控制是自我意识发挥能动作用的一个重要表现，它是目标的保护神，是成功的卫士，是自我意识的一项很重要的功能。缺乏自我控制意识和能力的人，是一个盲动、情绪化的人，缺乏恒心与毅力的人，终将一事无成。

（3）内省调节功能。自我意识健全的个体，不仅能够确立符合个体的“理想自我”，而且能够通过自我控制来实现预期目标。而由于主客观条件的制约，“理想自我”的实现常常会遇到各种障碍，致使个体产生不同程度的挫折感。这时，自我意识就会对自己的认识、情感、意志、行为等进行反省，找到受挫折的主客观原因，并重新调整认识，形成新的“理想自我”，使其与“现实自我”趋于统一。内省和调节就是个体成长中所进行的自我监督和自我教育，每个人要想使自己成为自我实现的人，就需要有积极的自我意识，随时对自我的认识、情感、意志和行为加以反省和调节。

（三）自我意识的结构

自我意识是一个结构复杂的心理活动系统。它由自我认识、自我体验和自我调控构成。

（1）自我认识是自我意识的认知部分，指个体自我对生理自我、心理自我和社会自我的认识，是自己对自己身心特征的认识。包括自我感觉、自我观察、自我分析、自我批评等层次。

（2）自我体验是自我意识的情感成分，在自我认识的基础上产生，反映个体对自己所持态度体验，包括自我感受，自爱，自尊，自卑，责任感，义务感，优越感等态度体验。

（3）自我控制是自我意识的意志成分，是自己对自身行为与心理活动，有目的地支配，克服困难，达到目的的自我作用过程。它是集中体现着人的主观能动性的心理行为。良好的自我控制力是自我意识成熟的重要标志。包括自立，自主，自制，自强，自卫，自信，自律等。

自我认识、自我体验和自我控制三者相互联系，相互作用，有机结合，构成自我意识的统一整体。自我认识是前提，是自我意识中最为基础的部分，决定着自我体验的主导心境以及自我控制的主要内容；自我体验是动因，起着强化自我认识的作用，决定着自我控制的行动力度；自我控制是标志，是完善自我的实际途径，对自我认识和自我体验都有着调节作用。

【读一读】

斯芬克斯之谜

斯芬克斯是古希腊神话中一个长着狮子躯干、女人头面的有翼怪兽。坐在忒拜城附近的悬崖上，她有一个谜语，询问每一个路过的人，谜面是：“什么东西早晨用四条腿走路，中午用两条腿走路，晚上用三条腿走路？”据说，这便是当时天下最难解的斯芬克斯之谜。如果你回答不出，就会被她吃掉。遗憾的是，当时的忒拜城中没有一个人能够猜出谜底。因此，好多人都被她吃掉了，直到英雄的少年俄狄浦斯猜中了谜底是“人”。他解释说：在生命的早晨，人是一个娇嫩的婴儿，用四肢爬行。到了中午，也就是人的青壮年时期，他用两只脚走路。到了晚年，他是那样老迈无力，以致他不得不借助拐杖的扶持，作为第三只脚。斯芬克斯听了答案大叫了一声，就从悬崖上跳下去摔死了。

俄狄浦斯猜中了斯芬克斯之谜，其实就是人的生命之谜。斯芬克斯想通过这样一个谜语，来告诫人类要认识自己，而作为人，认识自己是迈出你人生的第一步。我是谁？我会做什么？我喜欢自己吗？我的人生目标是什么？别人是怎样看待我的？这些问题都是属于自我认知的范畴。正确认识自我是良好心理素质的体现，也是心理健康的标志。

二、自我意识的相关理论

心理学家对自我意识的理论探讨较多，下面介绍比较有代表性的几种观点。

（一）詹姆斯自我二元性

美国心理学家威廉·詹姆斯是自我概念的创始人，他指出自我区分为“客体的我”或称“经验的我”和“主体我”，经验的我包括所有一切个人可以称为是属于他的全部东西。

他认为自我的客体是由三部分组成。

（1）物质自我，包括个人的身体、衣物、房屋、家庭、财产等。

（2）社会自我，主要包括来自他人的认可，例如声誉等，任何人都有许多的社会我，因为通过与人交往，从他人对自己的反应中以及自己的社会角色中，体验出自己的社会地位、社会角色和社会身份。

（3）精神自我，包括个人的意识状态、特质、态度、气质等。

（二）弗洛伊德的本我、自我和超我

西格蒙德·弗洛伊德，奥地利精神病医生及精神分析学家，精神分析学派的创始人。他在《自我与本我》一书中对人格结构理论中自我的结构进行了深入探讨。他认为人格由本我、自我和超我三部分构成。

（1）本我（id）。即原我，是在潜意识形态下的思想，代表思绪的原始程序——人最为原始的、满足本能冲动的欲望，如饥饿、生气、性欲等；本我为与生俱来的，亦为人格结构的基础，日后自我及超我即是以本我为基础而发展。本我按照享乐原则行事，它追求的目标是获得快乐，避免痛苦。其行为表现多属于原始冲动，无意识的，不被个体所觉察。

（2）自我（ego）。是指个体有意识的部分。自我是人格的心理组成部分。是指人与外部世界的媒介，它适应环境中的一些条件与限制，代表让你的学习、训练与经验自我的机能是寻求本我冲动得以满足，而同时保护整个机体不受伤害，它遵循的是现实原则。

（3）超我（super-ego）。是人格结构中的管制者，属于人格结构中的道德部分。它是个体在成长过程中通过内化道德规范，内化社会及文化环境的价值观念而成，其机能主要是监督、批判和管束自己的行为，超我的特点是追求完美，它遵循的是道德原则。

本我、自我、超我构成了人的完整的人格。弗洛伊德认为，只有三个“我”和睦相

处，保持平衡，人才会健康发展。人的一切心理活动都可以从他们之间的联系中得到合理的解释，自我是永久存在的，而超我和本我又几乎是永久对立的，为了协调本我和超我之间的矛盾，自我需要进行调节。若个人承受的来自本我、超我和外界压力过大而产生焦虑时，自我就会帮助启动防御机制。

（三）罗杰斯的现实自我和理想自我

卡尔·罗杰斯是美国著名的人本主义心理学家，他相信人类的本性是善的，主张自我实现是人性的本质。罗杰斯认为自我概念是个人现实中与个人自身有关的内容，是个人自我知觉的组织系统和看待自身的方式，人的自我概念是随着与他人、环境的相互作用而慢慢地把自己与非自己区分开来的。每个人心中有两个自我：一个是他的自我概念，即现实自我；一个是他打算成为的自我，即理想自我。

（1）现实自我。即个人对自己现实的观感，是个体从自己的立场出发对自己目前实际状况的看法。它包括自己的躯体特点、行为特点、人格特点以及性别、角色等自己所感知的个人特征。

（2）理想自我。是指个人根据自我的经验，建构自己所希望达到的理想标准，它引导个体趋向理想的境界，指个体想要达到的完善的形象。

如果两种自我有很大重合或相当接近时，人们的心理就是健康的；反之，如果两种自我评价间差距过大，心理问题就容易出现。

（四）埃里克森的自我发展理论

埃里克森是美国著名精神病医师，新精神分析派的代表人物。他认为，人的自我意识发展持续一生。他把自我意识的形成和发展过程划分为八个阶段（见表 2－1），每个阶段都有其特定的发展任务和特有的心理冲突。这八个阶段的顺序是由遗传决定的，但是每一阶段能否顺利度过却是由环境决定的，所以这个理论可称为“心理社会”阶段理论。每一个阶段都是不可忽视的。

表 2－1　埃里克森的自我发展理论

阶段	年龄段	心理冲突	人际交往范围	相应获得的品质	
1	婴儿期 （0～1.5 岁）	信任对不信任	母亲	希望信任 （敢于希望，富于理想）	恐惧不信任
2	婴儿后期 （1.5～3 岁）	自主对羞怯怀疑	父母亲	意志自制	自我怀疑
3	幼儿期 （3～6 岁）	主动性对内疚	家庭	自我价值感	无价值感
4	儿童期 （6～12 岁）	勤奋对自卑	邻居、学校	能力勤奋	无能
5	青年期 （12～18 岁）	同一性对角色混乱	同龄群体	忠诚自信	不确定感

续表

阶段	年龄段	心理冲突	人际交往范围	相应获得的品质	
6	成人前期 （18～25岁）	亲密对孤独	朋友、配偶	爱与友谊	杂乱泛爱
7	成人中期 （25～65岁）	生育对自我关注	同事家庭成员	关心他人与创新	自私自利
8	成人后期 （65岁以上）	自我调整对绝望	全体人类	智慧	绝望与无意义感

任务二　高职学生自我意识发展的特点与偏差

◆心理知识

一、高职学生自我意识发展的特点

人自出生8个月后，便有了自我意识的萌芽。3岁以后，自我意识有了新的发展。从3岁至青春期，是个体接受社会文化影响最深的时期。在这期间，他们虽然意识到自己是一个主体，可以充分认识自己的行为，但却不了解自己的心理状态，不懂得情绪是自己的主观感受，而大多是照搬成人的观点，以此作为自己对世界的认识。从青春期以后到成年的大约10年时间里，个体的自我意识开始迅速发展，并逐渐趋向成熟。他们逐步获得心理自我，开始关心自己的形象，关注自己的心理活动，不再简单地认同别人的观点，而是有自己独特的见解，具有浓厚的主观性。

【读一读】

自我意识及其发展的三个阶段

自我意识是指人对自己各种身心状况的认识及对周围事物关系的各种体验。一个人的自我意识从发生、发展到相对稳定、成熟，大约经过了20多年的时间。初生时，人们并不能区分自己和非自己的东西，生活在主客体未分化的状态；七八个月的婴儿开始出现自我意识的萌芽，即能意识到自己的身体，听到自己的名字会做出明确的反应；两岁左右的儿童，掌握第一个人称代词“我”，在自我意识的形成中是一大飞跃；三岁左右的儿童，开始出现羞耻感、占有心，要求“我自己来”（要求自主性），其自我意识有了新的发展。但是，这一时期的幼儿，其行为是一种以自我为中心的行为，以自己的身体为中心，以自己的想法和情感来认识和投射外部世界。因此这一时期的自我意识被认为是生理自我时期，也有人称之为自我中心期，它是自我意识最原始的形态。从三岁到青春期，是社会教化对个体影响最深刻的时期，也是角色学习的重要时期。儿童在幼儿园、小学、中学接受正规教育，通过在游戏、学习、劳动等活动中不断地练习、模仿和认同，逐渐习得社会规范，形成各种角色观念，如性别角色、家庭角色、同伴角色、学校中的角色等，并能有意识地调节控制自己的行动。虽然儿童也积极关注自己的内部世界，但他们主要依据别人的观点去评价事物、认识他人，对自己的认识也服从于权威或同伴的评价。因此，这一时期个体自我意识的发展被称之为“社会自我”发展阶段，也称之为“客观化”时期。从青春发育期到青年后期，是自我意识发展的关键期。其间自我意识经过三个阶段逐步趋向成熟，这三个阶段是：

第一阶段：分化

进入青春期以后，个体的视线由外向内转移，开始关注自己的内心世界和内心体验，于是个体自我分裂为两部分：主体自我和客体自我。主体自我处于自我意识的主体地位，起观察者、评价者和调节者的作用；客体自我在自我意识中处客体地位，充当被观察、被评价和被调节的角色。经过分化，个体开始认识和改造自己的主观世界，进入心理自我的发展时期，也可以说进入了自我意识发展的“主观化”的时期。个体自我意识的发展进入了一个崭新的阶段。

第二阶段：矛盾

自我意识的分化，引起了自我意识内部的矛盾，使青年开始感受到儿童期从未体会到的种种内心冲突和思想斗争。自我意识的矛盾最突出地表现为理想自我与现实自我的矛盾。理想自我往往与主体自我相联系，反映了个体希望成为什么样的人，体现了一定社会要求和道德准则的内化情况；现实自我则往往与客体自我相联系，反映了个体实际上是怎样的人，体现了个体各方面的实际发展情况。自我意识的矛盾就是当“主体自我”去考察、认识和评价“客体自我”时，常常会发现“现实自我”不能符合“理想自我”，于是出现了心理不平衡，即自我的分裂。为此，他们常常感到内心困惑、苦闷和烦恼，甚至迷茫不解。能否解决好这个问题，对青年期的心理发展将会产生重大影响。

第三阶段：统一

经过一段时间的矛盾与冲突，个体的自我便在新的水平上实现了协调与一致，即自我统一。但怎样统一，统一的性质又如何，则是个体自我意识发展的关键。

（资料摘引：中国心理学家网，http：//www. cnpsy. net/ReadNews. asp？ NewsID＝8063）

大学阶段正处于一个人从青春期向成年期转变的重要时期，也是人的自我意识发展走向完善的重要时期，一般具有以下特点：

（一）自我意识开始分化，并且迅速发展，自我矛盾开始出现

进入大学以后，随着学习、生活方式的改变和心理意识的发展，高职学生的自我意识有了明显的变化，出现了理想自我和现实自我的分化，并且迅速发展，导致矛盾冲突日益明显。

1. 理想自我与现实自我的矛盾

高职学生对自己的生活充满信心，对未来抱有幻想，而现实往往不是他们所想象的，这种矛盾分化，使得高职学生发生自我意识的改变，经过自我体验和自我调控而表现出各种激动、焦虑、喜悦与不安情绪。当理想自我占优势时，往往会将“客体我”萎缩到实际能力以下，总认为自己事事不如人，从而产生较强的自卑感，甚至放弃努力，形成自我怜

惘或伤感的心理状态。相反，当“现实我”占优势时，往往表现出较强的虚荣心和自我陶醉，特别在乎别人对自己的评价，担心暴露自己的缺点。

2. 主体我（主观我）与客体我（客观我）之间的矛盾

主体我是个人对自己的认识与评价，客体我是社会上其他人对自己的认识与评价。高职学生远离具体的社会现实生活，高职学生往往根据书本对自己作出不符合实际的估计，要么过高，要么过低。

3. 独立性和依赖性的矛盾

独立性是指个体摆脱监督和支配的一种自我意识倾向。新生入学后，自我意识的发展产生了一次飞跃。他们长大成人，常具有时代强者之感，因此他们竭力摆脱他人的监督、控制，强烈要求独立自主，自强自立，十分讨厌居高临下的家长式教育态度。但是由于青年初期独立性的不完善，加之刚脱离家庭踏上独立之路，面对许多实际问题他们却束手无策，缺乏独立解决的能力。因此心理上产生了主观要求独立和客观上不能完全独立的自我意识矛盾。这种心理矛盾使他们自叹自责，苦闷不安。

4. 自我封闭与渴望友谊的矛盾

高职大学新生初入新的环境，充满了远离父母和中学好友的失落感，非常需要新的友谊来补偿。另外，面对比过去更复杂的学习、生活方式和自身的种种矛盾，他们比任何时候都需要老师、朋友的理解、支持和帮助。但是初到新的环境，相互不愿敞开心扉。还有学生认为自己出自山区农村，孤陋寡闻，因而以自我封闭的方式消极防卫。这种自我封闭与渴望友谊的心理矛盾，使他们失去心理和谐，处于孤独烦闷之中。

5. 满足感与空虚感的矛盾

经过几年的寒窗苦读，高考的激烈竞争，终于如愿以偿，高职学生不免有一种胜利后的满足感与轻松感。但轻松兴奋之余，他们又感到心理缺少点什么。如果说中学时最主要的精神支柱和最明确的奋斗目标是上大学，梦寐以求的理想实现以后，新的人生追求是什么？这对于高职学生来说，答案并不能很快寻觅到，短时间内也不可能很容易树立起真正明确的奋斗目标和行动方向，因此产生空虚感。

6. 理智与情感的矛盾

高职学生新生随着身心趋于成熟和知识能力的提高，一般都有较强的理智感，能够敏锐地观察社会、理解社会现象和他人的要求期待，能强烈地体察自我，渴望自我进取、发展和完善。但由于他们感情易于冲动，自我控制能力较差，往往理智让位于情感，成为感情的俘虏，导致做出一些错事、蠢事。有的导致学习计划落空，事业难酬，使自己陷于懊悔、惆怅之中。如此等等，一年级高职学生自我意识的矛盾是多元的、复杂的，但主要是“理想自我”与“实现自我”的矛盾。这个矛盾解决的好与坏，将影响学生整个精神面貌。

（二）自我意识矛盾日益突出，但调控能力相对较弱

由于自我意识的分化，“主体我”和“客体我”，“理想我”和“现实我”之间的种种矛盾开始出现，随着自我意识的进一步发展，这种矛盾也越来越突出。在这种矛盾心理的作用下，他们对自己的评价也常常是矛盾的，对自己的态度也是波动的，对自己的调控常常是不自觉、不果断的。他们时而能客观地评价自己，时而又高估或低估自己，时而感到

自己很成熟，时而感到自己很幼稚，时而对自己充满信心，时而又对自己不满。面对自我意识中的种种矛盾，高职学生便开始通过各种活动来重新认识自己，自觉或不自觉地在调节矛盾中认识自己，完善自我。经过一段时间的矛盾冲突和自我探究后，高职学生的自我意识就会在新的水平和方向上趋于一致，达到暂时的自我统一。然而新的自我意识矛盾又会产生，还需要不断地自我调控和自我探究。但高职学生的这种自我调控能力相对较弱，过多关注自己，过于看重自己，而对他人、集体、社会考虑较少等。

（三）自我意识的矛盾不断激化，出现混乱

高职学生自我意识的混乱通常表现为两种类型：一种是过高的自我评价，在这种自我概念的支配下，个体往往扩大现实的自我，形成错误的不切实际的理想自我，并认为理想我可以轻易实现。这种类型的高职学生往往盲目乐观，以我为中心、自以为是，不易被周围环境和他人所接受与认可，容易引起别人的反感和不满。因此极易遭受失败和内心冲突，产生严重的情感挫伤，导致苦闷、自卑、自我放弃。另一种则是过低的自我评价。处于这种意识状态的高职学生，对理想我期望较高，又无法达到，对现实我不满意，又无法改进。他们在心理上的一个特征就是自我排斥。由于在成长过程中，理想我与现实我的距离过大所导致的自我矛盾冲突，他们往往会产生否定自己、拒绝接纳自我的心理倾向。过高或过低的自我评价往往导致个体自我意识确立过程中的过分自负或过分自卑这两大心理缺陷，它们是妨碍良好自我意识形成的心理障碍。

（四）自我意识的矛盾转化不断进行，且渐趋稳定

在自我意识由“矛盾—统一—新矛盾—新统一”转化发展过程中，高职学生自我意识不断发生重大变化，由刚进校的“依赖性”和“盲目性”，渐渐转变为“想入非非”，到毕业前就显得沉稳多了。正是由于这种矛盾转化，使得高职学生自我意识发生了明显的飞跃，个体之间出现了不同的差异，自我意识也逐渐趋向成熟。

针对高职学生自我意识的发展特点，采取相应的自我意识教育和培养，可以促进高职学生走上全面发展和健康成长之路，因此要引导他们全面认识自我，积极认可自我，努力完善自我。

二、高职学生自我意识的常见偏差

【案例】

张某，女，19岁，某高职学院新生，有较强烈的孤独感和自卑心理，与同学交往存在一定问题，内向、胆小害羞、说话结巴，怕说错话被人耻笑，公共场合沉默寡言。由于性格内向且自卑，所以特别多疑，十分在意别人的言行，时刻处于警惕状态。害怕别人看到自己的无知与自卑，致使人际交往不顺。

分析：随着青少年自我意识的觉醒和建立，个人经常对自己进行自我评价，若自我评价过低，容易产生自卑心理。对别人的评价过分关注，多疑，担心形象受损。在别人面前表现出胆怯、害羞，压抑言行，害怕暴露自己弱点。正如王某所表现的一系列症状。这种闭锁心理很自然地影响了与他人的交往。因此，自卑心理较重者，往往缺少朋友，不轻易对他人坦露内心，觉得他人随时都在评价自己，易产生孤独感。可以说，自卑是一系列问题的症结所在，从而形成自卑—交往不顺—孤独的模式。帮助他们分析原因，使其树立自信，认识到自己的能力，从而克服自卑。

高职学生由于处在自我同一性成长的关键期，真正的社会化过程才是真正的开始，缺少做人做事的经验，因此在自我评价中表现出两个极端的趋势。或者是过度的自我接纳（自我意识过强），或者是过度的自我拒绝（自我意识过弱）。由此可能出现的具体问题则是自尊心过强或自卑感过重，自我中心和过强的独立意识，或者缺少个人主见和过分听从他人的意见。

（一）自我意识过强

（1）追求完美。高职学生追求完美本无可厚非，但对自己有过高的要求，期望自己完美无缺，却不顾自己的实际情况，不能容忍和原谅自己不完美的表现，对自己不完美之处带来的不良影响或危害过分夸大，从而严重影响自己的自信与自尊。

（2）过度的自我接纳。自我接纳是指自己认可自己、肯定自己的价值，对自己的才能和局限、长处和短处都能够客观评价、坦然接受，不过多地抱怨和谴责自己。过度是有点自我扩张的人，他们高估自我，对自己的肯定评价有过之而无不及，盲目乐观，自以为是。拿放大镜看自己的长处，拿显微镜看他人的短处，容易产生盲目乐观情绪和导致失败。

（3）过分的独立意向和自我中心。过分的独立意向表现为喜欢独来独往，不愿听他人的意见，专门喜欢与他人的、社会的惯常要求和行为方式作对，以此强调自己与众不同。往往会使自己变得脱离社会，与他人隔阂和对立，心理上无法有效沟通，造成人际关系紧张。与过分的独立意向联系的就是自我中心。过多地从自我角度、标准去评价和认识事物与行为，凡事喜欢从自身出发，很少站在被别人的角度思考问题，习惯于让别人迁就自己，而自己却不肯为别人受委屈。

（二）自我意识过弱

（1）缺少个人主见和从众。从众是指个体在群体的影响和压力下，放弃自己的意见和采取与大多数人一致的自我保护行动。我们平时所说的随大流就是一种从众心理的表现。从众是日常生活和工作中常见的社会心理现象，在高等学校中较为普遍。

（2）自卑。指个体由于某种生理或心理上的缺陷或其他原因而引起的一种消极的情绪体验。表现为对自己的能力或品质评价过低，轻视自己，甚至看不起自己，害怕自己在别人心中失去应有的地位，因此而产生的消极心理。过度自卑会使人失去信心，降低人生追求，怀疑自己的能力，限制潜能的发挥，甚至还会封闭自己。

三、高职学生自我意识发展的影响因素

（一）主观因素

1. 心理与人格

高职学生正处在青年末期向成年期的过渡时期，心理上也相应地处于尚未成熟向成熟的发展阶段。尚不成熟的心理水平使一些难以克服的心理和人格弱点成为影响他们自我意识发展的又一重要因素。高职学生有限的认识水平、不够强的心理承受力、性格上的缺陷等，都会影响他们自我意识的发展。

2．理想

理想是指人们对未来所抱有的希望。理想始终在潜移默化地影响着一个人的思想和行为。高职学生的自我意识正处于由发展到成熟的阶段中，因而理想的树立对他们来说是成长过程中一个重要的环节。有了理想，就有了精神支柱和发展的动力。高职学生如果自觉地把个人理想和社会理想结合起来，就会正确认识自我，正确认识各种社会现象。

3．价值取向

价值的本质就是主体的功能和作用对客体（社会）需要的满足。价值观不同，自我意识也就不同。高职学生自我意识的一个特点是“理想我”与“现实我”的冲突。利己主义的价值观念具体反映到高职学生的自我意识里，就是认为社会只是为自我发展提供条件，这样脱离社会的“理想我”构想，和“现实我”的冲突就是不可避免的了。高职学生要在集体主义的价值观指导下树立“理想我”，要充分考虑到社会现实与自我的关系、社会现实背景对自我发展的约束，这样才能正确认识自我的地位、作用，正确地对待自我价值，从而形成符合国家和社会利益的自我意识，以便充分发挥自己的才华。

（二）客观因素

1．社会环境

人是社会性的存在而非孤立的抽象物，个体及其自我意识必然受到他所处的社会环境的影响。目前大学生正处在一个社会转型和变迁加剧的时期，这种转型和变迁的社会环境一方面给高职学生提供了施展才华的广阔天地，另一方面也给他们带来了心理矛盾与心理压力。由此，这样的环境既可刺激完善自我、超越自我的追求，也可导致心理失衡和自我的失落。加上社会风气的影响，也会加剧高职学生自我意识的矛盾冲突。由于高职学生的心理、思想还不成熟，对社会风气还不能作出完全正确的分析和判断，因此社会风气对高职学生的自我认识、自我评价，对高职学生关于理想、前途的认识，都会产生关键性的影响。同时，社会风气是在一定时期内形成的，对人的意识影响具有长期性。因此我们一定要重视社会风气对高职学生自我意识的作用。

2．文化氛围的影响

社会文化对自我认识有重要影响，对自我观念和自主评价会起潜移默化的作用，对理想自我和现实自我的统一有重要作用。文化氛围的影响主要包括三个方面：一是社会主导文化的影响。所谓“主导文化”是指在某一社会占主导地位的文化，它影响和制约着整个社会生活，是这一社会的灵魂。我国是社会主义国家，社会主义思想体系无疑是目前我国占主导地位的文化。受这一社会主导文化的影响，当前青年学生自我意识中投身改革、奋发向上、报效祖国、推进社会进步成为其主流。从总体上来说，他们的个人目标和社会前进方向是一致的。二是社会亚文化的影响。“社会亚文化”是指某一社会中处于次要、从属地位的文化。一般来说，亚文化与主文化的可融性较少，并往往以反或逆主文化的面孔出现，青年学生就难免不受它的影响。由于受到年龄、知识结构、接触社会层面等的限制，社会亚文化在他们的当中占有相当的市场。但只要我们正确引导，他们的价值观就一定会随着社会的主旋律而健康发展的。三是受西方文化思潮的影响。随着我国改革开放，西方文化也逐渐浸透到社会生活和社会文化的各个层面，因此，青年学生的自我意识也受到影响。

3. 人际环境的影响

主要是指高职学生个人成长中的重要他人及其人际氛围，如父母、家庭、老师、学校、朋友、团体等对自己的影响。高职学生已离开家庭、父母，进入大学学习生活，对高职学生自我意识的发展影响最大的个人人际环境应数学校和教师了。教师在高职学生自我意识的形成发展中有重要影响。教师因有丰富的知识而受到学生的尊敬。教师的言行、品德、信仰、精神境界等，有意无意地影响着学生，并受到学生的效仿。所以，教师角色不同于学校环境外的其他“角色”，对学生的影响作用是独特的。

因此，我们应把握影响自我意识发展的各种因素，巩固和发挥这些因素的积极影响作用，减少并尽量消除其消极影响，以便促进高职学生准确地了解自己。

任务三　高职学生良好自我意识的培养

◆心理知识

一、正确认识自我

【读一读】

久哈里窗（The Johari Window）理论

美国有两位教育专家，Joe与Harry共同推出“久哈里窗”理论，认为人的心中有四个区域（见表2-2)。公开区是别人和自己都看得到的；盲目区是别人看得到，而自己毫无知晓；隐藏区是因为本性害羞或隐私之故而没有公诸于世；未知区则是神秘莫测，为潜意识或无意识。该理论帮助人们更了解自己，明白自己愿意对自己和对他人透露多少自己的特质。

表2-2　“久哈里窗”理论表格

	自己知道	自己不知道
他人知道	公开区 （向自己和别人公开）	盲目区 （自己看不到，别人看得到）
他人不知道	隐藏区 （对别人隐藏）	未知区 （没有人看得到）

因此，每一个个体的久哈里窗的“盲目区”“隐藏区”和“未知区”的部分越大，该个体“公开区”部分就越少，与人交往也就很难敞开心扉，同样，也就越难享受身心健康的高品质生活。因此，同学们在画出自己的久哈里窗后，要在以后的日子里尽量扩大自己的“公开”窗口在自己心中所占的比例。扩大公共区，挖掘潜能区，在痛苦与快乐中找准方向。

正确认识自我，全面了解评价自我是自我调控的重要因素，是健全自我意识的基础。

高职学生不仅要了解自己的生理状况、价值取向、个性特征，了解自己与他人的异同，了解自己的过去和现在之间的异同，而且特别重要的是要了解自己的长处和短处，把握自己在社会生活中所处的位置，对自我作出恰当的评价。在此，介绍以下几种认识自己、全面评价自我的方法。

1. 内省法

内省法指通过自我反思和自我评价来认识自我。《论语》中孔子说要“吾日三省吾身”。佛教中的名偈：身是菩提树，心如明镜台，时时勤拂拭，莫使染尘埃。在自我意识的培养中，要教育、引导高职学生学会反省，不断地对自己的言行、心理活动进行反思、分析，勇于解剖自己，敢于批评自己，在自我解剖和自我批评中加深对自己的认识。

2. 他人评价法

他人评价法指通过分析他人对自己的评价来认识自我。这是自我认识的一条重要途径，它可以帮助你纠正自我意识的偏差，克服自我认识的主观性和片面性。高职学生一般很在乎别人对自己的看法，他们对别人的评价往往引起两方面的反应，一方面积极地接受别人的看法，另一方面也许认为别人的评价不符合自己的实际。因此评价者的特点，评价的性质将会影响到他们对评价的接受程度，开展同学之间的互评，教师给予具体而有个性的评价，都有助于自我意识的提高。

3. 比较法

比较法通过比较来认识自我，其包含如下两个方面。

（1）通过与他人的比较来认识自我。唐太宗有句名言“以铜为镜，可以正衣冠；以人为鉴，可以知得失”。他人是反映自己的一面镜子，通过与他人的比较来认识自我是获得自我观念的主要来源。在比较中可以看清自己的优势与不足，取长补短。但在与他人比较时，最重要的是要选择恰当的参照系，高职学生不仅仅要与自己情况差不多的人相比，更要与优秀的人们相比，与理想的人物和标准相比，“见贤思齐焉”。同时还要学会用发展和辩证的思维来看待自己和他人。

（2）通过自我比较来认识自我。人们不仅可以通过与他人的比较来认识自我，也可以从比较自己的过去、现在和将来中认识自我。因此，对高职学生自我意识的培养，一方面应鼓励高职学生超越自我，不要满足于现有的成绩，另一方面也要引导高职学生确立恰当的抱负水平，不要一味地跟自己过不去，从自己的发展历程中进行比较，从比较中认识自我。

4. 实践活动法

实践活动法指通过自己的活动表现和成果来认识自我。高职学生可以通过自己参加各种活动时的动机、态度，在活动中的表现，以及取得的成效、成果来分析认识自己。理想的活动成果可以使个体进一步认识自我的能力，发现自我的价值，从而进一步激发自信、开发潜能。

二、积极悦纳自我

悦纳自我是指一个人相信自己存在的价值，认同自己的能力，并在行为上表现出一种与环境和他人积极互动的心理定势。无条件地接受自己现实的一切。无论是丑的或美的，好的或坏的，成功的还是失败的，有价值的还是无价值的。高职学生如果以积极的态度悦纳自我，便会形成自信，如果以消极的态度拒绝自我，便会形成自卑。自卑者往往会片面夸大自身的缺点、短处，甚至否认自我存在的价值，从而极大地阻碍正确自我意识的形成。

积极悦纳自我的方法有五种。

（1）要全面、正确地评价自己。对自己的长处短处不能夸大，也不要贬低。

（2）要性情开朗，对生活乐观，对未来充满憧憬。

（3）要平静而理智地看待自己的长处与短处，冷静地对待自己的得与失；以发展的眼光看待自己，充分认识到成功不是永恒的，失败也只是暂时的。

（4）要树立远大理想，并以此激励自己，不断克服消极情绪。

（5）既不以虚幻的自我补偿内心的空虚，也不以消极回避漠视自己的现实，更不以怨恨、自责以至厌恶来否定自己。

【读一读】

英国心理学家克列尔·拉依涅尔提出了10条帮助你增强自信心的规则。

①每天照三遍镜子。清晨走出宿舍之前，对着镜子修饰仪表，整理着装，务必使自己的外表处于最佳状态。午饭后，再照一遍镜子，修饰一下自己，保持整洁。晚上就寝前洗脸时再照照镜子。消除对自己仪表的不必要担心，更有利于你将注意力集中到工作、学习上。

②不要总想着自己的身体缺陷。每个人都有各自的身体缺陷，完美无缺的人是不存在的，对自身的缺陷不要念念不忘，其实，人们往往并没有那么在意你的缺陷。只要少想，自我感觉就会更好。

③你感觉明显的事情，其他人不一定注意得到。当你在众人面前讲话感到面红耳赤时，你的听众可能只是看到你两腮红润，令人愉快而已。事实上你的窘态并没有那么容易被其他人发现。

④不要过多地指责别人。如果你常在心理指责别人，这种毛病就可能成为习惯。应逐渐地克服这种缺点，总爱批评别人的人是缺乏自信的表现。

⑤多数人喜欢的是听众。因此，当别人讲话时，你不要急于用机智幽默的插话来博得别人对你的好感。你只要认真地倾听别人的讲话，他们就一定会喜欢你。

⑥为人坦诚，不要不懂装懂。对不懂装懂的东西坦白地承认，这不仅不会损害你的形象，还会给人以诚实可信的感觉；对别人的魅力和取得的成就要勇于承认，并致以钦佩和赞赏。

⑦在自己的身边找一个患难相助、荣辱与共的朋友。这样在任何情况下你都不会感到孤独。

⑧不要试图用酒来壮胆提神。如果你害羞腼腆，那么就是喝干了酒瓶也无济于事。只要你潇洒大方，滴酒不沾也会受到大家的欢迎。

⑨拘谨可能使某些人对你含有敌意。如果某人不爱理你，则不要总觉得自己有错。对于有敌意的人，不讲话虽不是最好的方法，但却是唯一的方法。

⑩一定要避免使自己处于一种不利的环境中。否则，当你处于这种不利情况时，虽然

人们会对你表示同情，但他们同时也会感到比你地位优越而在心理轻视你。

（资料来源：摘引 www.jyb.cn　2006 年 08 月 23 日来源：人民网）

三、有效调控自我

【案例】

学渣何颖逆袭考上北大研究生

何颖，男，西南石油大学学生，入学后逃课打游戏、谈恋爱、寝室昏睡，不知不觉到大二结束时，何颖终于尝到了浑浑噩噩度过大学两年带来的苦果，累计挂科 8 门，平均学分绩点只有 1.08。这样的绩点，连学位证都拿不到。何颖开始慌了，在他的心里，隐隐萌生出了想要改变的想法。真正让何颖下定决心改变的是与哥哥的一次谈话。“当我又一次玩游戏到凌晨三点时，我的哥哥才下班回家。同样作为一个本科生，为了不足四千元的工资他时常需要工作到凌晨甚至通宵。那晚他告诉我，他最后悔的是本科没有好好学习专业课，白白浪费了四年的青春，只能默默地羡慕其他同学。从那一天起，我就暗自发誓，我一定要改变。何颖说，想要改变，首先要解决自己的学业问题。大三期间，除去应修的课程，何颖还需要另外重修挂掉的 8 门。他的课表被排得满满当当。2017 年 3 月，他开始了考研这段破釜沉舟之旅，每天坚持学习 11 小时，备考期间用掉的草稿纸累计近八千张，摞起来有 1 米多高。

（资料来源：http：//k.sina.com.cn/article_1648743302_6245d386027008jfh.html）

分析：何颖为什么能够成功逆袭？当初沉迷于游戏的他，在自己坚定考研目标之后，就把手机和电脑上的游戏全部卸载了。整整 9 个月，自始至终他都用考研标榜和激励自己，管住了自己的脑子，也管住了自己的手，再也没有碰过一次游戏。何颖能够正确认识自己的处境，分析自己的实际情况，自我调控能力强，为了实现人生目标，不怕辛苦，9 个月的努力完成了由学渣向学霸的华丽转身。

大学，并不是象牙塔。其间，有很多诱惑让人越轨；有很多借口让人松懈；有很多机会让人矛盾；有很多挫折让人低迷……所以，想对自己负责，就必须学会控制自我。

自我调控是个体主动定向改造自我的过程，即主动地改变“现实的我”以达到“理想的我”的过程。同时它也是个体对待自己的态度的具体化过程。有效的自我控制是高职学生健全自我意识、完善自我的根本途径。

（1）结合自我实际情况确立合适的理想自我。在确立目标时要适中，跳一跳，够得着。

（2）增强自尊和自信。这是自我控制的激励因素，良好的自尊心、自信心能使自己有为实现理想自我而努力的强大动力，激励自己不断奋进。美国心理学家请 50 位成功人士写下影响他们成功的前三个因素，排在第一位的都是我即对自己的了解、接受、关爱、尊重；在看到与别人的差距时仍能保持自信；对自己的所有行为负责；对自己持一种开放的态度！

（3）培养顽强的意志品质。顽强的意志品质对人的成长和成才意义重大。意志品质不是天生的，主要靠自我控制、自我磨砺造就的，高职学生要对自己的意志品质有意识培养。

【读一读】

美国有位心理学家，曾做过以下两个实验：

实验一：从孩童到60多岁跟踪调查一批高智商的人，发现他们一部分成了社会精英，而大多数平平庸庸地度过了一生。究其原因就是这些人意志品质差距很大。能成为社会精英的都有优秀的意志品质，而平庸一生的那部分人，都存在着意志品质方面的问题。

实验二：把一群孩子领进一个无人看管的空屋子里，每人分一块糖，告诉他们在回来之前，这一块糖如果不吃，会得到第二块，如果吃了就没有第二块了。结果有的孩子实在受不了诱惑把糖吃了，而一部分孩子控制住了自己没吃糖，一直等到实验者回来而得到了更多的糖。心理学家跟踪调查这批能控制自己不吃糖的孩子，发现他们长大后，在各自岗位上都有建树，而没自制力急于吃糖的那组孩子大多数没什么长远的发展。当然，这些实验结果并不是绝对的，但它们却可以告诉我们，意志品质对人的影响是非常大的。

四、不断完善自我、实现自我

一只木桶想盛满水，必须每块木板都一样平齐且无破损，如果这只桶的木板中有一块不齐，这只桶就无法盛满水。也就是说，要想多盛水——提高木桶的整体效应，不是增加最长木板的长度，而是要下功夫修补那块最短的木板。

找准自己的“短板”，并且不断加长，这是完善自我、实现自我的最好办法。不断自我完善、自我实现，追求有意义的人生，使人生达到一个相对完满的境界，这是一个自我改造、自我塑造的过程。

关于实现自我，马斯洛提出了7点建议：①把自己的感情出口放宽，莫使心胸像个瓶颈；②在任何情景中，都尝试从积极乐观的角度看问题，从长远的利害做决定；③对生活环境中的一切，多欣赏，少抱怨；有不如意之处，设法改善，坐而空谈，不如起而实行；④设定积极而有可行性的生活目标，然后全力以赴求其实现，但却不能期望未来的结果一定不会失败；⑤对是非之争辩，只要自己认清真理正义之所在，纵使违反众议，也应挺身而出，站在正义一边，坚持到底；⑥莫使自己生活僵化，为自己在思想与行动上留一点弹性空间；偶尔放松一下身心，将有助于自己潜力的发挥；⑦与人坦诚相处，让别人看见你的长处和缺点，也让人分享你的快乐与痛苦；

完善自我，实现自我，主要做到以下“三个我”。

(1) 做一个自如的我。给自己确立可望而可及的目标，使自己能够坦然面对自己的客观存在，积极自信地生活。

(2) 做一个独特的我。不去刻意地模仿他人从而迷失了自我，而是在认识自我的过程中，发现自我与他人的区别，接受并且关心自己的生理与心理状况，无条件地接纳自己的一切。

(3) 做一个最好的我。正确认识自我，立足现实，找到自我在现实社会中最恰当的位子，充分实现自己的人生价值。李开复说，成功就是“做最好的自我”。李开复（原微软公司全球副总裁、google公司全球副总裁、中国区总裁）认为，做最好的自我，首先是要做自我，不要做别人，任何百分之百的模仿都没有必要；其次是自己的每一天都要比昨天做得更好，不要盲目地和别人攀比，只要自己每一天都有所收获；最后，成功还需要不断地追逐自己的理想和兴趣，没有理想要确立理想，没有兴趣可多多尝试、培养兴趣。

◆**拓展训练**

【越测越乐】

你隐藏自己有多深?

主题统觉测验（简称 TAT）属于投射法个人测验，是美国心理学家亨利·默瑞于1935年发明的。TAT 通过素描图像激发测试者投射出内心的幻想和精神活动，无意中成为呈现测试者内心和自我的 X 光片。目前，TAT 也是我们在心理咨询和心理治疗工作中比较常用的测试量表之一，对我们鉴定诊断起到了重要的辅助作用。下面这个测试就是利用 TAT 的原理进行的内心 X 光测试，请凭第一感觉回答问题，A 为 1 分、B 为 2 分、C 为 3 分。

图 2-1 TAT 测试图一

1. 图 2-1 中的女人为何掩面？她的情绪是怎样的？

A. 悲伤，女人发现丈夫的婚外情

B. 忧虑，丈夫酒醉在床上

C. 关心丈夫病重躺在床上，可能即将死去

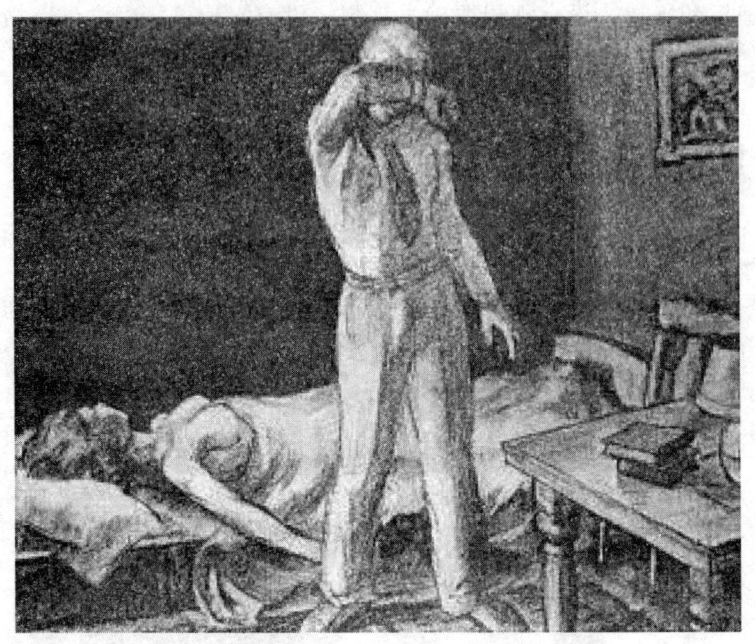

图 2-2　TAT 测试图二

2. 图 2-2 床上女子状态怎样？

A. 身患重病　　B. 沉睡　　C. 已死去

图 2-3　TAT 测试图三

3. 图 2-3 中戴领结的男子是女子的什么人？

A. 秘密情人

B. 老板或者顶头上司

C. 可以帮助她的有权有势的人

图 2－4　TAT 测试图四

4. 图 2－4 中老妇人的眼神流露出怎样的情绪？
A. 邪恶，她们之间可能隐藏着冲突
B. 同情
C. 焦虑，关心

图 2－5　TAT 测试图五

5. 图 2－5 中的女子正在打开房门，她打算做什么？
A. 男友的房间，她一直很想看看房间里的布局陈设
B. 下班，刚刚回家
C. 拿东西，然后回厨房做饭

图 2-6　TAT 测试图六

6. 图 2-6 中这个人物打扮成这样是为什么？
A. 打扮成别人认不出来的样子去袭击仇人
B. 抢劫商店
C. 参加万圣节假面舞会

图 2-7　TAT 测试图七

7. 图 2-7 中这个女子化妆是为什么？
A. 遮掩已经衰老的面容，并希望能够挽救婚姻危机
B. 以更加饱满的精神状态去见大客户
C. 去和男朋友约会

结果分析：

7分～11分：你非常善于隐藏自己，没人知道你心里到底在想什么。同时你防御心理较强，对事物怀着消极的态度，不愿意轻易相信别人，大多时候宁愿自己独处也不愿意和其他人在一起。也许你的魅力就在于神秘吧，很多人都想接近你，但你内心与外界的距离感始终存在。你只有摆正对生活的态度，才能过上正常的快乐生活。朋友的建议对你影响很大，你需要对这些建议进行过滤，有选择地采用，不要被这些建议搞得焦头烂额。

12分～16分：能想到就能做到，恐怕是你的人生信条。你属于现实主义者，浪漫色彩非常淡薄，对金钱有一定的执着心。头脑清晰，有很强的独创能力。踏实、勤奋是你的一贯风格，但缺乏挑战新事务的勇气，对人情世故不太清通，再加上你平时比较少言，给人感觉比较冷漠，往往需要一段时间才能融到团体中。建议不要凡事都顾及眼前，要学会规划人生。过分谨慎也会错过很多机会。

17～21分：你性格开朗、乐观、平易近人，和朋友交往中能设身处地地为他人着想，另外善于在公众面前提升自己的形象，因此深受大家的信任，在群体中是个受欢迎的中心人物。你做事很慎重，谦恭有礼，即使再棘手的事情也能处理得恰到好处。诚信是你重要的处事原则，你具有压抑自己为别人着想的品质。不过此类型的人难以做出特别大的成就。建议适当学会拒绝，会让你更快乐。

【越读越乐】

李开复给中国大学生的第三封信：成功、自信、快乐

自信的第一步：不要小看自己，多给自己打气。

自信的关键在于自己。如果你自己总认为自己不行，你是无法得到自信的。例如，马加爵曾说："我觉得我太失败，同学都看不起我……很多人比我老练，让我很自卑。"虽然马加爵很聪明也很优秀，但他从没有真正自信过。

自信的秘密是相信自己有能力。中国古谚："天生我才必有用"，"一枝草，一点露"，每个人都有自己的特性和长处，值得看重和发挥。我记得我11岁刚到美国时，课堂上一句英语都听不懂，有一次老师问"1/7换算成小数等于几?"我虽然不懂英文，但认得黑板上的"1/7"，这是我以前"背"过的。我立刻举手并正确回答了这个问题。不会"背书"的美国老师诧异地认为我是个"数学天才"，并送我去参加数学竞赛，鼓励我加入数学夏令营，帮助同学学习数学。她的鼓励和同学的认可给了我自信。我开始告诉自己，我有数学的天分。这时，我特别想把英文学好，因为只有这样才能学习更多的数学知识。这种教育方式不但提高了我的自信，也帮助我在各方面取得了长足的进步。

中国式教育认为人的成长是不断克服缺点的过程，所以老师更多是在批评学生，让学生弥补最差的学科。虽然应把每科都学得"足够好"，但人才的价值在于充分发挥个人最大的优点。美国盖洛普公司最近出了一本畅销书《现在，发掘你的优势》。盖洛普的研究人员发现：大部分人在成长过程中都试着"改变自己的缺点，希望把缺点变为优点"，但他们却碰到了更多的困难和痛苦；而少数最快乐、最成功的人的秘诀是"加强自己的优点，并管理自己的缺点"。"管理自己的缺点"就是在不足的地方做得足够好，"加强自己的优点"就是把大部分精力花在自己有兴趣的事情上，从而获得无比的自信。

凌志军的《成长》一书里还有很多得到自信的例子：微软亚洲工程院院长张宏江说他

从小就“相信我是最聪明的。即使再后来的日子里我常常不如别人，但我还是对自己说：“我能比别人做得好”；微软亚洲研究院的主任研究员周明小时候在“学生劳动”中刷了108个瓶子，打破了纪录，从而获得自信。他说：“我原来一直是没有自信心的，但是这件事给了我自信。这是我一生中最快乐的经验，散发着一种迷人的力量，一直持续到今天。我发现了天才的全部秘密，其实只有6个字：不要小看自己。”

自信是一种感觉，你没有办法用背书的方法“学习”自信，而唯一靠“学习”提升自信的方法是以实例“训练”你的大脑。要得到自信，你必须成为自己最好的拉拉队，每晚入睡前不妨想想，今天发生了什么值得你自豪的事情？你得到了好的成绩吗？你帮助了别人吗？有什么超出了你的期望吗？有谁夸奖了你吗？我相信每个人每天都可以找到一件成功的事情，你会慢慢发现，这些“小成功”可能会越来越有意义。

有个著名教练在每次球赛前，总会要求队员回忆自己最得意的一次比赛。他甚至让队员把最得意的比赛和一个动作（如紧握拳头）联系起来，以便使自己每次做这个动作时，就会下意识地想到得意的事，然后在每次比赛前反复做这个动作以“训练”大脑，提升自信。

希望同学们都能成为自己最好的拉拉队，同时多结交为你打气的朋友，多回味过去的成功，千万不要小看自己。

自信的第二步：用毅力、勇气，从成功里获得自信，从失败里增加自觉。

当你感觉到自信时，无论多么小的成功，你都会特别期望再一次得到自己或别人的肯定，这时，你需要有足够的毅力。只要你有毅力，就会像周明所说的那样，“什么事情只要我肯干，就一定可以干好。你能学会你想学会的任何东西，这不是你能不能学会的问题，而是你想不想学的问题。如果你对自己手里的东西有强烈的欲望，你就会有一种坚韧不拔的精神，尤其当你是普通人的时候。”

有时，你可能没做过某一件事，不知道能不能做成。这时，除了毅力外，你还需要勇气。我以前在工作中，一般的沟通没有问题，但到了总裁面前，总是不敢讲话，怕说错话。直到有一天，公司要做改组，总裁召集十多个人开会，他要求每个人轮流发言。我当时想，既然一定要讲，那不如把心里话讲出来。于是，我鼓足勇气说：“我们这个公司，员工的智商比谁都高，但是我们的效率比谁都差，因为我们整天改组，不顾到员工的感受和想法……”我说完后，整个会议室鸦雀无声。会后，很多同事给我发电子邮件说：“你说得真好，真希望我也有你的胆子这么说。”结果，总裁不但接受了我的建议，改变了公司在改组方面的政策，而且还经常引用我的话。从此，我充满了自信，不惧怕在任何人面前发言。这个例子充分印证了“你没有试过，你怎么知道你不能”这句话。

有勇气尝试新事物的同时，也必须有勇气面对失败。大家不能只凭匹夫之勇去做注定要失败的事。但当你畏惧失败时，不妨想一想，你怕失去什么？最坏的下场是什么？你不能接受吗？在上面的例子中，如果总裁否定了我的看法，他会不尊重我吗？不但不会，别人很可能还会认为我勇气可嘉。而且，自觉的人会从失败中学习，认识到自己不适合做什么事情，再提升自己的自觉。因此，不要畏惧失败，只要你尽了力，愿意向自己的极限挑战，你就应为自己的勇气而自豪。

一个自信和自觉的人，如果能勇敢地尝试新的事物，并有毅力把它做好，他就会从成功里获得自信，从失败里增加自觉。

自信的第三步：自觉地定具体的目标，虚心地听他人的评估。

培养自信也要设定具体的目标，一步步地迈进。这些目标也必须是可衡量的。我曾把我在总裁面前发言的例子讲给我女儿听，因为她的老师认为她很害羞，在学校不举手发言，我希望鼓励她勇于发言。她同意试一试，但她认为只有在适当的时候，有最好的意见时才愿意发言。但是，我认为有了“最好的意见”这个主观的评估，目标就很难衡量。于是，我和她制定了一个可衡量的、实际的目标：她每天举一次手，如果坚持一个月就有奖励。然后，我们慢慢增加举手的次数。一年后，老师注意到，她对课堂发言有了足够的自信。

自信绝非自我偏执、不容许自己犯错，或过度自我中心，失去客观的立场。我有个绝顶聪明的同事，他一生认准了“我永远不会错”这句真理。他表现得无比自信，一旦证明他某句话是对的，他就会提醒所有人几个月前他早就说过了。但因为他几乎是为了自信而活着，一旦证明他某句话是错的，他就会顾左右而言他，或根本否认此事。虽然他的正确率高达95%，但5%的错误让他失去了自己的信誉和他人的尊敬。这个例子告诉我们，自傲的自信或不自觉的自信甚至比不自信更加危险。

情商中的自觉有两个层面：对自己和环境皆能做到自觉，掌握主客观的情势。有自觉的人不会过度地自我批评，也不会天真地乐观，他们能客观地评估自己。所以，他们会坦诚地面对自己的能力极限，不会轻易地接受自己能力范围外的工作。当然，他们仍乐于接受挑战，但会在接受挑战时做客观的风险评估。这样的人不但对自己坦诚，对他人也坦诚。坦诚地面对失败会得到别人的信赖，因为他们知道你接受了教训。坦诚地面对自己的缺点也会得到别人的尊敬，因为他们知道你不会自不量力。所以，自觉的人容易成功，也容易自信。

自觉的人不但公平地评价自己，还主动要求周围的人给自己批评和反馈。他们明白，虽然自己很自觉，但别人眼中的自己是更为重要的。一方面，别人眼中的自己更为客观，另一方面，别人眼中的自己才是真正存在的自己（perception is reality），也就是说，如果别人都认为你错了，只有你自认为没有错，那么在社会、学校或公司眼中，你就是错了。所以，你必须虚心地理解和接受别人的想法，而且以别人的想法作为最终的目标。比如，我女儿可以每天评估自己的发言，但最终，只有当老师和同学们认为她是个开朗的、有想法的学生时，她才达到了最终的目标。

获得坦诚的反馈特别是负面的回馈并不容易。所以，你最好能有一些勇敢坦诚的知心好友，他们愿意在私下对你说真心话。当然，你不能对负面的反馈有任何不满，否则你以后就听不到真心话了。除了私下的反馈外，在美国的公司里，还有一种“360度”意见调查，可以对员工的上司、下属同时做多方面的调查。因为这种调查是匿名的，它往往能获得真实的意见，如果很多人都说你在某方面仍须改进，这样的说法就比自己的或老板的看法更有说服力。虽然在学校里没有这种正式的调查，但是你仍然可以尽力地去理解他人对你的想法。我的父亲常教诲我们凡事谋之于众，就是指开放心胸，切勿以井观天，局限了自己的视野。

马加爵说：“同学都看不起我。”其实，如果他有勇气向他信任的同学求证，他也许会发现自己错怪了同学，也许会发现交错了朋友，也许会证实同学确实看不起他并了解其中的原因，然后自我改进。坦诚的交流和真心的朋友或许都可以帮助马加爵避免悲剧的发生。有自觉的人会为自己制定现实的目标，客观地衡量自己，并会请他人帮助评估。这样的人能持续提升自己的自信，并能避免自信发展为自傲。

（资料摘引《李开复给中国大学生的第三封信—成功、自信、快乐》）

【越看越乐】

冒牌天使

影片中布鲁斯是美国水牛城的一名记者。年过三十的他，不仅没有变得成熟和独立，反而还整天毛手毛脚，弄得自己诸事不顺。布鲁斯还不知自我检讨，总是把一切过错的责任推到别人或上帝身上。一天，布鲁斯一醒来霉运就来了：先是在床上烦躁得睡不着，接着女友做的早餐难吃得要命，跟着家里的狗竟然在沙发上撒尿了……布鲁斯忍无可忍，指着天空没完没了地大骂起上帝对他的不公。结果，上帝真的被他从天上骂下来了！上帝允许布鲁斯做一天上帝，管理这个世界。它通过一个咒骂上帝、自怨自艾的凡人所经历的一系列奇遇揭示出这样一个道理：“或许我们并非都是幸运儿，总不免受到这样、那样挫折的困扰，但我们每个人都可以掌握自己的人生。认真把握生活中的每一天，学会去爱，去珍惜，你就是自己生命中的上帝!”

项目三

塑造健全的人格

◆心有灵犀

艰难与困苦是磨练人格的最高学府。

——苏格拉底

成人的人格的影响，对于年轻的人来说，是任何东西都不能代替的最有用的阳光。

——乌申斯基

◆心海导航

同样是家境贫穷，为什么有人因此而发愤，走出了困境，走向成功，有人却因此而堕落，甚至走上了偷窃、抢劫的犯罪道路？这是因为人有不同的性格和气质等人格特征的缘故。正确认知自己的个性，在生活中扬长避短，你就掌握了自己的命运。本项目将为你能塑造良好的性格，发扬积极的气质特征，悦纳自己、悦纳别人，以健全的人格去面对生活的磨难而提供帮助。

◆学习目标

【知识目标】

1. 人格概述。
2. 高职学生的人格特征。
3. 人格发展异常的表现与评估。
4. 高职学生人格完善的途径和调适方法。

【能力目标】

1. 塑造健全的人格。
2. 掌握促进人格完善的方法与途径。

【素质目标】

1. 掌握人格建设的方法。
2. 具有人格选择和自我调整的能力。

◆青春故事

何平出生在浏阳市澄潭江镇吾田村一个贫病交加的家庭，母亲患间歇性精神病，父亲因车祸后失去劳动能力，弟弟患有先天性心脏病。2008 年，何平正在紧张备战高考之际，父亲突发脑出血瘫痪在床，在医院救治长达数月；弟弟何君心脏病突发生命垂危。巨额治疗费，加上长达数个月的陪护重任全压在了这个 17 岁女孩的肩上。她顶住所有的压力，尽管照顾家人耽误了很多时间和精力，但勤奋好学的何平仍以优异的成绩考取了湖南科技大学。读大学时，她边打工边照顾家庭，暑假时她最多做了 7 份兼职，“如果苦难不能避免，我就要坚强去面对。”这是何平的座右铭。

为了能更多、更广、更方便地帮助他人，她精心筑造了“向日葵姐姐·心灵小屋”，并开通了“向日葵姐姐·心灵热线”。现在“向日葵姐姐·心灵小屋”和“向日葵姐姐·心灵热线”已经成为一个“品牌”，不断传递着爱心、社会责任感和生活正能量。

对于这样一位坚强而乐观的女孩，社会也在不断给她掌声予以鼓励：她先后获得第四届、第五届全国道德模范提名奖、2011 中国大学生年度人物、2011 中国大学生自强之星、第四届湖南省孝老爱亲道德模范、湖南省优秀大学生、湖南省青年五四奖章等系列荣誉。2016 年 1 月，以何平为原型的道德素质教育电影《向日葵女孩》上映，引起社会广泛关注。

分析：何平在遇到困难时，能够积极的开放自我，正确地认识自己，正确地对待和处理生活中遇到的种种问题，坦率地接受自己的局限并对生活持乐观向上的态度。能够用理性分析生活事件，并且能够发挥自己的潜能，创造性地生活。这是人格健全的标志。

任务一　认识人格

◆心理知识

一、人格概述

（一）什么是人格

“人格”一词是我们生活中使用的高频词汇。我们经常说“他具有高尚的人格”“你侮辱了我的人格”等。人格一词涵盖了法律、道德、社会、哲学等领域。而人格（personality）一词最初来源于古希腊语 persona，是指演员的面具，面具会随着角色的变化而不断变化，是一种心理现象，亦称个性，它反映的是一个人总的心理面貌，是相对稳定、具有独特倾向性的心理特征的总和，是在长期的社会生活实践中形成、发展起来的，包括气质、性格、能力、兴趣、爱好、需要、理想、信念等方面内容，人与人之间显著的差别就在于人格。

（二）人格的特征

（1）独特性。个体的人格是在遗传、环境、教育等先、后天环境交互作用下形成的。我们经常说的“人心不同，各如其面”就是指的这个意思。如有的人开放自然，有的人顽固自守，有的人沉默寡言，有的人豪爽，有的人谨慎等。环境会使某一人格品质在不同人身上表现出不同的含义。如独立性这一人格特质，作为缺乏父母爱护的家庭中成长的孩子，独立带有靠自己努力的含义；而在一个民主型家庭成长的孩子，独立则作为健全人格培养的重要部分。

（2）稳定性。人格的稳定性是指那些经常表现出来的特点，是一贯的行为方式的总和。正如我们所说："江山易改，本性难移"。一个人的某种人格特质一旦稳定下来，要改变是较为困难的事，这种稳定性还表现在人格特征在不同时空下的一致性。例如一个性格外向的高职学生，他不仅仅在家庭中非常活跃，而且在班级活动中也表现出积极主动的一面，在老师面前同样也能自然地表现自己，不仅大学期间如此，即使毕业若干年再相逢，这个特质依旧不变。

（3）统合性。人是极其复杂的，人的行为表现出多元性、多层次的特点。人格的组合也是千变万化的，并非死水一潭。各种人格结构的组合的变化使得人格表现色彩纷呈。在每个人的人格世界里，各种人格特征并非简单的堆积，而是如同宇宙世界一样，依据一定的内容、秩序与规则有机组合起来的动力系统。人格的有机结构具有内在一致性，受自我意识的调控。当一个人的人格结构的各方面彼此和谐一致时，人们就会呈现出健康的人格特征，否则就会出现各种心理冲突，导致"人格分裂"。

（4）功能性。人格是一个人生活成败、喜怒哀乐的根源。正如人们常说的"性格决定命运"。人格决定了一个人的生活方式，甚至有时会决定一个人的命运。人们常常使用人格特征解释某人的言行及事件的原因。面对挫折与失败，有志者认真总结经验教训，在失败的废墟上重建人生的辉煌；而怯懦的人一蹶不振，失去了奋斗的目标。当人格功能发挥正常时，表现为健康而有力，支配着人的生活与成败；当人格功能失调时，就会表现出懦弱、无力、失控甚至变态。

（三）人格的结构

人格是由不同成分构成的一个结构系统，不同成分从不同侧面反映个体的差异。人格结构系统包括认知、动机、气质、性格、自我调控等成分。气质与性格是人格的重要方面，下面对其作简要介绍。

1. 气质

气质是指个体表现在心理活动的强度、速度、灵活性与指向性的一种稳定的心理特征。这种特征既决定了个体心理活动的动力特征，又给每个人的心理活动蒙上了一层独特的色彩。

（1）胆汁质。这种气质类型的人精力旺盛，直率、热情，行动敏捷，情绪易于激动，心境变换剧烈。这类高职学生有理想、有抱负，有独立见解，反应迅速，行为果断，表里如一；不愿受人指挥，而喜欢指挥别人；一旦认准目标，就希望尽快实现，遇到困难也不折不挠，但往往比较粗心。学习和工作带有明显的周期性特点，能以极大的热情和旺盛的精力投入学习和工作，一旦精力消耗殆尽时，便会失去信心，情绪顿时转为沮丧而心灰意冷。

（2）多血质。这种气质类型的人喜怒都在展现中，可塑性强。多血质的人具有活泼好动、反应迅速、情绪发生快而多变、兴趣容易转移等特征。这类高职学生易于适应环境的变化，性情活泼、热情，善于交际，在群体中精神愉快，相处自然，常能机智地摆脱困境；他们在学习和工作上肯动脑、主意多，不安于机械、刻板、循规蹈矩，常表现出较强的工作能力和办事效率；对外界事物兴趣广泛，但容易失于浮躁，见异思迁。

（3）黏液质。这种气质类型的人安静、稳重，反应缓慢，沉默寡言，情绪不易外露，注意稳定难于转移，善于忍耐。这类高职学生反应较为迟缓，但无论环境如何变化，都能基本保持心理平衡；凡事深思熟虑，力求稳妥，一般不做无把握的事情，在各种情况都表现出较强的自我克制能力；他们外柔内刚，沉静多思，不愿流露内心的真情实感；与人交往时，态度适度，不卑不亢，不愿抛头露面；学习、工作有板有眼，踏实肯干，严格恪守既定的生活秩序和制度。但他们过于拘谨，不善于随机应变，固定性有余而灵活性不足，有墨守成规、因循守旧的表现。

（4）抑郁质。这种气质类型的人孤僻，行动迟缓，情感体验深刻，善于觉察别人不易觉察到的细小事物。这类高职学生在生理上难以忍受或大或小的神经紧张，厌恶那些强烈地刺激；他们的感情细腻而脆弱，常为区区小事引起情绪波动；自己心里有话，宁愿自己品味，也不愿向别人倾诉；喜欢独处，与人交往时显得腼腆、拘谨，善于领会别人的意图，在团结友爱的集体中，很可能是一个容易相处的人；遇事三思而行，求稳不求快，对力所能及的工作能认真负责地完成。在学习、工作一段时间后，常比别人更感疲倦；在困难面前常怯懦、自卑和优柔寡断。

气质本身无优劣之分，任何一种气质都有其积极和消极的方面，气质也不能决定一个人活动的社会价值和成就的高低。因此，高职学生要正确对待自己的气质类型，经常有意识地控制自己气质的消极品质，发扬积极品质，以有利于形成良好的个性。而且值得重视的是与生俱来的气质特征，更多的人是多种气质的混合体，看哪种气质占主导性地位。

2．性格

性格是一个人对现实稳定的态度和与之相适应的习惯化了的行为方式的总和。性格表现了人们对现实与周围世界的态度，对自己、对别人、对事物的态度。从不同角度和侧面可以对性格类型进行不同的划分。

按照知、情、意在性格中的表现程度，可分为理智型、情绪型和意志型三种。理智型的人以理智支配自己的行动；情绪型的人，情绪体验深刻，举止容易受情绪左右；意志型的人具有较明确的目标，行为主动。

按照个体的心理倾向，可分为外倾型和内倾型。外倾型的人心理活动倾向于外部，活泼开朗，善于交际，感情易于外露，处事不拘小节，独立性较强，但有时粗心、轻率；内倾型的人心理活动倾向于内部，一般表现为感情含蓄，处事谨慎，自制力强，交往面窄，适应环境比较困难。

按照个体独立性程度，可分为独立型和顺从型。独立型的人不易受外来事物的干扰，他们具有坚定的信念，能独立地判断事物，发现问题解决问题，在紧急和困难的情况下不慌张，易于发挥自己的力量，但有时会把自己的意志强加于人，固执己见，不易合群；顺从型的人，随和、谦虚，易与人合作，但独立性较差，易受暗示，容易接受别人的意见，在紧急情况下易惊惶失措。

性格与气质都是构成人格的重要因素，二者相互渗透，相互影响，彼此制约。二者所不同的是，性格是人格中涉及社会评价的内容，更多受到环境的影响，具有较大的可塑性。性格具有社会评价的意义，反映了社会文化的内涵，有好坏之分；而气质更多的受生理上和心理上的特点制约，虽然在后天的环境影响下也有所改变，但与性格相比，它更具有稳定性，变化比较缓慢。

二、人格的影响因素

（一）生物遗传因素

研究结果表明：遗传是人格不可缺少的影响因素，但遗传因素对人格的作用程度因人格特征的不同而不同。通常在智力、气质这些与生物因素相关较大的特征上，遗传因素较为重要；而在价值观、信念、性格等与社会因素关系紧密的特征上，后天环境因素更重要。人格发展过程是遗传与环境交互作用的结果，遗传因素影响人格发展方向及形成的难易。

（二）社会文化因素

人一出生，便置身于社会文化之中并受社会文化的熏陶与影响，文化对人格的影响伴随着人的终生。社会文化塑造了社会成员的人格特征，使其成员的人格结构朝着相似性的方向发展，而这种相似性又具有维系一个社会稳定的功能。这种共同的人格特征又使得个人正好稳稳地“嵌入”整个文化形态里。社会文化对人格的影响力因文化而异，这要看社会对顺应的要求是否严格。越严格，其影响力就越大。影响力的强弱也视其行为的社会意义的大小，对于不太具有社会意义的行为，社会允许较大的变异；但对在社会功能上十分重要的行为，就不太允许太大的变异，社会文化的制约作用就越大。但是，若个人极端偏离其社会文化所要求的人格基本特征，不能融入社会文化环境之中，可能就会被视为行为偏差或心理疾病。

（三）家庭环境因素

家庭常被视为人类性格的加工厂，它塑造了人们不同的人格特征。家庭虽然是一个微观的社会单元，但它对人格的培育起到了至关重要的作用。家庭是社会的细胞，家庭不仅具有其自然的遗传因素，也有着社会的“遗传”因素。这种社会遗传因素主要表现为家庭对子女的教育作用，俗话说：“有其父必有其子”，其中不无一定的道理。父母们按照自己的意愿和方式教育孩子，使他们逐渐形成了某些人格特征。

孩子的人格是在与父母持续相互作用中逐渐形成的，孩子的人格就是在父母与他们的相互磨合中形成的。孩子生长在什么样家庭环境中就会习得什么样的人格特性。家庭教养方式一般可以分为三类。第一类是权威型教养方式，这类母亲在对子女的教育中，表现得过于支配，孩子的一切由父母来控制。成长在这种教育环境下的孩子容易形成消极、被动、依赖、服从、懦弱，做事缺乏主动性，甚至会形成不诚实的人格特征。第二类是放纵型教养方式，这类母亲对孩子过于溺爱，让孩子多表现为任性、幼稚、自私、野蛮、无礼、独立性差、惟我独尊、蛮横胡闹等。第三类是民主型教养方式，父母与孩子在家庭中处于一个平等和谐的氛围中，父母尊重孩子，给孩子一定的自主权，并给予孩子积极正确的指导。父母的这种教育方式使孩子形成了一些积极的人格品质，如活泼、快乐、直爽、自立、彬彬有礼、善于交往、富于合作、思想活跃等。

（四）儿童早期经验

“早期的亲子关系定出了行为模式，塑造成一切日后的行为。”这是有关早期童年经验对人格影响力的一个总结。中国也有句俗话："三岁看大，七岁看老。"人生早期所发生的事情对人格的影响，历来为人格心理学家所重视。斯皮茨（Spitz）在对孤儿院里的儿童所进行的研究中，发现这些早期被剥夺母亲照顾的孩子，长大以后在各方面的发展均受到影响。许多孩子患了"失怙性忧郁症"，其症状表现为哭泣、僵直、退缩、表情木然，并且有人提出弃子会使儿童产生心理疾病，孩子会形成攻击、反叛的人格。艾斯沃斯研究表明：早期安全依恋的婴儿在成大后有更强的自信与自尊，确定的目标更高，表现出对目标更大的坚持性，更小的依赖性，并容易建立亲密的友谊。

人格发展的确受到童年经验的影响，幸福的童年有利于儿童向健康人格发展，不幸的童年也会引发儿童不良人格的形成。但二者不存在一一对应的关系，溺爱也可使孩子形成不良人格特点，逆境也可磨练出孩子坚强的性格。早期经验不能单独对人格起决定作用，它与其他因素共同来决定人格。早期儿童经验是否对人格造成永久性影响因人而异，对于正常人来说，随着年龄的增长、心理的成熟化，童年的影响会逐渐缩小、减弱，其效果不会永久不衰。

（五）学校教育因素

教师对学生人格的发展具有指导定向作用。教师的人格特征、行为模式与思维方式对学生产生巨大影响。每个教师都有自己独特的风格，这种风格为学生设定了一个"气氛区"，在教师的不同气氛区中，学生表现出不同的行为表现。洛奇（Lodge）在一项教育研究中发现，在性情冷酷、刻板、专横的老师所管辖的班集体中，学生的欺骗行为增多；在友好、民主的教师气氛区中，学生欺骗减少。心理学家勒温等人也研究了不同管教风格的教师对学生人格的影响作用。他们发现在专制型、放任型和民主型的管理风格下，学生表现出不同的人格特点。

学校是同龄群体会聚的场所，同伴群体对学生人格具有巨大的影响。班集体是学校的基本组织结构，班集体的特点、要求、舆论和评价对于学生人格的发展具有"弃恶扬善"的作用。少年同伴群体也是一个结构分明的集体，群体内有具有上下级关系的"统领者"和"服从者"，有平行关系的"合作者"和"互助者"。这个群体中体现着不同于孩童与成人的少年亚文化特征。与幼童的不同的是，孩子离开父母或被父母拒绝是幼童焦虑的最大根源；而少年的焦虑不安则来自于同辈群体的拒绝。在少年这个相对"自由轻松"的群体中，他们实习待人接物的礼节与群体规范，他们了解了什么样的性格容易被群体所接纳。在这个少年团体中，他们拥戴的是品学兼优的同伴。有人曾做过测验，分析了中学生喜欢哪种性质的学生领袖。结果是他们更喜欢学业优秀、办事老练、具有良好道德的学生领袖，而不是风头十足、具有漂亮仪表以及体育成绩优异的人。他们喜欢有能力、能胜任工作、高智商、精力充沛、富于创造的同伴。在少年期，男孩子比女孩子倾向于更大、更活跃的团体，他们多少会有些无视成人权威的倾向；而女孩子的团体则更显得合作与平和。一般来说，少年同伴团体性质是良好的，但也存在着不良少年团伙，对少年造成了极坏的影响。学生对这种群体要避而远之，学校、家长及社会要用强有力的教育手段来"拆散"他们，防止他们对学校及社会产生不良危害。

（六）自我调控因素

上述各因素体现的是人格培养的外因，而外因是通过内因起作用的。人格的自我调控系统就是人格发展的内部因素。人格调控系统是以自我意识为核心的。

自我意识是人对自身以及对自己同客观世界的关系的意识，具有自我认知、自我体验、自我控制三个子系统。自我调控系统的主要作用是对人格的各个成分进行调控，保证人格的完整、统一、和谐。它属于人格中的内控系统或自控系统。

【读一读】

人格测验是针对人格特点的标准化测量工具，它根据人格理论，从特定的几个方面对测试者的人格特征进行考察，体现在人格测验中就是各个测量指标。以下是常见的人格测验方法。

1. 自陈量表式测验

自陈量表法就是让被试按自己的意见，对自己的人格特质进行评价的一种方法。自陈量表通常也称为人格量表（personality inventory）。自陈量表通常由一系列问题组成，一个问题陈述一种行为，要求被试按照自己的情形来回答。常用的自陈量表有：《明尼苏达多项人格测验》、《卡特尔16种人格因素量表》、MBTI性格类型测试、DISC性格测试。

2. 投射测验

以Freud的心理分析人格理论为依据。这种理论主张，人一些无意识的内驱力受到压抑，虽然不易觉察，但是却影响着人们的行为。在投射测验中，给受测者一系列的模糊刺激，要求对这些模糊刺激做出反应。如抽象模式，可以作多种解释的未完成图片，绘画。分别要求受测者叙述模式，完成图片或讲述画中的内容。受测者的动机、态度、情感以及性格等，就会在回答的过程和内容中不知不觉地投射反映出来，从而了解受测者的若干人格特征。常用的投射方法有：罗夏克墨迹测验（RIBT）和主体统觉测验（TAT）。

任务二　高职学生人格发展异常的表现及调适

◆心理知识

一、高职学生人格发展不足及调适

大学时代既是学习掌握知识的黄金时代，也是人格发展的重要阶段。但在高职学生人格发展中普遍存在的人格发展不足主要有以下七方面：

（一）无聊

无聊心理的主要特点是空虚、幻想、被动，感觉不到自我存在的意义与人生的价值，其核心在于没有确立合适的人生目标。空虚是因为没有目标或目标太低，人一旦失去目标的牵引，生活就没有动力；缺乏对生命意义的深刻认识，就会出现茫茫然混日子的现象，对生命意义的否定发展到极端是对生命的否定；幻想是由于目标定位不准确或者目标太多而导致的心理负担，实质是对责任的恐惧；被动是由于目标不是自己内心的渴望，未获得内心的自觉与认同，只是为学习而学习，为考试而考试，疲于应付，学习生活中缺乏主动性和创造性。克服无聊心理的根本方法是确立恰当的人生目标，并由人生目标牵引着实现自己的人生价值。

（二）不良意志品质

不良意志品质是指意志发展的不良倾向，主要表现为：生活缺乏目标，随波逐流，无所事事，懒散倦怠，浑浑噩噩，醉生梦死；还有的意志发展不成熟，曲解意志品质，把刚愎自用、轻率当作果断，把犹豫、彷徨将作沉着冷静，把固执己见、执著当作顽强等等，不良意志品质一经形成，会带来很多性格缺陷，最后发展为人格缺陷。克服不良意志品质的办法是矫正自我认知中的非理性观念，正确理解意志品质的内涵，发展自觉性、果断性、坚韧性和自制力。远大的理想、坚定的信念和正确的世界观，是人奋斗的动力之源；确立适当的行动目标并付之实践。

（三）懒散

懒散是指一种慵懒、闲散、拖拉、疲沓、松垮的生存状态。主要表现在：活力不足，什么也不想做，没有计划，随波逐流；无法将精力集中在学业中，无法从事自己喜欢的事，百无聊赖，心情不爽，情绪不佳，犹豫不决，顾此失彼，做事磨蹭。在高职学生活中常常是踏着铃声进教室。常为自己的懒散寻求合适的解释，做事一误再误，无休止地拖下去，虽下决心改正，但不能自拔，不接受教训，对任何事没有信心，没有欲望。克服懒散的办法是从小事做起，自我监控，学习运筹和管理时间。

（四）退缩

退缩是指在困难面前表现出怯懦与畏难的心理恐惧，选择逃避与后退。主要表现是：在困难面前缺乏勇气和信心，不表明自己的态度，不敢承担责任，不敢冒险，不敢与坏人坏事做斗争，回避困难，逃避责任等等，这样的人常常抱怨自身的不幸，却宁愿忍受痛苦而不主动追求。克服退缩的办法是：鼓励自己积极应对生活中的挫折，发现自己的优点，变被动为主动。克服退缩需要勇气与毅力。

（五）偏狭

偏狭是人们常常说的“小心眼”，主要表现为心胸狭窄，耿耿于怀，挑剔，嫉妒。偏狭是一种有百害而无一利的人格特征。偏狭人格多出现于性格内向者，尤其是女性。偏狭不是与生俱来的，而是后天习得的。因而，克服偏狭人格首先要学会宽容，能够容人容事，正确看待生活中出现的矛盾冲突，对事不对人；其次要开阔心胸，拓展视野。人一旦心胸狭窄，就容易进入管状思维，只见树木，不见森林。

（六）虚荣

虚荣是指过分看重荣誉、他人的赞美，自以为是。虚荣心往往与自尊心、自卑感紧紧相连。没有自尊心，就没有虚荣心，也就没有自卑感。虚荣心是自尊心与自卑感的混合产物。虚荣心强的人一般性格内向，情感脆弱，自尊敏感，虽然有些自卑，又担心别人伤害自己的尊严，过分介意别人的评论与批评，与人交往时防御性强。克服过强的虚荣心，首先要对虚荣心的危害性有明确的认识，其次要正确看待名利，正视自己的优势与不足，扬长避短；再次是树立健康与积极的荣誉心，正确表现自己，不卑不亢，正确对待个人得失与他人评价。

（七）自我中心

自我中心是指考虑问题、处理事情都以自我为中心，将自我作为思考问题的出发点与归宿。表现为一切以自己为出发点，目中无人，甚至自私自利，遇到冲突时，认为对的是自己而错的是他人。特别是那些自尊心强、优越感强、自信心强、独立的高职高职学生，比较容易陷入自我中心之中，当这种倾向与一些不健康的思想意识如个人主义、自私自利和心理特征如过强的自尊心、唯我独尊相结合，自我中心与自我膨胀便呈现出来。改变自我中心的途径主要有：一是正确估价自己，认识到自己的社会责任；二是树立正确的人生观与价值观，将自己与他人，自我与社会、个人利益与集体利益统筹考虑，从狭隘的小天地走出来三是学会尊重自己与尊重他人，懂得设身处地，换位思考，真诚待人。

二、高职学生的人格发展缺陷

人格缺陷是人格的某些特征相对于正常而言的一种边缘状态或亚健康状态，可与酗酒、赌博、嫖娼、吸毒等恶习相关或互为因果，是介于人格健全与人格障碍之间的一种人格状态，也可以说是一种人格发展的不良倾向，人格缺陷在正常人身上均有所体现。

（一）气质、性格方面的人格发展缺陷

由气质方面引起的不良倾向主要有：粗心、浮躁、情绪不佳、自制力较差、感情用事、偏激、孤僻、敌对、拘谨、虚伪、粗暴、多疑（对社会、集体和他人）、懒惰、贪玩、敷衍了事、墨守成规（对学习、工作、劳动的态度）、骄傲自满、妄自尊大、不知羞耻、自卑、自由散漫、悲观（对自己能力、言行、文明水平等表现）。

由性格方面的不良倾向主要表现在：被动地选择行为目标，如应付专业学习；行为的控制水平低，如放任自流、缺乏自制力；缺乏对行为调节的果断性，如优柔寡断、胆怯懦弱等；对经常的或长期的工作缺乏恒心和毅力，如半途而废，浅尝辄止等。

（二）能力方面的人格发展缺陷

高职学生能力可以分为自学能力、操作能力、创造能力、表达能力、管理能力、人际协调能力和综合应变能力等。其中，当前高职学生缺乏的主要是后四种能力。表达能力的欠缺表现在：不能准确、鲜明、生动地用中文或外语以口头、书面的形式表达自己的思想和情感。如有的学生外语理解力强，但不能张口说，动手写；有的学生中文应用能力不强，文章中时常出现错别字，语句不通顺，不会正确地使用标点符号；有的学生不敢在公开场所发言，更谈不上参加演讲、朗诵比赛等。管理能力的欠缺，指不善于宏观计划、组织、指挥、协调、控制，不能组织人群有效地完成某项任务。人际协调能力的欠缺，指人际交往中过分突出自我，追求个人的利益，缺乏容忍、谦让，不能平等融洽地开展交往。综合应变能力的欠缺，指有些学生因经验的缺乏和知识的不足、操作、创造等能力的不足而不能独自完成某些较复杂的任务，从而形成眼高手低、大事做不来、小事不想做的缺陷。

（三）需要、兴趣、爱好、理想、信念、世界观、价值观等方面的人格发展缺陷

需要、兴趣、爱好、理想、信念、世界观、价值观等个性倾向性表现在对认识和活动对象的倾向和选择性以及追求过程中。对高职高职学生而言，涉及到“需要干什么，对什

么感兴趣，追求什么样的理想目标”及“如何实现理想目标”等重大课题。这些方面的突出人格发展缺陷是部分高职学生的功利型人生价值观。即一切以效用、功利、实惠为标准，盲目追求个人近期生活目标。持这种人生价值观的学生表现为：生活上高消费，吸烟饮酒，穿着时髦而心安于花销父母的血汗钱；恋爱上动机不纯，单纯出于满足性爱及虚荣心的需要，言行不文明，在公共场所过分亲昵，亵渎爱情生活的神圣；择业标准上重经济收入、工作环境，要求社会为自己提供极好的条件，而较少考虑自己对社会的义务、责任，只求索取，不求给予。

以上列举了高职学生人格发展缺陷的一般表现特征，但不能因此而否定高职学生人格发展的主流是健康向上的，人格发展的缺陷只是部分学生的人格在一定程度上偏离正常的不良倾向。看不到高职学生优点，以这些人格发展缺陷来否定高职学生群体，或视而不见，任其发展，这两种态度都是不恰当的。正确的态度和做法是正视现实，深入分析其成因，帮助他们树立健康的人格。

三、高职学生的人格障碍

（一）人格障碍的含义

人格障碍是指人格发展的内在不协调，是在没有认知障碍或智力障碍的情况下，个体出现的情绪反应、动机和行为活动的异常。多数心理学家认同病态人格区别于精神病，它是正常人格的一种变异，介于精神病与正常人之间。人格障碍者行为问题的程度不同，有的人在社会生活中与正常人一样生活，只有他的家人才能感觉到他的怪癖与难以相处；严重者表现为明显的社会适应障碍，不能正常地学习和生活。值得重视的是：人格障碍与精神病是可以相互转化的，严重的人格障碍如果得不到及时有效地矫正，会成为精神病的高发人群。

（二）人格障碍的分类

由于人格障碍在高职学生中属于少数，因而常常不能引起高度重视，但人格障碍的学生一经滋事，绝非小事。人格障碍的类型有很多，目前尚无统一公认的分类。参照美国《心理障碍的诊断与统计手册》（DSM－Ⅲ）中的分类，人格障碍分三大类群。第一类行为怪僻、奇异为特点，包括偏执型、分裂型人格障碍；第二类以情感强烈、不稳定为特点，包括癔病型、自恋型、反社会型、攻击型人格障碍；第三类以紧张、退缩为特点，包括回避型和依赖型人格特征。这里介绍几种较为常见的人格障碍。

1. 自恋型人格

自恋型人格往往以自我为中心。情感易变化、激动，待人处世容易感情用事，但这种人情感肤浅，缺乏同情心，造成人际关系紧张。自我评价不切实际，爱听表扬忌讳批评。有高度的幻想性，行为夸张戏剧化，希望惹人注意，与癔症型人格表现相似但性格比较内向、冷漠。

自恋的人通常是受到宠爱的孩子，天赋高于常人，对自己极有信心，以为自己战无不胜。他们会不停地谈论自己的功绩和杰出品格，期望得到别人的爱慕和忠诚以确定对自我的评估，而这种夸大的自我评估最终导致他们或生活在虚幻的完美世界里，或因无法面对现实而心理崩溃。克服自恋人格的有效途径是以正确态度对待现实，了解人格中的弱点，努力纠正自我中心和尽量减少人际关系冲突，学会爱别人。

2. 回避型人格

回避型人格又称逃避型人格，这种人不屑追逐世俗的成功，否认自己的能力，对所有的努力有深刻的反感。他们表面上极具优越感，轻视别人，实际上内心空虚，感到很无助。为避免受环境的影响，他们试图克制内心的渴望，安于现状厌恶改变，在感情上把他人拒之门外，害怕与人接触会带给自己约束。他们成了“自己和自己生活的旁观者”。这种人格最大的特点就是缺乏自信心，则这可能由于消极的生活态度，或遭遇挫折，或起源于童年的不胜任感和痛苦。

因为回避型人格一般不与人发生矛盾冲突，许多人对此认识不足，他意识不到他生活在两个不一致的世界。克服这种人格障碍的出发点是要正视现实中有缺陷的我和理想中完善的我的区别，也许这是一个痛苦的过程，有时会轻视自己、憎恨自己并转而憎恨他人。但关键是要逐步地接受现实中那个并不完美的我。然后是克服自卑，建立自信。要善于发现自己的长处，从积极的角度看待生活，相信自己有能力完成工作，而不是尚未做事就感觉失败，继而为神经质的自尊夸大困难，主动参加社交活动，不再把朋友看成约束自己的枷锁。不然，这是一个逐步的过程。

3. 依赖型人格

依赖型人格的人往往是自我谦避型的人，对别人的需要和期望使他过分地依赖于别人。这种人把爱情看得至高无上，认为爱别人意味着和另外一个人在心灵和肉体上的合一，并从中找到自身所没有的整体性。在爱别人的过程中，依赖型人格的人充分发展了理想化自我的讨人喜欢的品质。如果别人嫌弃或没有赏识他为讨好别人而作出的过分慷慨和关心，他会感受到深深的伤害，因为别人嫌弃的是他自认为最有价值的因素。所以他对嫌弃有强烈的害怕，这意味着对别人希望的落空和对自我的否定。

依赖型人格的人强迫自己在任何情况下绝对地原谅别人，这就引发了内心的焦虑。但如果他的同伴对他的依赖怀有感情，并由此激起对他一定的忠诚，则是比较幸运的。不成功的关系是双方相互折磨，这对依赖型人格的人是缓慢而痛苦地毁灭自己的过程。

对依赖型人格障碍的治疗，首先，要患者减少自我防御的倾向，正视自己内心的冲突，对现状产生不满，在自觉自愿的情况下发展自己的情感、愿望，而不是被迫的。其次，治疗的关键是培养独立性。在日常工作和生活中，可以从点滴小事开始做决定，或者对别人提出的计划做出修改，逐步过渡到完全由自己做决定。最后，重建自信。自信缺乏是依赖型人格产生的源头，不妨每天大声对自己说：“我行的，我能做好。”多回想自己一个人做成功的事情，树立自信心，并可尝试作一些小小的冒险。

【案例】

王某是某高职学院大一女生，独生子女，19岁。她认为自己不该来上大学，觉得自己在学校一天也呆不下去了。大学前一切事情都是父母照料，甚至连衣服鞋袜也不用自己洗。进大学后，非常想念自己的家，对大学的生活很不适应。经常做梦，常梦到自己的爸妈，醒来后常常暗自流泪。为此，力求使自己快乐起来，强迫自己忘掉家中的温馨幸福，把自己的注意力集中在学习上，但眼前总是浮现出父母以及家乡同学的身影。真不知道自己该怎么办?

分析：李某可能是一位依赖型人格障碍患者。依赖型人格障碍是日常生活中较为常见的人格障碍。其主要特征是：无主见、无助感、被遗弃感、无独立感、过度容忍、害怕孤独、难以接受分离、易受伤害等。依赖型人格障碍的产生源于人的自身发展的早期。幼年时期儿童离开父母难以生存，在儿童印象中保护她、养育她、满足她一切需要的父母是万能的，必须依赖他们，总怕失去了父母这个保护神。这时如果父母过分地溺爱，鼓励子女依赖父母，不让他们有自主和自立的机会。久而久之，在子女的心目中就会产生对父母或权威的依赖心理，成年以后仍然不能做主。此类患者缺乏自信心，总是依靠他人来做决定，终身不能承担起选择和完成各项任务及工作的责任，形成依赖型人格。另外，对子女关心不够，或子女受到遗弃或遭受挫折等，也会导致儿童的依赖性。依赖型人格形成以后，怎样去改变呢？首先要认真分析其产生的原因，重新认识新环境，适应新生活，确立新目标，塑造新自我，同时要自觉地培养锻炼自己自立自强、独立生活的意识。其次，收集本地有关自然风貌和人文地理的有关资料，激发寻找异地、异乡、异校的优势和美感，培养热爱学校、热爱他乡的感情。第三是认识目前所学的专业，充分认识人才的竞争，使自己产生紧迫感和责任感。第四是积极主动地扩大人际交往，融入寝室集体、班级集体中去，寻找新朋友，培养新感情。

4. 偏执型人格

又称妄想型人格，这类患者的主要特点是固执刻板、敏感多疑、自我评价过高，常常感情用事，并伴有攻击性行为。固执刻板具体表现为好与人争论，常常为一些不甚清楚的细节问题而与人争得面红耳赤。一旦认定自己受了不公待遇就会不知疲倦地沉溺于诉讼，且大有不到黄河不死之势。为人死板，缺乏幽默感。敏感多疑往往表现在具有歪曲体验的倾向。对人充满不信任感和戒备感，惯用敌视的角度看待事物，故人际关系紧张。在自我评价方面过分高估自己的能力，一旦遇到失败，不是从自己身上找原因，而是把失败的责任推诿于客观他人。对别人的成功极为嫉妒，对侮辱和伤害铭刻在心，不易释怀。

克服偏执型人格障碍的主要方法是认知疗法。首先，要充分认识自身的缺点，改变极端的思维方式，建立一种合理化的认识，如人无完人，对犯错误的人应给予改正的机会，人与人之间需要相互信任和相互帮助等；其次，要改变怀疑别人的习惯，学会宽恕。每个人都会犯错误，对偶然的错误应该原谅；最后，应逐渐学会与人和谐相处，相信生活中大多数人是值得信赖的，不要用敌视的态度去待人处事。并试着去结交、关心朋友，用心去体会友谊带给人的愉悦。

任务三　健全人格的特征及塑造

◆心理知识

一、健全人格的含义

健全人格指各种良好人格特征在个体身上的集中体现，国内外学者关于健全人格都做了相应论述。

我国学者高玉祥认为，健全人格的特点有：①内部心理和谐发展；②人格健全者能够正确处理人际关系，发展友谊；③人格健全者能把自己的智慧和能力有效地运用到能获得成功的工作和事业上。这些阐述都是人格健全者的标志，生活中很多人达不到这个标准，但这些都为我们健全人格的培养提供了一种范式。

健全人格应该包括以下几个方面的内容：其一是自我悦纳，接纳他人。人格健全的人能够积极的开放自我，正确地认识自己，坦率地接受自己的局限并对生活持乐观向上的态度。其二是人际关系和谐。人格健全者心胸开阔，善解人意，宽容他人，尊重自己也尊重他人，对不同的人际交往对象表现出合适的态度，既不狂妄自大，也不妄自菲薄，在人际关系中能吸引人，深受大家的喜欢。其三是独立自尊。人格健全者人生态度乐观向上，生活态度积极热情，有正确的人生观与价值观，能够用理性分析生活事件，头脑中非理性观念较少。人格独立，自信自尊。其四是能够发挥自己的潜能。人格健全的人具有自我发展、自我塑造与自我完善的能力。能够充分开发自身的造力，创造性地生活，发现生命的意义并选择有意义的生活。

二、健康人格的几种模式

（一）“立足现实者”模型

这是由美国心理学家皮尔斯（Pearls）提出来的，他认为一个心理健康的人应该是充分地理解并坚定地立足于自己的现实情境的人。而那些仍然生活在过去的人，或者在今天就生活在未来的人。都有着不平衡的人格。他们生活在那种现在已不再真实的，或者现在尚未成为真实的世界中，正在为那种并不存在的世界而牺牲着现在，这对于完美人性的发展是有害的。因此，只有立足于“此时此地”的人，才是心理健康者。并认为立足于“此时此地”的人的人格具有以下10项特征：①牢牢地建立在当前存在的基础上；②对自己有充分的认识和认可；③对自己的生活负责的同时，摆脱对任何的所负的责任；④完全处在与自我和与世界的联系状态中；⑤能摆脱外部调节，进行自我调节；⑥能认清、承认并且表达自己的冲动和渴望；⑦能够坦率地表达他们的怨恨；⑧反映当前情境并被当前情境所指引；⑨开放的自我界限；⑩不追求幸福。

（二）“成熟者”模型

这是由美国心理学家奥尔波特提出来的，他认为神经病患者是由无意识的冲突和童年的体验所控制和支配的，而心理健康者则在理性和意识的水平上活动。指引这些活动的力量是完全能够意识到的，并且也是可以控制的。因此，心理健康者是一个成熟的人。他从高健康心理水平的人中归纳出7个特点：①有自我扩展的能力；②与他人热情交往，关系融洽；③情绪上有安全感，自我接纳；④具有现实性知觉；⑤有多种技能，并专注于事业；⑥客观看待自己；⑦行为的一致性。

（三）“冒尖者”模型

美国人本主义心理学家罗杰斯（Rogers）认为，健康人格不是人的状态，而是过程；是趋势，而不是终点。认为幸福不意味着一个人所有的需要都得到满足，如财产和地位。幸福的真谛在于积极地参与实现的倾向，在于持续的奋斗，而不是它的结果。并把“功能充分发挥者”概括为以下5种特征：①他们的社会经验都能正确地进入意识的领域；②协调的自我；③以自己的内在评价机制来评价经验；④自我关注；⑤乐意给他人以无条件的关怀，能与其他人高度协调。

（四）“创新者”模型

美国心理学家弗洛姆（Erich Fromm）认为，心理健康的人是在人本主义的公有制——社会主义社会中出现的新人，“创新者”就是指那些能够脱离旧观念，形成并具有人本主义公有制新观念的新人。他认为每个人都有充分利用自己的潜能成长和发展的固有倾向，之所以很多人未能达到充分发展和心理健康的状态，是因为社会本身压抑和不合理，病态的社会产生了病态的人格。他把病态的社会归结为私有制的社会制度，认为私有制产生了“占有”，“占有”把个人与世界的关系视为一种占有关系，而“存在”是不占有且不希望占有任何东西，它表现欢乐，并建设性地利用自我的能力与世界融为一体。占有等于恶、利己，存在等于善、利他；占有是一种病态，而存在则是健康的。因此，要使“存在”方式占据支配地位，就要创立新的社会——人本主义的公有制社会主义社会。在这里，他强调社会变革是产生大量健康者或“创新者”的唯一途径。为此，他归纳出了“创新者”的多个特点，其主要特点如下。

（1）以“存在”为主要的生存方式。“创新者”能从给予和分享中获得欢乐，能尽可能地消除贪欲、仇恨和种种幻想，愿意放弃一切“占有”的生存方式；他们愿意培养自己爱的能力和批判思维、理性思维的能力，愿意让自己的同胞得到全面的发展，并使它成为自己最高的生活目标，以达到真正的“存在”。

（2）有真正的幸福体验。这里的幸福不只是愉快的体验，而且是一种生机盎然、充满活力、身体健康和个人各种潜能得到实现的状态。

（3）以良心为其定向系统。“创新者”有一种特殊的良心，它支配心理健康以一定的行为方式，实现个性的充分发展和表现，并使人获得幸福感。心理健康者也是自我定向者，是自律者。

三、塑造健全人格

（一）塑造良好的性格特征

良好性格是健全人格的核心内容，是人生成功的必要条件，也直接影响人的生理健康。

美国医学家的研究所证实：A型性格的人心直口快快，性情急躁，争强好胜，易激动，整天忙碌碌，与B型性格者休闲自得、处之泰然的行为形成鲜明对比，检查结果表明，A型性格的人，血清中的胆固醇、甘油三酯的浓度比较高，在激动状态下，容易引发心绞痛和心肌梗塞，且冠心病的复发率和死亡率显著高于B型性格的人。但A型性格是可以改变的，只要平时注意控制情绪，用理智克制冲动的行为方式，放松生活节奏，改掉爱与别人比高低的习惯，就可以降低或预防心脏病发作的危险性。

我们每个人的性格形成都经历了日积月累的过程，没有哪一个人的性格是与生俱来的。社会上曾有人把性格与人的出生年月、指纹、面相等相联系，这实际上是由于对人的心理现象不理解而产生的迷信。如算命的说四月出生的人善于团结他人，处事周到，通情达理。可希特勒四月出生却毫无人性，滥杀无辜，给整个世界造成巨大的灾难。从性格的形成和改变过程来看，性格离不开人的社会活动。

性格从最初的萌芽到最终成熟定型，是一个漫长曲折的过程。心理学家认为，性格的演变经历了童年的雏形阶段，青少年的成型阶段、成年的自我调节修养阶段，并逐步走向成熟。但有时性格的发展阶段会提早或延迟，如有的青年虽然生理上已经成熟，但由于自我评价过高，简单的事不屑一顾，复杂的事又无从着手，好高骛远，结果一事无成；有的青年缺少责任心，生活上依靠父母，追求高消费，却又以自己已经长大为由，拒绝父母对他们精神上的关爱。这都是青年性格发展迟缓的表现。因此，加强对自己性格的修养，有助于加快性格的成熟，避免形成不良性格。

【案例】

章某，女，某高职院校新生，觉得自己性格不好，脾气比较暴躁，爱发脾气。遇到让自己生气的事，很容易不顾场合地爆发出来，也不会去考虑事情的后果，这样往往伤了和气，弄得跟周围同学关系紧张。而事后又常常会为自己的行为感到后悔，但就是控制不住自己的脾气。因此觉得很烦恼，不知道该怎么办？

分析：人爱发脾气主要有两方面的原因，一方面是先天遗传的，人体内微量化学物质定甲肾上腺素含量较高的人，脾气大多急躁、易发火；而血清素含量较高的人，脾气比较随和、温顺。另一方面是后天环境所致，受所处环境人和事的影响。性格是要克服爱发脾气的毛病，首先要开阔胸怀，“大事清楚、小事糊涂”，不应气量狭小、过于计较小事；其次要认清危害，要知道人与人之间是平等的，区区小事就大发雷霆，不尊重别人，这也必然得不到别人的尊重。而且，发脾气不仅不能解决问题，多半还会适得其反；再次要学会容人，做人要有一定“雅量”，“待人宽，责己严”，不要动不动就指责和怪罪别人；最后，要学会自制，比如，一旦感到自己要发脾气时，就反复默念“不要发火，不要发火……”再如，当感到自己要发脾气时，可迅速离开现场，或去干别的事情，或去找别的人谈谈，或干脆去散步宽宽心。“气”头过去后，再回来从容而理智地对待和处理问题。

（二）发扬气质的积极因素

1. 气质类型无好坏之分

我们应该具有这样的认识，即气质没有好坏之分。每一类型的气质都有其积极面和消极面，如，胆汁质的人热情但急躁，多血质的人敏捷却草率，抑郁质的人细致可是多虑，粘液质的人稳重然而死板。所以，我们不必为自己类属于哪一种气质而忐忑不安或沾沾自喜。历史和现实中，各种气质都有名人辈出，有人对我国的著名文人进行了分析，发现李白是胆汁质，杜甫属抑郁质，郭沫若为多血质，茅盾属粘液质。许多运动员的气质是胆汁质和多血质，如，李连杰属于胆汁质，朗平属于多血质。而擅长悲剧人物心理描写的作家有部分人属于抑郁质。可见，任何一类气质的人，都有可能成为成功人物，也有可能一生百无聊赖，成为庸俗小人。

2. 气质是性格的生理基础

气质和性格同属于人格，两者各有侧重。气质是先天的，在婴儿诞生之时已具有了。性格主要是后天环境影响的产物；气质是行为的外显维度，性格则构成了行为内容。我们必须承认这样一个事实，具有不同的气质的人性格表现有很大差异。如，到一个陌生的环境中去，有的人会很快与周围人打一片，有的人却独坐一隅，感到浑身不自在。

气质类型并非性格，但气质是性格发展的基础。同样的气质类型，可以形成好的性格，也可以走向反面。如，多血质的人，其灵敏的特征，既形成做事敏捷的性格，也可形成粗心的特征。气质并不对所有的性格特征产生影响，只对明显带有情绪色彩和意志特征的那部分性格产生较为明显的影响。

3. 发挥自己气质中的积极面，克服消极面

虽然气质也会受后天环境的影响，但因为气质的生理基础是人的高级神经活动类型，而人的高级神经活动特性的改变过程是很漫长的，故我们并不提倡改变气质本身，而应该尽可能地发挥自己气质中的积极面，克服消极面。

胆汁质的人，应保持自己有抱负、自信、热情、主动的长处，在生活和工作学习中尽量发挥自己擅长独立思维的特点，用自己的坦诚、表里如一去结交朋友，成为一个受人欢迎的人。但要注意克服粗心大意、简单化的毛病，平时在日常生活中可有意“三思而后行”。对自己的信任应该建立在实事求是的基础上，否则就成了刚愎自用。对自己奔放的情感要有所控制，并使其维持长久，而不是灿烂一瞬。

多血质的人，可充分发挥机智活泼、善于适应环境变化的特长，在集体活动中出谋划策，以自己的朝气、生动的言语、表情为整个活动增色。但要注意保持情绪稳定，不要养成忽冷忽热的习惯。反应灵敏、兴趣广泛并不意味着学习就可以要小聪明，一知半解。要改正做事只求速度，不讲质量的缺点。

粘液质的人，学习作风踏实，工作起来有条不紊。情绪稳定，善于自我控制，这些都是要发扬的积极面。但稳定并非死板固执，尤其对新生事物应从新的角度、以新的方法来对待，不能墨守成规。在人际交往中冷静之外如能加上一些热情，相信会更受人欢迎。平时可有意多参加一些群体活动，在群体活动中逐渐形成活泼机敏的习惯，与粘液质的良好特征相得益彰。

抑郁质的人，能体察到一般人不易察觉之处，感情细腻深沉，应保持“细致”的特色，从而认真地完成工作学习任务。但不要太过细致，不然就会变成多疑。对生活中碰到的不愉快不必长耿耿于怀，因为挫折是生活的必须。应多与人交往，学会正常的发泄感情的方法，这样生活会变得轻松许多、美丽许多。

【读一读】

一位智者门下有许多弟子，看到他们都即将成才，心中自是高兴，但他感到自己来日可数，便将他们招过来，露天设坛讲授最后一课。智者问道：“你们看田野里长着什么?”“杂草”。学生们不假思索地回答。“告诉我，该如何除掉这些杂草?”学生们愕然，这问题太简单了。学生A先开口：“我只要有一把锄头就足够了!”学生B接着说：“还不如用火烧。”学生C反驳道：“要想让它永不再生，只有深挖才行。”

智者站起来说：“这堂课就讲到这里，你们回去后按照各自的方法除一块杂草，一年后在此相聚。”一年后学生们回来了，他们都很苦恼，因为无论采取什么方法，杂草总是没有明显效果，有的更多了，他们急于请教。此时智者已经不在了，只给弟子们留了一段话：“你们的办法是不能将杂草除尽的，因为杂草的生命力很强，除掉田野里的杂草最好的方法是，在上面种庄稼。有没有想过，你们的心灵也是一片田野。”

每个人的心灵也是一片田野。因为世界的五光十色五花八门，我们的心就生出了数不清的欲望。有些欲望就是杂草，它们来自于原始的生物本能，不用浇水施肥也能疯长，稍不留心就会荒芜，如果我们只一门心思除掉它会事倍功半；有些欲望是庄稼，需要栽种，需要精心呵护。庄稼越多，杂草的生存空间就越小；庄稼越茁壮，杂草就越孱弱，如果我们同时再清除杂草，田野就干净如初，这些庄稼就是高尚的道德品质，良好的心理素质。

◆拓展训练

【越测越乐】

气质类型测试

表3－1中共有60个题目，请你根据自己的情况如实回答。每题共有5个档次分数，你认为符合自己情况的，请记下数值2；比较符合的记1；介于符合与不符合之间的记0；比较不符合的记－1；完全不符合的记－2。

表3－1　气质类型测试表

序号	题目	符合	比较符合	介于符合与不符合之间	比较不符合	完全不符合
1	做事力求稳妥，不做无把握的事					
2	遇到可气的事就怒不可遏，想把心里话说出来才痛快					
3	宁肯一个人干事，不愿很多人在一起					
4	到一个新的环境很快就能适应					
5	厌恶那些强烈的刺激，如尖叫、噪声、危险镜头等					
6	和人争吵时，总是先发制人，喜欢挑衅					
7	喜欢安静的环境					
8	善于和人交往					
9	羡慕那种善于克制自己的感情的人					
10	生活有规律，很少违背作息制度					
11	在多数情况下情绪是乐观的					
12	碰到陌生人觉得很拘束					
13	遇到令人气愤的事，能很好地自我克制					
14	做事总是有旺盛的精力					
15	遇到问题常常举棋不定，优柔寡断					
16	在人群中从不觉得过分地拘谨					
17	情绪高昂时，觉得干什么都有趣；情绪低落时，又觉得干什么都没有意思					

续表

序号	题目	符合	比较符合	介于符合与不符合之间	比较不符合	完全不符合
18	当注意力集中一个事物时，别的事很难使我分心					
19	理解问题总是比别人快					
20	碰到危险情景时，常有一种极度的恐怖感					
21	对学习、工作、事业怀有很高的热情					
22	能够长时间做枯燥、单调的工作					
23	符合情趣的事情，干起来劲头十足，否则就不想干					
24	一点小事就能引起情绪波动					
25	讨厌那种需要耐心、细致的工作					
26	与人交往不卑不亢					
27	喜欢参加热烈的活动					
28	爱看感情细腻、描写人物内心活动的文学作品					
29	工作学习时间长了，常感到厌倦					
30	不喜欢长时间论谈一个问题，愿意实际动手干					
31	宁愿侃侃而谈，不愿窃窃私语					
32	别人说我总是闷闷不乐					
33	理解问题常比别人慢一些					
34	疲倦时只要短暂的休息就能精神抖擞，重新投入工作					
35	心里有话宁愿自己想，不愿说出来					
36	认准一个目标就希望尽快实现，不达目的，誓不罢休					
37	学习、工作同样一段时间后，常比别人更疲劳					
38	做事有些莽撞，常常不考虑后果					
39	老师或师傅讲授新知识、技术时，总希望他讲慢些，多重复几遍					
40	能够很快地忘记那些不愉快的事					

续表

序号	题目	符合	比较符合	介于符合与不符合之间	比较不符合	完全不符合
41	做作业或完成一件工作总比别人花的时间多					
42	喜欢运动量大的剧烈体育活动，或参加各种文艺活动					
43	不能很快地将注意力从一件事情转移到另一件事情上去					
44	接受一个任务后，就希望把它迅速解决					
45	认为墨守陈规比冒风险强些					
46	能够同时注意几件事					
47	当我闷闷不乐时，别人很难使我高兴起来					
48	爱看情节跌宕起伏、激动人心的小说					
49	对工作抱认真、严谨、始终如一的态度					
50	和周围人们的关系总是相处不好					
51	喜欢复习学过的知识、重复已掌握的工作					
52	希望做变化大、花样多的工作					
53	小时候会背的诗歌，我似乎比别人记得清楚					
54	别人说我“出语伤人”，可我不觉得这样					
55	在体育活动中，常因反应慢而落后					
56	反应敏捷，头脑机智					
57	喜欢有条理而不甚麻烦的工作					
58	兴奋的事常使我失眠					
59	老师讲新概念，常常听不懂，但弄懂以后很难忘记					
60	假如工作枯燥无味，马上就会情绪低落					

测验结果统计分析：

（1）把每题得分按下表题号相加，并算出各栏的总分。

（2）如果多血质一栏得分超过20，其他三栏得分较低，则属典型多血质；如这一栏在20以下、10以上，其他三栏得分较低，则为一般多血质；如果有两栏的得分显著超过另两栏得分，而且分数比较接近，则为混合型气质，如胆汁—多血质混合型，多血—粘液质混合型，粘液—抑郁质混合型等等；如果一栏的得分较低，其他三栏都不高，但很接近，则为三种气质的混合型，如多血—胆汁—粘液质混合型或粘液—多血—抑郁混合型。

（3）多数人的气质是一般型气质或两种气质混合型，典型气质和三种气质混合型的人较少。

（4）不同气质类型题目汇总见表 3－2。

表 3－2　不同气质类型题目汇总

气质类型	对应题目的序号	总分
胆汁型	2，6，9，14，17，21，27，31，36，38，42，48，50，54，58	
多血质	4，8，11，16，19，23，25，29，34，40，44，46，52，56，60	
黏液质	1，7，10，13，18，22，26，30，33，39，43，45，49，55，57	
抑郁型	3，5，12，15，20，24，28，32，35，37，41，47，51，53，59	

【越读越乐】

一位老教授昔日培养的三个得意门生事业有成，一个在官场上春风得意，一个在商场上捷报频传，一个埋头做学问成了学术明星。于是有人问老教授，他们三人中哪个会更有出息？老教授却说现在还看不出来。

分析： 人生的较量有三个层次，最低层次是技巧的较量，其次是智慧的较量。他们现在正处于这一层次，而最高层次的较量则是人格的较量。这个故事告诉我们，在人的素质结构中，人格起着近乎决定性作用。

【越看越乐】

心灵捕手

影片讲述了一个名叫威尔·杭汀的麻省理工学院的清洁工的故事。威尔在数学方面有着过人天赋，却是个叛逆的问题少年，教授辛·马奎尔和朋友尚恩帮助了他，尚恩以“信任是突破心防的重要关键，不彼此信任就无法坦诚相待”的信念，“不以作之师而以作之友”的心态倾听威尔对知识求索、人际互动、爱情探索、人生信念以及亲情伤害等问题的追问与情绪宣泄；日渐抚慰他受创的心灵，帮助他重新拾回对人的信任，威尔最终把心灵打开，消除了人际隔阂，并找回了自我和爱情。

项目四

学会有效的学习

◆心有灵犀

对世界上的一切学问与知识的掌握也并非难事，只要持之以恒地学习，努力掌握规律，达到熟悉的境地，就能融会贯通，运用自如了。

——高士其

我们愈是学习，愈觉得自己的贫乏。

——雪莱

◆心海导航

学习是伴随人类生活始终的一项活动，在大学阶段，学习仍是高职学生生活的主要任务。与中学阶段不同，大学学习有着很强的专业性、自主性与选择性。这种学习不是简单的为了学习而学习，更多的是为今后所从事的职业而学习。因此，高职学生要了解学习环境，熟悉学习认知规律，掌握科学的学习方法，养成良好的学习习惯，激发学习的内在动机，培养创新思维和创新能力。

◆学习目标

【知识目标】

1. 了解关于学习的心理知识。
2. 了解高职学生常见的学习问题及调适方法。
3. 掌握有效学习的方法和途径。

【能力目标】

1. 掌握常见学习问题的调适方法。
2. 培养有效学习的能力。

【素质目标】

1. 具有良好的学习能力；
2. 对学习方面的心理问题具备良好的调节能力。

◆青春故事

我的困惑

我是一位来自山区，家庭经济困难的大一学生，中学时学习一直比较用功。上大学后，忽然感到心中茫然，学习没有动力，生活没有目标。有时候想到辍学在家的妹妹和年迈的父母我也恨自己不争气，可我的确找不到奋斗的目标与学习的动力，学习上得过且过，生活上马马虎虎，上课打不起精神。我不是因为喜欢上网而荒废的学业，而是因为实在没劲才去上网聊天打游戏。我如何才能摆脱这种状态？

分析：很明显，这位大学生的心理困惑是因为学习动机不足。学习动机不足主要是因为学习动机不正确，社会责任感不强，价值观念不强，学习态度不端正，学习毅力不强，对专业不感兴趣，对自我的学业期望不足，学习自我效能感低。

任务一　学习的心理基础

◆心理知识

一、学习的概念

学习在个体孕育于母腹中时就已经开始了。它是有机体适应环境的一个必要的条件。有机体生活在不断变化的复杂环境中，必须经常调节自己的行为以求得与环境的平衡。学习贯穿了个体生命的全过程。

学习不是人类所特有的本领，但人类无疑是目前我们所能知道的世界上学习能力最强的生物。而且，学习对人类的生存与发展来说，又是至关重要的社会行为。一般说来，学习的概念有广义与狭义之分。

（一）广义的学习

指人和动物在生活过程中，通过实践训练而获得的由经验引起的相对持久的适应性的心理变化，即有机体以经验方式引起的对环境相对持久的适应性的心理变化。从这个意义上来讲，我们所经历的每一件事，每一个过程都是一种学习。在这个定义中，体现了四个方面的内容。

（1）学习是动物和人共有的心理现象，虽然人的学习是相当复杂的，与动物的学习有本质区别，但不能否认动物也是有学习的能力。

（2）学习不是本能活动，而是后天习得的。

（3）任何水平的学习都将引起适应性的行为变化，不仅是外显行为的变化，也有内隐行为或内部过程的变化，即个体内部经验的改组和重建，这种变化不是短暂的而是长久的。

（4）不能把个体的一切变化都归为学习，只有通过学习活动产生的变化才是学习。

（二）狭义的学习

指人类的学习，即人在社会生活实践中，以语言为中介，经过思维活动，自觉地积极主动地掌握社会和个体积累的经验，进而产生行为、能力和心理倾向的相对持久变化。在这个定义中，主要体现了以下三方面的内容。

（1）学习是在社会实践活动过程中，以语言为中介实现的。语言是人们传递经验和交流情感的手段，也是记录人类社会历史的工具，为人类掌握历史经验开辟了广阔的前景。

(2) 学习是一个自觉、积极主动的过程。人类不是消极地接受经验，而是在与人们积极交往的过程中获得经验。

(3) 学习是以掌握社会和个体积累的经验为主要目的的。人类通过社会实践活动，将个体的经验保存下来并且代代相传。同时还可以掌握人类社会积累的社会经验。

二、高职学生的学习特点

高职学生正处于智力发展的高峰期，记忆力、观察力、思考力、逻辑思维能力与创造性都有很大的发展，学习仍然是他们主要的任务。高职学生要深入了解大学学习的特点和模式，主动适应大学的学习。由于在新时期，社会环境、生活环境及教育环境的变化，高职学生无论从个性的角度还是对自我的关注度都发生了较大变化，除了具有这个时代年轻人普遍存在的一些共性外，还呈现出一些他们特有的特点，具体表现在以下五个方面。

(一) 学习专业的定向性

专业的定向性是大学与中学学习最明显的差别之一。大学的学习是在确定了基本方向后进行的，因此其学习专业的定向性较为明确，即为将来走上工作岗位、适应社会需要所进行的学习。专业与学科群的划分也使大学学习与未来专业生涯紧密联系在一起。专业的学习使得高职学生既要掌握专业的基础知识和基本理论，又要掌握与其专业对应的技能技巧。

(二) 学习过程的自主性与依从性

大学学习无论从学习内容、学习时间及学习方式都更加强调个体在学习活动中承担的主导角色，即强调学习的自觉性与能动性。高职学生对学习内容具有较大的选择性，大学的课程安排既有公共必修课，专业基础课，还有辅修课程及大量选修课，学生可以根据自己的专长、爱好、兴趣，自由选择。但学习行为却呈现依从性得特点。高职学生学习缺乏主动性，自控能力也比较差，加上缺少有效的学习方法，许多学生学习目标不明确，不能按专业要求有选择地、主动地安排学习内容，拓展直接的知识。尽管许多学生主观上有学习的需求，但学什么，怎么学却更多地依赖老师，把学习更多地局限于课堂，老师教什么自己就学什么，很少有学生对自己专业发展进行更深入地思考。学习过程中表现出组织性、纪律性不强，自觉性和坚持性也需要老师不断督促。

(三) 学习方法的多样化

大学的学习是自主的，内容又是多元的，因此学习方法也呈现多元化的趋势。课堂学习、课外实习及校外学习相结合；实践中的操作学习，以网络等各种载体的多手段的学习日渐普遍；专家讲授、学术报告及走向社会的社会实践、咨询服务等都为高职学生学习提供了广阔的道路。根据自身特点选择适合自己的学习方法，这对于提高学习效率尤为重要。

(四) 学习目标的不明确

部分高职学生虽然能够重视自身素质的培养，特别是比较重视职业技能的提高，重视实践训练，对于参加职业技能鉴定也比较有热情，他们三年的学习时间可以获得一个或几个职业资格证书，但这样的学生毕竟为数不多。很多高职学生对自己的学习目标不明确，没有长远的学习目标，学习动力不足，在学习过程中比较实际，喜欢投机取巧，不肯下工夫钻研，对于课堂训练和课后作业更多的是应付教师，学习没有积极性和主动性，缺乏紧迫感，对于自己确定好的方向，一旦在学习中受挫或感觉难以完成，就比较容易放弃。

（五）学习自信心的不足

高职学生面对“高职”两个字，比较容易感到自卑，面对将来的就业，又很迷茫。一般而言，高职学生主要来自应届和历届高考落榜生，职业高中毕业生、中专技校毕业生。由于高考失利以及社会上对高职院校的负面评价，使他们在思想上背上了沉重的包袱，总觉得低人一等，虽有美好的理想和宏伟的抱负，但在这种阴影下越走越累，觉得自己处处受人歧视，常常迷惘困惑，否定自我。他们一方面希望得到社会的肯定和认可；另一方面又容易遇到问题走极端，甚至用叛逆的方式引起关注，发泄不满。因此，一部分学生在学习上因为缺乏自信而易受挫，一旦遇到难题或考试成绩不理想，就会懊恼甚至放弃，乃至慢慢出现迟到、早退、旷课或中途退学等现象，最后陷入恶性循环。

三、影响学习的心理因素

（一）智力因素（认知因素）

智力因素主要包括观察力、注意力、记忆力、想象力和思维力等，它在人的学习活动中起着相当重要的作用，直接参与对客观事物的认识、处理和操作一切内外信息。它影响着学生掌握知识与技能的速度、深度和灵活性，并在很大程度上决定着学生学习的可教育性程度。其中记忆在学习中扮演着不可或缺的角色，从某种程度上说，没有记忆和学习，就没有我们现在的人类文明。

记忆保持的最大变化遗忘。记忆的内容不能保持或者提取时有困难就是遗忘，如学习识记过的东西，在一定条件下不能再认和回忆，或者再认和回忆时发生错误。遗忘有各种情况，如想到一个朋友的名字，但回忆不起他的相貌，就叫不完全遗忘；即忘记了名字也记不得相貌，便叫完全遗忘；而在考试时，有人明知考题的答案，但是由于当时情绪紧张，一时想不起来，这种明明知道而当时有回忆不起来的想象叫临时性遗忘。

对于遗忘的原因，有各种不同的看法，影响较大的是干扰说。干扰理论认为，遗忘是因为在学习和回忆之间受到其他刺激的干扰所致。一旦干扰被排除，记忆就能恢复。干扰说也可用前摄抑制和倒摄抑制来说明。前摄抑制是指先学材料对回忆后学材料的干扰。后摄抑制是指后学材料对回忆先学材料的干扰。前摄抑制与后摄抑制都是一种学习现象，即材料间会造成抑制或干扰作用。前摄抑制与后摄抑制还受材料的相似性、先后学习材料的时间间隔、先学材料的巩固程度等因素的制约。

（二）非智力因素（非认知因素）

非智力因素是指除智力因素之外，影响智力活动和智力发展的具有动力作用的心理因素。非智力因素尽管不直接参与认识过程，但对认识过程起着直接制约作用，对学习活动起着动力、定向、引导、维持、调节、强化作用。

影响学习的主要非智力因素有需要、动机、态度、目标期望、归因、态度与价值观、自我效能感、习得性无力感等等。具体表现如图 4 - 1 所示。

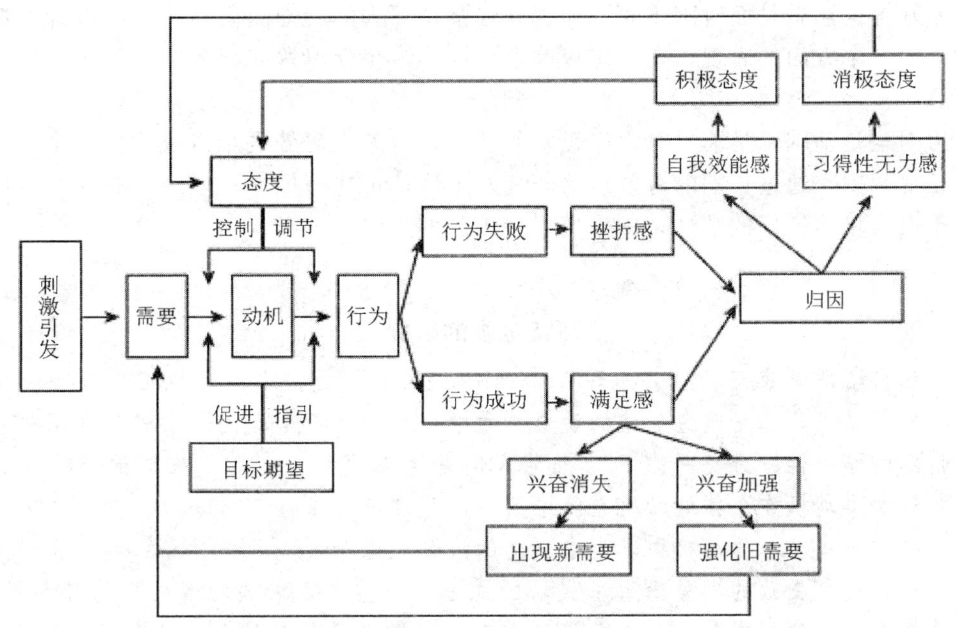

图 4-1 影响学习的非智力因素活动模型

（资料来源：刘电芝主编.《儿童发展与教育心理学》，人民教育出版社，2006 年）

显示出非智力因素影响学生学习的规律。当环境中的内外刺激引发学习者的各种需要时，学习者会根据自己的态度和价值观对这些需要作出评判，确定哪些重要、哪些具有实现的可能、哪些符合自己追求的目标。当断定某种需要有价值、可以实现且符合自己追求的目标时，这种需要便转化为动机，推动学习行为发生；同时，学习者还会对学习行为的结果产生某种预期，产生目标期望。目标期望产生后，不仅能反过来促进需要向动机转化，而且指引行为的方向。态度和价值观也是影响需要向动机转化的重要变量，而且还会对目标行为进行调节，使其不偏离目标价值。动机驱使行为，而目标则启动行为，行为最终的结果无非有两种可能：目标达成或没有达成。目标如果达成，行为成功，产生需要满足后的满足感。满足感产生后又会出现两种情况：一种是当层次较高的需要满足后，兴奋性增强，原有的需要继续得到强化，行为持续进行；另一种是当层次较低的需要满足后，兴奋性消失，原有的需要弱化和新的需要出现，原有的行为停止或被新的行为所取代。同理，目标若没有达成，行为失败，出现挫折感。无论行为成功还是失败，学习者都要对自己的行为进行归因。对成功给予积极归因的产生自我效能感，对失败给予消极归因的产生习得性无力感；自我效能感使人对今后自己的行为产生积极的态度，习得性无力感则使人对自己今后的行为产生消极态度，不管是自我效能感还是习得性无力感，两者都会对自己今后的行为产生重大的影响。

上述非智力因素对学习的影响直接表现为学生学习有无积极性。学习积极性是学生在学习行为中表现出来的认真、紧张、主动、顽强、投入的心理状态。学生若处在积极的学习状态下，就会表现出认知活跃、情绪兴奋和意志努力，并直接影响学习的效果。其主要外在指标就是学生对待学习的注意状态、情绪倾向和意志（毅力）。注意是心理活动对当前学习任务的意识状态、集中与指向；情绪是对待学习的态度，包括对学习任务的评价、兴趣、爱好等；意志是面对困难时，能否顽强坚持下去的心理品质与特征。教师可以根据学生在上述三个方面的表现，在一定程度上对影响学生学习的非智力因素的水平作出分析与判断。

智力因素是基础，是前提，没有正常的智力，再怎么培养也难以成才。一个人，假如他具备正常智力，通过长期的有效地培养良好个性，可能就成才；反之，有一些智商高的人，由于没有培养良好的个性，一生也将会十分的平庸。

【读一读】

阿特金森的研究

根据动机心理学家阿特金森（J. W. Atkinson）的研究，成就动机可以分为两类，一是力求成功的动机，二是避免失败的动机。力求成功的动机是人们追求成功和由成功带来的积极情感的倾向性；避免失败的动机是人们避免失败和由失败带来的消极情感的倾向性。根据这两类动机在个体的动机系统中所占的强度，可以将个体分为力求成功者和避免失败者。在力求成功者的动机中，力求成功的成分比避免失败的成分多一些；在避免失败者的动机中，避免失败的成分比力求成功的成分多一些。力求成功者的目的是获取成就，他们会选择有些难度的任务，且成功概率为50%的任务是他们最有可能选择的，因为这种任务能给他们提供最大的现实挑战；当他们面对完全不可能成功或稳操胜券的任务时，动机水平反而会下降。相反，避免失败者倾向于选择非常容易或非常困难的任务，如果成功的概率大约是50%时，他们会回避这种任务。因为选择容易的任务可以保证成功，使自己免遭失败；而选择极其困难的任务，即使失败，也可以找到适当的借口，得到自己和他人的原谅，从而减少失败感。针对这种情况，在教育实践中，对力求成功者，应采取给予新颖且有一定难度的任务、安排具有竞争性的情境、严格评定分数等方式激起他们的学习动机；对于避免失败者，要安排少竞争性或竞争性不强的情境，如果取得成功，要及时表扬，给予强化，确定分数时，要求要稍稍放宽，尽量避免在公众场合指责其错误。

（摘引陈琦、刘儒德主编的《当代教育心理学》，北京师范大学出版社，1997年版）

任务二　高职学生常见的学习障碍与调适

◆心理知识

在大学校园里，大多数高职学生能经受住紧张的学习对其各方面素质的综合考验，顺利地完成学业。但是也必须看到有相当数量的高职学生存在时间或长或短、程度或轻或重的学习困难。导致学习困难的原因很多，分析的结果表明，心理障碍是主要的原因，主要包括：缺乏学习动机、学习动机过强、学习疲劳、考试焦虑等。

【案例】

孩子们在为谁而玩

一群孩子在一位老人家门前嬉闹，叫声连天。几天过去，老人难以忍受，于是，他出来给了每个孩子5元钱，对他们说："你们让这儿变得很热闹，我觉得自己也年轻了不少，这点钱表示谢意。"孩子们很高兴，第二天仍然来了，一如既往地嬉闹。老人再出来给了每人2元钱。他解释说，自己没有多少收入，只能少给一些。2元钱也还可以吧，孩子仍然兴高采烈地走了。第三天，老人只给了每个孩子1块钱。孩子们勃然大怒："一天才1块钱，知不知道我们多辛苦!"他们向老人发誓，他们再也不会为他玩了!

思考：孩子们不再玩的原因的是什么？想一想，你努力学习或不想学习的原因又是什么呢？

一、学习动机不当及调适

学习动机缺乏主要是学习动机不正确，社会责任感不强，价值观念不强，学习态度不端正，学习毅力不强，对专业不感兴趣，对自我的学业期望不足，学业自我效能感低。

（一）学习动机缺乏

1. 缺乏学习动机的具体表现

（1）逃避学习。不愿上课，不喜欢读书，不能完成作业，上课无精打采，不能积极思维；课后不学为妙，常把主要精力放在打扑克、下象棋等与学习无关的活动上；无成就感、无抱负、无求知上进的追求。

（2）焦虑过低。缺乏自尊心、自信心，学习不好不觉得羞愧，考试成绩不及格也不在乎。缺少必要的压力、必要的唤起水平和认知反应，因而懒于学习。

（3）注意分散。学习动力缺乏会使注意力涣散、兴趣转移，易受各种内外因素的干扰，因而上课时听课不专心，不能集中精神思考问题，课后不肯花功夫复习巩固所学知识，完成作业不认真，满足于一知半解，对学习基本采取的是"应付"的策略。对学习以外的事反而兴致勃勃，如看电影、经商等，不惜花时间，常常主次颠倒。

（4）目标选择盲从。有些学生的学习往往缺乏主动性、能动性，在目标选择上，常常追随大家的看法，而自己没有明确的目标。

（5）伴随一定的负性心理或情绪。对待学习和生活冷漠，没有热情，对什么都没有兴趣，觉得整个世界都是没有意义的，整个精神状态看起来都无精打采，对什么都不在乎。

总之，当一个学生缺乏动力时，相对广大学生紧张而有节奏的学习生活，他如同一个局外人，与学习群体不相融，如不及时矫治就不可能坚持学习，不可能完成学习任务。

2. 高职学生学习动机缺乏的原因

高职学生学习动机缺乏的原因是多方面的，但是大体上可以归为两类，即内部原因和外部原因。内部原因指自学生自身的原因。外部原因主要是指来自社会、学校和家庭的原因。综合起来，主要表现为以下四个方面。

（1）自主精神不足。这种不足往往是学生从小养成"唯父母是从"的依赖性所造成的。这些学生从小就被父母包办过多，因此丧失了许多独立的生活体验，没能掌握主动计划自己的学习活动的技能，一切都得照父母的命令、指示行事，从而在学习活动中缺乏主动学习的动机，缺乏自主学习、生活的动力，在学校也过分依赖教师和教师所做的各种指导，离开父母、教师，就显得茫然失措。

（2）选择性的欠缺。现行的课程和教学制度，过分强调整齐划一性，要求学生必须在规定的班级学习规定的东西，学生“学什么”“如何学”“谁来教”“何时学”，几乎都是规定好的。在课堂教学中静止性、被动性的学习活动居多，学生只要听教师讲解、作简单的回答既可，既无确认自己反应结果的必要，也无充裕的时间进行思考，而且只求得正确答案，博得教师或家长的首肯就心满意足了。所有这些交织在一起，使学生对所学的内容缺乏选择性、能动性、探索性及自我评价，从而缺乏主动学习的动机。

(3) 不适当的教育期待。在家庭中，由于某种原因，父母往往会对孩子抱有偏见，或者偏袒兄弟姐妹的某一方，一旦孩子非常敏感地意识到这种倾向，就容易丧失学习动机。或者有的父母期望水准远远高出孩子的实际水平，使孩子无法适应，也会导致孩子放弃学习的努力，丧失学习的动力。在学校，有的老师偏爱优生，而对中等生和差生极少给予适当的关注，也会导致学生丧失学习动机。

(4) 失败的学习经历。部分学生高考失败使其感到努力和成功之间的关系甚小（尽管他们可能有能力在学业上取得成功）。他们一旦认识到自己的努力以及能力不可能取得成功时，就会感到成功已远离他们而去，产生学习无助的感觉和消沉、厌倦的情绪。由于这些学生相信他们在学习上已不会成功，因而缺乏内在动机去证实他们的能力；由于他们认为他们没有能力，或外部因素阻碍了他们成功，他们在学习以前就已经丧失了成功的信心。因此，他们几乎没有经验去判断他们是否能够完成任务，难以形成正确的自我概念，从而使他们更可能用能力差来解释自己的失败，学习的动机和信心就难以建立。

(二) 学习动机过强

动机过强和动机缺乏一样，会降低学习效率，而且更容易导致心理的困扰和生理的不适。绷得过紧的弦有断裂的危险，而动机过强有导致心理崩溃的可能。

1. 学习动机过强的表现

(1) 过于勤奋。任何事物都应该有一个度。动机过强的高职学生将所有精力都用于学习上，并坚信只要努力，勤奋学习就有回报。在学习中，往往认为学习是至高无上的，把时间花在别的地方是一种浪费，因而在他们的生活中不知道娱乐、休息和运动为何物。

(2) 争强好胜。动机过强的高职学生无论在学习上还是在日常生活中都反映出争强好胜的心理。他们非常看中自己的分数、名次，经常想考到学习班级的第一名，经常想得到他人的表扬和肯定，害怕失败，如果失败了，就会对自己产生怀疑。

(3) 情绪紧张。动机过强的高职学生往往伴随着学习焦虑和考试焦虑，经常体验到紧张不安，由于长期处于巨大的压力和超负荷的学习之中，情绪上精神上难以松弛，久而久之导致精力不集中，记忆力减退，思维迟钝等，学习效率随之降低。许多身心问题诸如头痛、失眠、烦躁、心悸、胃肠功能失调接踵而至。所以，对于学习动机过强者来说，学习同样是一件苦差事，而不是一种乐趣。

(4) 容易自责。为了追求自己的完美，动机过强的大学生经常给自己定立过高的目标，为了完善自己的目标，就会责备自己，并为自己施加更大的压力。他们总是不满足自己的现状，总认为自己应该做得更好，即使成功也不能给自己带来多少喜悦之情。

2. 学习动机过强的原因

(1) 设置过高的目标。动机过强者往往无视自身条件和现实状况，设置一个可望而不可即的目标，让自己终其一生都无法达到或难以达到，从而导致对自己过于严格、过于苛刻。

（2）不恰当的认知模式。学习动机过强者往往拥有这样的认知模式：“只要我付出了努力，我就会获得成功。”把努力勤奋作为成功的唯一条件，而努力是成功的必要条件，不是唯一条件。正确的认知模式应该是：只有努力才有可能成功。

（3）他人不适当的强化。和动机缺乏者不同，动机过强者往往会受到家庭、学校社会的肯定和支持。人们会称赞他们学习劲头足、勤奋、有出息，从而对他们进行了不适当的强化，使他们看不到动机过强的危害，反而愈演愈烈。

除此之外，严厉的家庭教养方式和父母的过高期望，也往往导致子女的学习动机过强。

（三）学习动机不当的调适

学习动机过强和过弱都是影响学习效率的原因，只有经过不断的调整，才能保持适当的动机，增强学习的积极性。对于学习动机不当的调适应该从以下方面着手。

1．调整学习动机，激发学习热情

对于学习动机过弱的高职学生来说，一是要调整自己的学习目标，激发和培养自己的学习动机，通过培养对学习知识的兴趣来激发自己的学习动机。二是创造和完善自己的外部条件，满足自己的学习要求，例如有意识地将自己置身于浓郁的学习氛围中，利用环境的熏陶和感染力，激发自己的学习动机。

对学习动机过强的高职学生来说，也要调整自己的学习目标，首先要端正自己的学习动机，认识到自己力量的有限，认识到山外有山，人外有人。将自己的学习动机保持在一定的限度内，防止动机过强造成的心理失衡。其次要保持学习的兴趣和好奇心，而不是用来压迫自己的工具。只有保持这种激情，才能激发和增强正确的学习动力。

2．改变不恰当的认知模式

学习动机过弱的高职学生有这样的认知模式，他们把学习上的失败或挫折归因为自己太笨，能力不够，不聪明，产生自卑感和不胜任感，久而久之，丧失了学习的信心和动力。有的人每次失败都把原因归结为运气太差，老师不行，题目太难等，产生一种无助感和不可控制感，因为运气、内容、老师等都是自己不能控制的，所以丧失了学习的动力。因此，应当建立一种正常的成败归因模式，把成功归因为自身内部因素，如能力、努力等，这样就可以体验到成功感和胜任感，从而增强自信心和兴趣；把失败归因为努力，而不要归因为不可控制的因素，如能力，避免严重挫伤学习的积极性和自信心。

对于学习动机过强的人来说，应该改变“成功只取决于努力”的不现实的认识，认识到自身能力、学习内容、学习方法等因素对自己成败因素的影响，塑造新认知模式，即“只有努力才有可能成功”。

二、学习疲劳及调适

（一）学习疲劳的表现

学习疲劳是因长时间持续进行学习，在生理、心理方面产生劳累，致使学习效率下降，甚至头晕目眩不能继续学习的状态。学习疲劳可分生理的和心理的两种。

（1）生理疲劳。如果学生的学习环境中空气污浊，氧气不足而二氧化碳含量较高，就会导致大脑细胞因得不到足够的氧气而不能获得必要的能量，也会造成脑的疲劳。生理疲劳通常的表现是动作失调、乏力、姿势不正确、感觉迟钝、思维混乱等。学生在学习过程中如果不注意适当的休息，就会有肌肉的疲劳和神经系统的疲劳。

（2）心理疲劳。心理疲劳与生理疲劳不一样，它不是由于能量的消耗引起的，而是由于心理的原因引起的。如果学生对学习的内容不感兴趣，就会产生厌烦或懈怠，学习效率就会下降。心理疲劳除表现为思维迟缓、注意力不集中、反应速度下降外，还会使情绪消极低落，如焦虑、厌烦、烦躁等等。

（二）造成学习疲劳的主要原因

造成学习疲劳的主要原因包括以下几方面：学习时过分紧张，注意力高度集中；持久的积极思维和记忆；学习的内容单调乏味；缺乏学习的兴趣；在异常的气温、温度、噪音和光线不足等环境下学习；睡眠不足等。要克服学习疲劳应该科学用脑，劳逸结合。

（三）学习疲劳的调适

要克服学习疲劳应该科学用脑，劳逸结合。

1. 科学用脑

研究表明，学生在一天或一周内的不同时间里的学习效率和疲劳情况是有差异的。如上午的二、三节课为效率最高时期，而第四节课为疲劳显著时期；一周中的周二、三、四为最佳学习日，周一和周五、周六为思想容易涣散、情绪波动的时期。

因此，要注意各科学习时间的排列和搭配，做到文理相同、抽象性为主的学科和形象性为主的学科交替、脑力活动与体力活动交替、内容多的与内容少的学科交替，使神经活动得到调节，减轻大脑的疲劳程度。

2. 学会休息

安静性休息是指睡眠和闭目养神。睡眠是最基本的、最重要的而且是不可取代的休息。人在睡眠时，体内各器官的代谢活动降低，大脑皮层由兴奋转为抑制，耗氧减少，有利于血液中养料、氧气的自我补偿，以积聚精力。既保护了神经细胞，避免过度疲劳，又促进了神经细胞功能的恢复。

活动性休息与交替式休息活动性休息又称积极性休息，如散步、打球和轻微的体力劳动等，也可以与他人聊天。交替式休息是指将各种不同性质的学科交叉在一起来学习，如文、理科穿插复习，这样，大脑皮层的神经细胞不仅不会疲劳，而且还有相互促进的作用。

3. 音乐疗法

学生在学习的间隙或学习之后，可以通过听音乐来达到消除疲劳的目的。但是，所听的音乐必须是“纯粹音乐”，也就是没有歌词的优雅的音乐。如贝多芬的《田园交响曲》、海顿的组曲《水上音乐》等。音乐中如有文字的话，文字信息将进入大脑，结果会导致大脑得不到充分的休息。

另外要注意的是，在听音乐时，不能边听音乐边思考其他问题，必须是陶醉在音乐之中、完全的休息，只有这样才能使学习疲劳得到彻底的消除。

三、考试焦虑及调适

【案例】

张某，男20岁，某大学二年级学生。他告诉我们，在中学时候他是一名优秀生，一次考试得了急性肠炎，结果成绩不理想。此后每次走进考场就会心跳加速，呼吸急促，脑子里不知该想什么。心里越急脑子越不听使唤，以至思维无法正常进行。走出考场时，一切恢复正常，然而为时已晚。

（一）考试焦虑的主要表现

考试是一种复杂的智力劳动，是一种非常状态，要求考生的头脑清醒、情绪稳定。考试焦虑是一种严重影响考试水平发挥的情绪反应。考试是滋生紧张情绪的土壤，有的学生因考试紧张，不能正常发挥自己的水平，主要是由于求胜心切，加重了心理负担，求胜动机在大脑皮层的某一区域形成了占主导地位的兴奋中心，致使其附近区域处于抑制状态，这会破坏知识之间的联系，妨碍了对知识的调动与提取，而记忆的暂时中断往往会加重焦虑情绪，从而加深考生对考试成绩得失的忧虑，于是导致恶性循环，容易造成错答、漏答或不知如何应答，在焦虑的状态下，学生的分析、综合、抽象、概括等具体思维能力无法正常发挥，从而导致考试失败。

考试焦虑的具体表现：一是情绪上表现出担忧、焦虑、烦躁不安；二是认知上表现为注意力不集中，记忆力下降，看书效率低，思维僵化；三是行为上表现为坐立不安，手足无措；四是身体上表现为头痛、食欲下降、恶心、心慌、睡眠不好等。严重的还会出现具有高度考试焦虑的学生在考前出现明显的生理心理反应，如：过分担忧、恐惧、失眠健忘、食欲减退、腹泻等症状；在临考时心慌气短、呼吸急促、手足出汗、发抖、频频上厕所、思维浮浅、判断力下降、大脑一片空白；个别学生在考场上出现视障碍，如：看不清题目、看错题目、漏题丢题、动作僵硬、手不听使唤、出现笔误等等。

（二）高职学生考试焦虑的原因

考试只是检验学习结果的一种手段而非目的，不能全面反映学生的学习能力。由于高职学生更看重考试的外在价值，如获得奖学金，评优评先等各种荣誉，对其内在价值掌握知识却重视不够。造成考试焦虑既有客观因素，也有主观因素。

1. 客观因素

（1）考试本身。如考试的重要性、难易程度、竞争程度等。越是重要的考试，越容易产生考试焦虑；题目越难，越容易产生考试焦虑；竞争程度越激烈，越容易引发考试焦虑。

（2）学生的学业期望。一般而言，学业期望越高的学生，对学习投入的精力越多，越看重学业成绩，因而对考试失败的恐惧越高，越容易产生考试焦虑；而那些学业期望较低的学生，满足于60分，一般不会产生考试焦虑；而当学业期望较低的学生面临学业失败时，也可能会激发其考试焦虑。

（3）知识掌握程度。我们经常说：“难者不会，会者不难”，考试的难易是相对的，现在有一部分学生上课不认真，下课不复习，推崇考前一周效应，平时学习不努力，临阵磨枪，匆忙上阵，面对考题，感到任务太难，便产生考试焦虑。

2. 主观因素

（1）个性气质特点。那些敏感、易焦虑、过于内向、缺乏安全感和自信心、做事追求完美的学生在考试中容易出现考试焦虑。

（2）考试经验。高职学生多数在中学时代都有考试成功的经验，而进入大学后，偶然的考试失败会加剧这部分学生的考试焦虑，将过去考试成功归于题目容易、运气好，而将大学的考试失败归结为自己不聪明、能力差、就会对自己失去信心，因而面临考试就会紧张焦虑。

（3）知识掌握与复习准备。如果复习准备不足，对考试没把握，自然会产生考试焦虑。

（4）对考试外在价值的过分重视，考试成绩与高职学生学业荣誉如奖学金，政治前途如入党等密切相关。因而，高职学生会对考试成绩看重，特别是学业成绩优异的高职学生，恐惧考试失败的心理压力更大，更容易出现考试焦虑的症状。

（三）考试焦虑的调节

（1）充分的复习准备。80％的人考试焦虑是由复习准备不充分引起的，因此牢固掌握知识是克服考试焦虑的根本途径。

（2）正确评价自我，确立恰当的学业期望，培养自信心。正确对待考试结果，不以一次成败论英雄。过于担心、焦虑不仅于事无补，而且还会影响水平的正常发挥。

（3）学会放松。放松有许多方法，我们介绍两种：①身体放松，先以舒服的姿势坐好，保持身体两边的平衡，再用鼻子深深地、慢慢地吸气，用嘴巴慢慢地吐出来，想象身体各部位的放松，放松的顺序为脚、双腿、背部、颈、手心；②想象放松，可以放轻音乐，自己想象在轻柔的海滩上，暖暖的阳光照在身上，赤脚走在海滩上，海风轻轻吹拂，听海浪拍打海岸，将头脑倒空，达到放松的目的。

（4）开展考前心理辅导。对一些敏感、焦虑、抗挫折能力差、有心理障碍的学生在考试前进行有针对性的心理辅导以缓解其心理压力；对高度考试焦虑的学生进行集体辅导，使学生客观地认识自己，提高心理素质，增强自我心理调整能力，提高考试技巧，有效地化解外来压力，发挥出应有的水平。

四、记忆力障碍与调适

记忆是人脑对过去经验的反映，它对学习起着非常重要的作用。优秀的人才往往具有较高的智能，这与他们有着很强的记忆力是分不开的。记忆力障碍是指在识记、保持、回忆或再认识过程中发生的困难或异常。

（一）记忆力障碍的表现

一般来说，良好的记忆力表现为四个品质：识记的敏捷性、保持的持久性、记忆的精确性和记忆的准备性。记忆力障碍是指其中一个或向个品质表现差，出现问题。

（1）识记速度慢。有的人能过目不忘，有的人一行字记很久也记不住，这是速度上的差异。有记忆力障碍的人往往记得慢。

（2）保持时间短。这就是我们平时说的“记性好，忘性大”。识记的事物不能保持多久，容易遗忘，刚学过的知识，当时记得很清楚，过不了多久就差不多全忘记了。

(3) 记忆不精确。对记住的东西只能记个大概，模糊和似是而非、有错漏。看书时好像记住了，考试或运用时才发现有错漏。

(4) 记忆的准备性差。记忆的准备性是指能够根据目前需要，将需要的信息从记忆中准确、迅速地提取出来，它反映了把知识运用到实际的重要品质。有的人能准确地提取，有的人肚里有货却倒不出来，就像“茶壶里煮饺子”。

造成记忆力障碍的原因是多方面的，客观上表现为人的病理原因，如脑损伤〕脑退化及神经衰弱等。主观原因表现为非病理性原因，如记忆动机不强、记忆方法不当、过度疲劳、情绪紧张等。

(二) 记忆力的调适

1. 及时复习

德国心理学家艾宾浩斯专门就学习中的遗忘进行了研究，提出了著名的艾宾浩斯遗忘曲线理论（见图 4－2）。这一理论告诉我们遗忘的规律是先快后慢，即在被识记后的 1 小时内遗忘的速度最快，遗忘量最大；1 小时后遗忘量慢下来，到 48 小时后，几乎不再遗忘，记忆量保持在 20%左右。

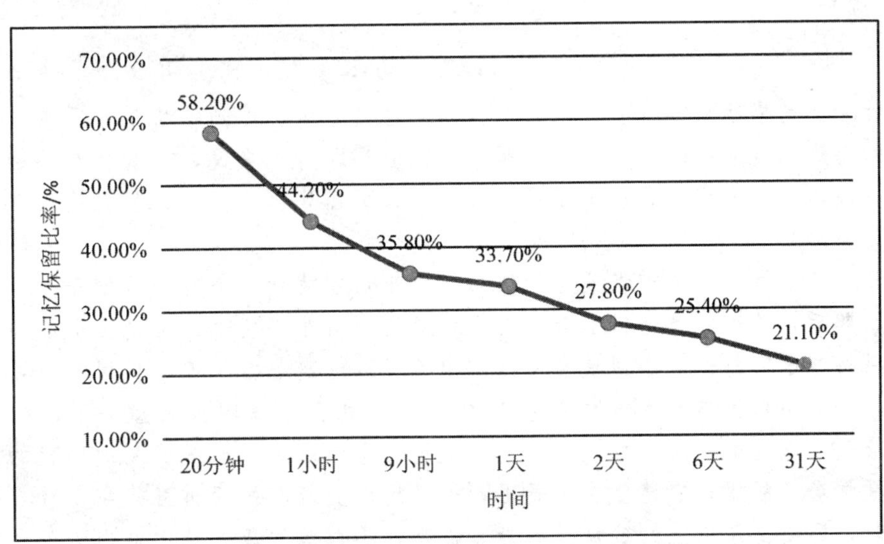

图 4－2 艾宾浩斯遗忘曲线图

从遗忘的规律中我们可以得知，要想提高学习效率，最重要的是重视及时复习，巩固当大所学的知识。在复习时间上，对新学到的知识，在复习时间上要长一些，间隔时间要短一些。

2. 采用科学的记忆方法

记忆不是天生的有好有坏，因而，注意记忆力规律和技巧的掌握，有助于提高记忆力。经常对自己的记忆力进行科学的锻炼，同时掌握记忆的规律和科学的方法，人的记忆力就会有意想不到的变化。

(1) 充分运用意义识记。意义识记是指根据对材料的理解进行识记。与它相对立的是机械式记忆。有意义的识记效果明显优于机械识记。当识记内容没有什么意义联系时，我们可以将这些无意义的材料意义化，从而使机械识记转化为意义识记。如英语单词：car表示汽车，scar是疤痕，记忆时可以想到汽车害我留下疤痕；scarf表示围巾，疤痕要用围巾遮住，这样使原本机械的联系转化为一种意义的联系，容易记忆而且印象深刻。

（2）克服记忆内容间的相互干扰。记忆内容的相互干扰是指前摄抑制和后摄抑制对记忆的影响。为消除这种影响，我们可以合理地安排自己的学习时间，一方面，可以将中间的内容多复习几遍，不要和头尾平均。运用分散记忆、轮换记忆，造出更多的头尾来；另一方面，可以充分利用清晨和晚上临睡觉前的时间来记忆，因为这时干扰较少。

（3）进行尝试记忆。即通常说的“过电影”。心理学家认为，复习时最好20%用于阅读，80%用于背诵。在老师讲过课程后，试着将内容回忆一遍，实在想不起来再看书，如此循环。这种方法比单纯的看书效果要好得多。

（4）感官之间的相互协调。人的各种感官如眼、耳、口手等，在记忆时如果能够相互协调配合，就能提高大脑皮层的兴奋度，促进暂时神经联系的形成，使知识的掌握更容易。而一种感官连续进行活动时，容易产生抑制，效果也就会降低。例如，记英语单词时，充分运用听、说、读、写的结合，其效果比较单纯的看要好。

【读一读】

习得性无助

习得性无助是描述动物——包括人在内——在愿望多次受到挫折以后，表现出来的绝望和放弃的态度。这时的基本心理过程是退缩和放弃，对人来说，还有自我怀疑、自我否定和自我设限等，使人变得悲观绝望、听天由命，听任外界的摆布，任自己的命运随着外力的强弱而波动起伏。

心理学家曾经做过一个有点残忍的实验。将小白鼠放到一个有门的笼子里，笼子的底是金属的，然后，给笼子底通低电流，使小白鼠受到虽然不致命，但是会引起相当痛楚的电击。如果将笼子门打开，小白鼠会立刻跑出笼子以逃避电击。但如果用一个玻璃板将笼子门堵住，那么小白鼠在遇到电击往外跑的时候，就会在玻璃板上撞一下，然后被挡回来。重复给笼子底通电，使小白鼠一次又一次地在企图逃跑的时候受到玻璃板的阻碍。最终，小白鼠学会了屈服，它蜷伏在笼子里，被动地忍受着电击的折磨，完全放弃了逃跑的企图。这时，即使笼子门上的玻璃板移走，而且让小白鼠的鼻子从门伸出笼外，它也不会主动逃出笼子，而是放弃所有努力，绝望而被动地忍受着痛苦。

小白鼠的这种状态，在心理学上被称为“习得性无助”。

有人可能认为，人和小白鼠不一样，人如果看到有获救的希望，不会连试都不肯试一试。这个结论在类似刚才那个实验的情况下大概是成立的，但是换一种情况，很多人的表现却和小白鼠有惊人的相似。当我们说“理想已经被现实磨平了”的时候，当我们说“现实带给我的是一次次打击，我终于放弃”的时候，我们的表现就是“习得性无助”。

人成长的过程中，如果在某一方面总是受到其他人的批评或负面评价，他倾向于渐渐形成一种信念，认为自己在这方面真的不行，从而放弃努力。同样，人在做一件事的时候，如果一次又一次地遭到失败，他也会倾向于放弃再试一次的努力，认为自己无论如何也做不好这件事。就像那只小白鼠——玻璃板其实不是挡在笼子门口，而是挡在它的心里。

但是，人终究是人，是有智慧的生物，在我们的历史上，的确有很多这样的人，他们决不轻言放弃，决不会被挫折击倒。失败对他们而言，是学习和吸取教训的机会，是下一次努力的台阶。这样的人克服了内心的恐惧和障碍，从而具备了顽强的意志和高远的智慧。他们不是“屡战屡败”的愚人，而是“屡败屡战”的斗士。

命运之神也许可以像实验者对待小白鼠那样操纵着我们，然而人却不一定要像老鼠一样活着。人可以思考，更重要的，人可以通过驾驭自己的情感和意志来征服命运。这是人性光辉的地方，是人类英雄主义的根本特征之一。

任务三　高职学生有效学习能力的培养

◆心理知识

学习能力泛指个人理解、应用和批判所学知识的能力，通常包括听课能力、笔记能力、作业能力、考试能力、提问能力等方面。一般来说，一个人在校学习时间越长，则其学习能力也相对越高。

一、正确认识大学的学习

经过高考的历练后，有幸的高中生终于步入了大学校园，从此学习和生活发生了很大的变化：少了班主任的主动指导；多数人失去了明确的奋斗目标；没有人给他们制订具体的学习计划；每个学生都必须独立地面对学业。许多高职学生在校之初，都在学习上遇到了挫折。在这个阶段，学习方法对学习结果的影响是不言而喻的，而大学的学习方法又与中小学的方法差别很大，所以许多学生一时难以适应。例如，一些学生反映，觉得自己上课听不懂，作业不会做，学习成绩总上不去，尤其是一些专业基础课感到难于理解。过去在读高中时，自己能控制、掌握自己，通过努力，学习成绩总能赶上去，但是上了大学，这种方法却没有发挥原有的作用。究其原因，我们不难发现，承袭过去在高中阶段的学习方法，即使勤奋用功可能也难以获得能力的全面提高，这在大学新生里是相当普遍的现象。尤其对那些高中阶段的学习尖子来说，这种挫折可能会造成自信心的丧失，严重者可导致精神抑郁。

怎样成功的进行角色转换，调整好自己的心态，找到有效的学习方法。在知识经济时代开放式教育的背景下，我们应该充分提倡和鼓励以学生为中心的形式多样的方法培养他们自主学习的能力。所谓自主学习，是指学生在学习活动中应成为学习的主人。自己主宰学习生活，积极主动参与每一个过程，积极主动探求科学文化知识，不断提高自学能力，养成自主、自觉、自律、自强的习惯。其内涵可理解为学生必须主动地、有主见的学习；教师主导教学与学生自主学习良好结合，教师对学生因材施教与学生自己因材施学的良好结合；教师既是学生学习过程的组织者，又是指导者、咨询者和鼓励者，学生既是学习活动的参与者，又是学习的管理者，学习活动的最终受益者。

二、掌握有效的学习方法

方法是人们达到预期目标的一种有效手段或途径，而学习方法就是人们在学习中获取知识和技能而采用的手段和途径。古今中外，许多学有所成、贡献卓越的学者在实践中，不断发现和认识了学习生活的许许多多客观规律，而逐渐形成和发展成科学的学习方法。庄子曾说过："吾生也有涯，而知也无涯"。这向我们提出了一个值得深思的问题，即在有限的一生中向无限的知识海洋进军，并取得创造性的结果。这样，掌握一套良好的学习方法，对高职学生活来说就显得尤其重要了。

在学习方法方面，前人给我们留下了一笔很珍贵的财富，总结出了很多值得借鉴的方法，如"三到""四边"法（心到、眼到、手到，边看、边批、边划、边写）、结构学习法、比较学习法等。学习方法之多，可谓不胜枚举，但是我们在学习中并非将所有的方法都用到，而应找到一些合适自己的学习方法，开辟出一条适合自己的较好的途径。

（一）明确的学习目标

目标，是人们欲求获得的成果或将要达到的标准，它是行动的指南。合理的目标能够诱发人的动机，规定行为方向。学习目标有近期和远期之分，人们确立远期目标的过程也就是理想的形成过程。此外，同学们在制定目标时要从实际出发确定目标的期望值，目标要高低适度，同时根据主客观条件的变化，适当调节。

（二）锲而不舍，持之以恒

很多同学在制定学习计划时，热血沸腾，但一遇挫折，便锐气大减，"急流勇退"。要知道，学习如逆水行舟，不进则退，没有坚强的意志和持之以恒的精神是不能达到成功的彼岸的。对自我的监督与修正，需要意志的力量作为保障。"自胜者强"，"唯志坚者始遂其志"。同学们应在实践中发展自己的耐力和控制力，增强对挫折的承受力，排除各种干扰，实现自己的理想。

（三）合理运筹时间

伟大的科学家告诫我们：你热爱生命吗？那就别浪费时间，因为时间是组成生命的材料。大学与中学的一个显著区别就是高职学生可以自由支配的时间大量增加，时间的利用对高职学生的成才至关重要，从某种意义上说，我们的学习就是和时间赛跑，谁能驾驭时间，谁就赢得了学习的主动权，谁就能奔向成功的彼岸。要有效地利用时间，必须科学地运筹时间。每天干什么，每个月或每年要达到什么目标都要科学地统筹、合理地安排。

（四）劳逸结合

古人云：文武之道，一张一弛。只有会休息的人才会工作。我们发现有些高职学生，他们有良好的学习愿望和刻苦的学习精神，从早到晚不停地看书做作业，但学习效果并不理想，长期这样甚至可能酿成疾病，这就是不注意劳逸结合的结果。要想始终保持良好的学习状态，首先要有充足的睡眠时间；其次是要注意锻炼，每天要安排 1 个小时的文体活动。无数事实证明，虽然体育锻炼占去了人们一定的时间，但它却帮助人们赢得了更多的精力、活力和生命，从而使人们情绪饱满、精神愉快地工作和学习；三是良好的生活习惯（如不抽烟，不酗酒，按时作息）等。另外，乐观而开朗的性格，适当注意饮食营养，也都是保证身体健康的重要条件。

【读一读】

记忆也要讲卫生

(1) 稳定而愉快的情绪：愉快能使你对事物的印象深刻，提高记忆力。

(2) 适当的营养：青年人有计划地、适量地吃点鱼、肉特别是蛋黄，对于维护记忆功能是很有必要的。新鲜空气能使大脑得到充分的氧气，增强记忆力。空气污浊会使头脑发胀，影响记忆效果。

(3) 戒烟戒酒：吸烟降低人的记忆力效果。吸的支数越多降低越明显。长期过量饮酒，可使人注意力涣散，理解力降低，记忆力下降，意志消沉。

(4) 劳逸结合：学习一段时间后，适当地休息一下，做体操、打球、唱歌、谈笑，都可使大脑得到适当的休息。

(5) 合理的作息制度：青少年生活、作息要有规律，保证适当的睡眠时间，有利于保护大脑。

(6) 最佳的记忆时间：早晨和晚上临睡前是记忆效果最好的时间。因为早晨，大脑没有睡前学习材料的干扰——前摄抑制的影响；临睡，不再受新学习的干扰——倒摄抑制的影响。每天临睡前，把一天内学习的主要内容，像电影一样在脑子里过一遍，这对记忆的巩固很有效。晚上记的材料，第二天早晨再记一遍，效果会更好。

(7) 合理用脑：合理用脑就是使大脑皮层的不同部位轮流兴奋和抑制，这有助于增强记忆力，使人保持不疲劳的状态。长时间啃一门功课不如不同课程交替学习的效果好。内容相似的课程不要挨着复习。学习时用的是右半脑，听音乐、歌曲是用左半脑。左半脑兴奋几分钟，右半脑就可以休息一下。

三、培养良好的学习习惯

(1) 心理学研究发现：学习习惯影响学习效能。学习习惯一般需要从小培养。到了大学，如果高职学生在自己已有的学习习惯方面找出可以改善的地方，发挥主观能动性，扬长补短，有事半功倍之效。良好的学习习惯体现在很多方面。

(2) 阅读方面：阅读时，先确定阅读的目标，认清自己要从中学到什么；在详细阅读课文之前，先将该文粗略地看一遍；用不一样的阅读方法及速度来配合不同的读物与阅读目的；留意课文里的标题、分题与课文前后的问题；留意课文中的图表、地图和相片等；阅读时，能分辨出哪些内容重要，哪些不重要；对所阅读的读物，会努力尝试对它发生兴趣。

(3) 记忆方面：对于必须谨记的内容，会尝试先行了解、明白；将需要学习的东西组织起来，如写下大纲、分成类别等；对于刚学习到的东西，会尽快温习；会将温习时间分成若干段落，并适当安排休息；在学习时，能分辨出哪些资料重要、哪些不重要，并使注意力集中在重要的资料上；会尽量将重要的东西牢牢地记着；会将学过的知识融会贯通；会将学过的东西经常温习；会将学到的东西或知识加以应用。

(4) 笔记方面：会应用简写的方式如符号、图表等，使笔记看来更精简易明；笔记有颇大的灵活性，以便随时加插、修改或重新编排次序；笔记选用不同的组织方法如列序式、大网式、分类等，以配合不同形式的内容；笔记内容是经过自己的思考过滤及重组，后用自己的语言写出来的；上课时，能同时听老师讲课及用笔记摘录内容；会挑出内容精华而避免原文照抄，避免将老师所讲的一字不漏的写下来。

◆拓展训练

【越测越乐】

你的学习动机如何

请你仔细阅读以下每一题，根据自己的实际情况，对下列问题作出“是”或“否”的回答。

(1) 如果别人不督促我，我极少主动学习。

(2) 当我读书时，需要很长时间才能提起精神。

(3) 我一读书就觉得疲劳与厌烦，只想睡觉。

(4) 除了老师指定的作业外，我不想多看书。

(5) 如果有不懂的地方，我根本不想弄懂它。

(6) 我常想自己不用花太多时间成绩也会超过别人。

(7) 我迫切希望自己在短时间内就大幅度提高自己的学习成绩。

(8) 我常为短时间内成绩没能提高而烦恼不已。

(9) 为了及时完成某项作业，我宁愿废寝忘食，通宵达旦。

(10) 为了学好功课，我放弃了许多兴趣的活动，如体育锻炼、看电影、郊游等。

(11) 我觉得读书没有意思，想去找个工作做。

(12) 我常认为课本上的基础知识没什么好学的，只有高深的理论，读大部分作品才带劲。

(13) 只在我喜欢的科目上狠下功夫，而对不喜欢的科目放任自流。

(14) 我花在课外读物上的时间比花在教科书上的时间要多得多。

(15) 我把自己的时间平均分配在各科上。

(16) 我给自己定下的学习目标，多数因做不到而不得不放弃。

(17) 我几乎毫不费力就能实现自己的学习目标。

(18) 我总是同时为实现几个学习目标心得焦头烂额。

(19) 为了对付每天的学习任务，我已经感到力不从心了。

(20) 为了实现一个大目标，我不再给自己制定循序渐进的小目标。

记分与解释：

选“是”记1分，选“否”记0分，将所有题目得分相加，算出总分；14～20分说明学习动机上有严重的问题和困扰，需调整；6～13分说明学习动机上有一定的问题和困扰，可调整；0～5分说明学习动机上有少许的问题，一般无须调整。

上述20个题目可以分为4组，它们分别从4个方面考查学生学习动机的受困扰程度：1～5题考查学习动机是不是太弱；6～10题考查学习动机是不是太强；11～15题考查学习兴趣是否存在困扰；16～20题考查学习目标上是否存在困扰。

假如你对某组（每组5题）中的大多数题目持认同的态度，则一般说明你在相应的学习动机上存在一些不够正确的认识，或存在一定程度的困扰。

【越读越乐】

自修之道：从举一反三到无师自通

记得我在哥伦比亚大学任助教时，曾有位中国学生的家长向我抱怨说："你们大学里到底在教些什么？我孩子读完了大二计算机系，居然连 VisiCalc 都不会用。"

我当时回答道："电脑的发展日新月异。我们不能保证大学里所教的任何一项技术在五年以后仍然管用，我们也不能保证学生可以学会每一种技术和工具。我们能保证的是，你的孩子将学会思考，并掌握学习的方法，这样，无论五年以后出现什么样的新技术或新工具，你的孩子都能游刃有余。"

她接着问："学最新的软件不是教育，那教育的本质究竟是什么呢？"

我回答说："如果我们将学过的东西忘得一干二净时，最后剩下来的东西就是教育的本质了。"

我当时说的这句话来自教育家 B. F. Skinner（伯尔赫斯·弗雷德里克·斯金纳）的名言。所谓"剩下来的东西"，其实就是自学的能力，也就是举一反三或无师自通的能力。大学不是"职业培训班"，而是一个让学生适应社会，适应不同工作岗位的平台。在大学期间，学习专业知识固然重要，但更重要的还是要学习思考的方法，培养举一反三的能力，只有这样，大学毕业生才能适应瞬息万变的未来世界。

上中学时，老师会一次又一次重复每一课里的关键内容。但进了大学以后，老师只会充当引路人的角色，学生必须自主地学习、探索和实践。走上工作岗位后，自学能力就显得更为重要了。微软公司曾做过一个统计：在每一名微软员工所掌握的知识内容里，只有大约 10%是员工在过去的学习和工作中积累得到的，其他知识都是在加入微软后重新学习的。这一数据充分表明，一个缺乏自学能力的人是难以在微软这样的现代企业中立足的。

自学能力必须在大学期间开始培养。许多同学总是抱怨老师教得不好，懂得不多，学校的课程安排也不合理。我通常会劝这些学生说："与其诅咒黑暗，不如点亮蜡烛"。大学生不应该只会跟在老师的身后亦步亦趋，而应当主动走在老师的前面。例如，大学老师在一个课时里通常要涵盖课本中几十页的信息内容，仅仅通过课堂听讲是无法把所有知识学通、学透的。最好的学习方法是在老师讲课之前就把课本中的相关问题琢磨清楚，然后在课堂上对照老师的讲解弥补自己在理解和认识上的不足之处。

中学生在学习知识时更多的是追求"记住"知识，而大学生就应当要求自己"理解"知识并善于提出问题。对每一个知识点，都应当多问几个"为什么"。一旦真正理解了理论或方法的来龙去脉，大家就能举一反三地学习其他知识，解决其他问题，甚至达到无师自通的境界。

事实上，很多问题都有不同的思路或观察角度。在学习知识或解决问题时，不要总是死守一种思维模式，不要让自己成为课本或经验的奴隶。只有在学习中敢于创新，善于从全新的角度出发思考问题，学生潜在的思考能力、创造能力和学习能力才能被真正激发出来。

《礼记·学记》上讲："独学而无友，则孤陋而寡闻"。也就是说，大学生应当充分利用学校里的人才资源，从各种渠道吸收知识和方法。如果遇到好的老师，你可以主动向他们请教，或者请他们推荐一些课外的参考读物。除了资深的教授以外，大学中的青年教师、博士生、硕士生乃至自己的同班同学都是最好的知识来源和学习伙伴。每个人对问题的理解和认识都不尽相同，只有互帮互学，大家才能共同进步。

有些同学曾告诉我说，他们很羡慕我在读书时能有一位获得过图灵奖的大师传道授业。其实，虽然我非常推崇我的老师，但他在大学期间并没有教给我多少专业知识。他只是给我指明了大方向，让我分享他的经验，给我提供研究的资源，并教我做人的方法。他没有时间也没有必要指导我学习具体的专业知识。我在大学期间积累的专业知识都是通过自学获得的。刚入门时，我曾多次红着脸向我的师兄请教最基本的知识内容，开会讨论时我曾问过不少肤浅的问题，课余时间我还主动与同学探讨、切磋。“三人行必有我师”，大学生的周围到处是良师益友。只要珍惜这些难得的机会，大胆发问，经常切磋，我们就能学到最有用的知识和方法。

大学生应该充分利用图书馆和互联网，培养独立学习和研究的能力，为适应今后的工作或进一步的深造做准备。首先，除了学习老师规定的课程以外，大学生一定要学会查找书籍和文献，以便接触更广泛的知识和研究成果。例如，当我们在一门课上发现了自己感兴趣的课题，就应当积极去图书馆查阅相关文献，了解这个课题的来龙去脉和目前的研究动态。熟练和充分地使用图书馆资源，这是大学生特别是那些有志于科学研究的大学生的必备技能之一。读书时，应尽量多读一些英文原版教材。有些原版教材写得深入浅出，附有大量实例，比中文教材还适于自学。其次，在书本之外，互联网也是一个巨大的资源库，大学生们可以借助搜索引擎在网上查找各类信息。“开复学生网”开通半年以来，我发现很多同学其实并没有很好地掌握互联网的搜索技巧，有时他们提出的问题只要在搜索引擎中简单检索一下，就能轻易找到答案。还有些同学很容易相信网上的谣言，而不会利用搜索引擎自己查考、求证。除了搜索引擎以外，网上还有许多网站和社区也是很好的学习园地。

自学时，不要因为达到了学校的要求就沾沾自喜，也不要认为自己在大学里功课好就足够了。在21世纪的今天，人才已经变成了一个国际化的概念。当你对自己的成绩感到满意时，我建议你开始自学一些国际一流大学的课程。例如，美国麻省理工学院（MIT）的开放式课程已经在网上无偿发布出来，大家不妨去看看MIT的网上课程，做做MIT的网上试题。当你可以自如地掌握MIT课程时，你就可以更加自信地面对国际化的挑战了。

总之，善于举一反三，学会无师自通，这是大学四年中你可以送给自己的最好的礼物。

（资料来源：节选自李开复《大学四年应该是这样度过》）

【越玩越乐】

学习经验分享

目的：交流学习方法，分享学习经验。

操作：

（1）同学们每人写出自己学习中存在的一至两个问题，多条经验。

（2）每6位同学就近组成一个小组，每个同学在小组中交流自己的经验和问题，共同分享经验，并讨论每个同学的问题的解决方法。

（3）每个小组派一名代表总结小组同学的学习经验、问题及解决问题的方法，在班上交流，大家共同分享团体活动成果。

【越看越乐】

学习之神

影片改编自日本人气漫画《高考传说之最差学生考上东京大》，讲述在一所三流高中，倒数的劣等生们进入为考进名门大学而设立的特别班后，开始学习并渐渐成长、渐渐养成思考的力量，最终实现自己的大学之梦的故事。

项目五

走进网络生活

◆心有灵犀

谁掌握了信息，控制了网络，谁就拥有了整个世界。——阿尔温·托夫勒

凡上帝有一所庙宇的地方，魔鬼也会有一座礼拜堂。——伯顿

◆心海导航

网络已经成为高职学生学习科研、获得资讯、交流情感、休闲娱乐的重要途径，成为高职学生学习生活不可或缺的重要组成部分。然而网络在为高职学生洞开便利之门的同时，不少高职学生在网络上表现出了在现实生活中难以察觉的心理问题，甚至出现了网络性心理障碍。高职学生该如何有效地利用网络，扬长避短，从而更好地学习呢？本项目将带你走进网络心理健康的殿堂。

◆学习目标

【知识目标】

1. 了解高职学生网络生活特点。
2. 了解高职学生常见的网络心理问题及调适方法。

【能力目标】

1. 掌握常见网络心理问题的调适方法。
2. 培养健康使用利用网络的能力。

【素质目标】

1. 具备良好的网络素养。
2. 增强网络沟通交往中的道德修养。

◆青春故事

成长的烦恼

王某是某高职大二学生，通过网络认识了许多网友。渐渐地，她发现和其中一个男生特别投机。两人相约见面后，女孩对他更加心仪了，因为她发现男孩比想象中还要好很

多，从此网恋就变成了现实中的恋爱。长时间的相处后，女孩发现男孩有多位像她这样从网上认识的女朋友，男孩一直在欺骗她，这就如晴天霹雳，王某心里接受不了这样的事实，深受打击，没有心思做任何事，甚至想要自杀。

分析：王某的这种网络心理障碍属于情景性抑郁，她把自己真实的感情给了一个并不真实的人，真正相处之后，发现他根本没有网上那么优秀，感觉也不像网上那么好，只是虚有外表而已，更没想到男孩是一个专门在网上欺骗女孩感情的人，因此造成心理障碍甚至想要自杀。而从男孩的角度来看，这也是一种网络心理障碍。他经常欺骗网上认识的女孩，表现了他在平时生活中存在着自卑心理，这样的人特别希望得到关注。他们虚有一个好的外表，就好像“绣花枕头烂稻草”。他在网上把自己说得天花乱坠，其实是一无所有。网络是虚拟的，它可以让人们随意幻想，有些男孩把自己想成白马王子，女孩想成白雪公主，过度的幻想就产生了病态心理。

任务一　高职学生网络生活特点

◆**心理知识**

我们正生活在信息化、网络化时代。互联网作为信息传播的第四媒体，以前所未有的传播速度、扩散空间、交互方式和丰富内涵为人类开创了一种全新的生活方式——网络生活方式。这种生活方式使高职学生们受益的同时，也给他们的健康成长带来一些消极影响。

一、高职学生网络生活现状及特征

据中国互联网络信息中心（CNNIC）2018年8月20日发布的第42次《中国互联网络发展状况统计报告》显示，截至2018年6月30日，我国网民规模达8.02亿，其中，青少年网民约占网民总数的75.1%。大学生作为具有较高文化层次的青年群体，更成为“网络新人类”中最耀眼的一组。他们是网民中的主力军，是使用网络应用较为活跃的群体。

网络社交和网络娱乐是高职学生最主要的网络休闲方式。80%以上的受访高职学生每天都会花一个小时以上的时间在网上娱乐。大多数高职学生的网上娱乐时间占据上网时间的一半以上。在网络内容方面娱乐类型的网络信息最受欢迎，其中大多数男生热爱的是手游等网络游戏，而女生则最爱视频类等娱乐节目。从网上娱乐的目的来看，比较集中的是纯粹为了放松心情和消磨时间。也有部分高职学生会通过游戏等娱乐活动来满足争强好胜的成就感，也有少数以此结交朋友以及获得现实利益。

上网已成为高职学生生活的重要组成部分，成为他们获取知识、传递信息、沟通思想、交流情感、丰富生活、体验人生的重要方式，其思想观念、价值取向、思维模式、语言特点、行为方式、个性心理都打上鲜明的网络烙印，呈现出双重、矛盾的基本特征。

（一）自由与规范冲突

自由、平等是人类追求的目标。互联网自由、开放、虚拟的环境，既让自由、平等的价值观能淋漓尽致的展现，也迎合来高职学生的精神追求。调查显示，对于“互联网最大的优势是什么”的提问，学生们回答的排序是自由（47.2%）、免费（20.3%）、平等（18.5%）、效率（14%）。

尽管网络满足来学子们追求自由的思想情怀，但网络传播中的绝对自由，也导致高职学生道德选择的迷茫。一方面主流社会所提倡的思想意识、道德规范在网上只是高职学生众多选择的一种，社会道德观念已难保统一，另一方面高职学生道德评判能力弱化，出现双重道德人格，网上道德水平令人堪忧。

（二）时尚与粗俗混杂

崇尚个性、追求时尚是当代高职学生的鲜明特征。如对于“网络语言”，在高职学生看来，语言简洁、内涵丰富、语调幽默、形象传神、极具创意，前卫、时尚，大家热烈追捧。网络语言让高职学生体验到了以外一种生活方式和另一个自我。其中，虽不乏标新和创意，但也存在矫情和粗俗。

（三）学习与娱乐失调

信息时代，网络汇聚了世界各地的文化成果，成为巨大的虚拟图书馆。当今网络已成为一种博学工具，学生们足不出户便可获得所想所需。网络不仅为高职学生提供了快速便捷的学习平台，也为高职学生开通了休闲娱乐的各种通道。网上悠扬悦耳的音乐旋律、丰富生动的影视图像、惟妙惟肖的动漫、魅力无穷的网络小说、新颖刺激的网络游戏都对高职学生具有很强的吸引力，令他们流连忘返。网上娱乐已成为高职学生的一种主要休闲方式。

然而，网络也是一把“双刃剑”。丰富而快捷的网络资源虽然开启了高职学生学习新知的大门，但也使得一些学生巧走捷径，不再刻苦钻研，甚至弄虚作假。此外，就网上学习和娱乐相比，两者本末倒置，有些失调。

（四）真情与冷漠相伴

高职学生渴望真情，希望与同龄伙伴真心交流。而网络技术的发展，为高职学生寻找真情、追求真爱架设了一道桥梁。因为，网络的开放性与匿名性，既能拉近人与人之间的距离，扩大交往的范围，又能保护个人隐私，让校园学子真正“敞开心扉”畅所欲言。

但是，网络交往毕竟是虚拟的，与现实的人际交往相去甚远。约70%的高职学生认为，网络交往虽然能排解内心的孤独，宣泄自己的情感，但始终缺少真情实感，网友不如现实生活中的朋友真实可靠。尽管如此，仍有近30%的学生还是“e网情深”，特别是那些在日常生活或社会交往中存在问题的学生，往往将与网友聊天作为逃避现实和降减压力的避风港，进而造成他们人际情感淡漠，消极看待现实社会，性格更加孤独。这部分高职学生，在心理行为方面呈现出既渴望真情又孤独冷漠的矛盾状态。

网络时代的高职学生，是“既现实又虚拟的人”。在虚拟社会和现实社会的互动中，不仅是现实社会关系中的人，而且也成为了网络社会关系中的网络人。他们通过互联网进行广泛的政治、经济、文化活动，不断通过网络与外界（包括与人）进行接触，交流感情，交换思想，进行沟通。他们的心理行为的发展变化受到虚拟社会和现实社会的双重影响。

二、高职学生网络心理需求

互联网对高职学生带来深远的影响，它改变了高职学生的学习、生活方式，扩充了高职学生的人际交流模式，为高职学生社会化过程中的角色期待、角色领悟和角色实践提供了一个“虚拟现实”。我们分别从积极影响的角度分析网络对高职学生的某些心理需求的满足在一定程度上增进了其心理健康，从消极影响的角度阐述高职学生在网络空间的种种消极心理。

（一）网络与高职学生心理需求的满足

心理需求的满足有利于增进个体的心理健康。网络对高职学生的某些心理需求的满足，也在一定程度上减少了他们心理问题的发生。具体而言，网络与高职学生心理健康密切相关的需求满足情况如下：

1. 网络信息传播的特点满足了高职学生对感知体验的需求，有利于自我认识的发展

青春期的高职学生，需求来自各方面的感知体验。当网络开始出现时，出于对感知体验的强烈需要（如对新奇刺激的需要）和巨大的空虚感，他们对此产生了浓厚的兴趣。互联网每天都是新的，其信息量是任何传统媒体所无法企及的，各种各样的新闻、游戏的发布，内容无奇不有，无所不包，凡是高职学生喜爱的，都可以在网上找到相关的内容，而且集文字、图片、声音、动漫、视频于一体。高职学生渴望了解更多新奇的刺激内容。好奇是一种以认知为基础的情绪，任何人对新奇的刺激都会产生好奇。“好奇是由新奇刺激引起的一种生理唤醒水平或认知冲突的探究倾向”。一般认为好奇是高职学生探索世界的动力，在网络丰富的新知面前，高职学生探索着，时光在飞速流逝着。神奇的网络像磁石一般紧紧吸引着高职学生的心。探索着、兴奋着、愉快着，心紧紧和光标连载一起，时光在手指上轻轻滑过。

自我意识是人格的核心内容，也是推动人格发展的重要因素。追求个性化是高职学生群体的特点之一，网络在丰富高职学生内心自我体验的同时，对自我的认识发展改变，强化了高职学生的自我意识，自我评价能力也得到提高。高职学生通过从虚拟世界中社会角色的认知体验引起对现实世界中社会角色职责以及义务的思考，体验内心的冲突，深入对社会和他人的认知，通过自我控制和自我教育，来认识自我的社会角色。由于网络的匿名性，还为高职学生提供了一个自我暴露的空间。高职学生在虚拟空间的自我暴露有利于他们重建自我认同。自我暴露就是在虚拟空间向他人讲述有关自我的信息，即将纯属自身的真实、重要、隐私细节和内心想法向他人显示的过程。这也是一个认识自我的过程，作为具有躯体、心理和社会独特特征的同一身份的自我，在现实社会中摘下面具，赤裸裸地向他人、向社会现实自己的“真实、重要、隐私的私人细节”往往需要极大的勇气。因为他们必须承担来自他人的、社会的种种责难和压力，但是人们的欲望是难以压抑的。高职学生敢于随心所欲地暴露自我、张扬自我、宣泄自我，有意识地在网上颠覆自己的社会角色，比起过度压抑自我的欲望，这无疑有益身心健康。

2. 网络的时尚和娱乐及其去抑制性，使高职学生的潜藏的需求和欲望得到张扬

当同龄人谈论网络游戏的时候，当同伴谈论快手、抖音上的热点视频时，当同学谈论微博、朋友圈的热门话题时，身处其中的高职学生如果能插上几句话，那该是何等的惬

意！如今，能否使用网络语言，能否紧跟网络热点，成为高职学生之间的一种时尚。二十世纪七八十年代，人们可以不会英语，身处 21 世纪网络突飞猛进的高职学生，谁好意思说“我不上网”。对高职学生网民来说，互联网所扮演的各种角色的应用程序排序为：娱乐、沟通工具、信息渠道、生活助手。有学生在坦言为什么迷恋网络时讲，家庭不和谐，没有温暖，在学校班级里，由于学习成绩差，体验不到学习的快乐，甚至感到压抑和自卑。但是，在网络游戏里，他们体验到了心理的快乐与满足，体验到了成功，体验到了来自别人的祝贺。在游戏的世界里，他感到了自己的价值。

个体的许多本能欲望为正常的社会意识所不容，而在现实生活中又缺乏表达的机会和空间，使得个体必须寻找一个去抑制的环境来释放潜意识中积聚的张力。而网络正好具有这种去抑制性。网络的去抑制性是指在网络的虚拟环境中，因为社会规范和个体的内心准则在虚拟空间被大大削弱，个体对自我行为的克制不复存在，其行为在网上表现出一种解除压抑的特点，较大程度上区别于现实生活中的行为方式。个体深藏在潜意识中的不为正常社会意识所容许的许多需要和愿望，可以通过网络的去抑制性得到满足。网络的这种去抑制性对高职学生本能欲望的满足，使人的本性得到发展。网络给高职学生带来了的自由，一种无拘无束的自由表达。其实，在互联网上心理和行为的表现是他们在现实社会中欲望、需要、动机、情感以及各种社会关系的折射，所以青少年在虚拟世界中的表现更加彻底地揭示出他们的本来状态，展示出青少年更加丰满、更加立体、更加真实的心理状态。

3. 网络为高职学生创造了新的自我实现空间，可满足高职学生各种社会和心理需求

很多家长认为，为高职学生提供衣食住行就足够了，而忽视了他们的社会需要、心理需要。现实生活中难以满足的社会、心理需要，高职学生可以轻而易举地在虚拟世界里得到满足。首先，由于虚拟空间仿真性，现实生活可以在虚拟空间得到逼真地模拟，使他们在心理上获得同样的满足感，而这种满足感可以畅所欲言，不必承担任何后果。其次，由于交互性，一个人可以同时与很多人，即使远隔重洋也可以进行交流。最后，由于实时性，高职学生可以在瞬间满足其社会需要，而在现实世界里，必须经历漫长的过程和耐心的等待。

对人类来说，寻求归属感是一种基本需求。由于网络空间提供了许多不同的虚拟环境，所以让每一种人几乎都可以找到一个让自己感觉“趣味相投”的地方。一些网迷往往存在着现实的或潜在的归属认同危机感，如家庭成员之间的关系危机，与师长及同学缺乏认同等。他们上网既是在逃避不愉快的现实，又是寻觅着另类的归属认同。心理学研究早就证实，人的行为是多因素促成的结果。高职学生网络交际始于求知与时尚的心理需求，持续于逃避现实压力的需求，其最终目标是寻找情感寄托。互联网较少存在不平等的因素和进入障碍，任何人都可以在网络平台上发表自己的见解。研究发现，经常上网的高职学生能从网络中感受到平等的社会支持和评价，能够将网络作为个人价值实现的平台，在网络中体验成功与抱负，提示网络对自尊可能有一定的积极作用。

心理学家马斯洛认为，自我实现是一个人的最高需要。而网络为高职学生提供了自我实现的新空间。现实中的失败可以在虚拟空间得到满足，可以在虚拟空间中得到替代性实现。另外，高职学生在“虚拟社区”的表达交流，可以舒缓紧张、宣泄情绪；同时也满足了高职学生寻求人际归属感，渴望有爱与情感的需求。

（二）高职学生在网络空间的消极心理体验

随着网络普及率的持续提升，互联网对人们生活的影响也日渐深入，已逐渐在社会的各个人群中加速渗透。由于高职学生网民具有较高的网络使用普及率和活跃的网络娱乐应用水平，也是最可能受到互联网不良信息影响的群体。高职学生在网络空间的消极心理体验有以下几个方面：

1．有限感知体验和虚拟生存

由于网络交往的虚拟性，人们无法和交往对象真实的接触。这就使人们在网络交往中的感觉是非常有限的，对对方的感觉更多来自于自己的想象，所形成的只是有限的感知体验，人们对别人的印象从而具有较大的空想性、片面性与欺骗性。在这个虚拟的环境里，你可以不需要知道对方是谁，也没有必要让别人知道你是谁。这是一个无形的虚拟空间，每一个网民就是这个虚拟世界中的一员，通过互联网无处不在的终端、触手、键盘、鼠标互相联系、沟通。

同时，心理学的研究表明，个体长时间感知同一事物容易导致其对事物的感受性降低。对于高职学生网民来说，随着时间的推移，愈来愈多的信息已经对他们的感受程度没有太多的意义。网络信息还会导致个体思维混乱，影响一个人思维的深度和广度，从而导致人的整体思维能力下降，从而出现相应的行为偏差。因此，如果高职学生长时间接触网络，容易出现认知混乱、“人—机”式偏执交往、迷失自我、人性异化、道德失范、网络成瘾等偏差行为。

2．身份的匿名性和现实丧失感

人们在现实生活中的身份和性别相对稳定不变，而人们在网络虚拟空间可以随意选择自己的身份和性别，甚至干脆就匿名。这种匿名性带来了身份、地位的平等，表现在：自由感和身份虚幻感。在网络空间，可以说自己想说的话，可以在游戏中社交软件中编造任何身份，去尝试不同的生活。自由、快乐、游戏、幻想是高职学生天性中的一部分。虚拟空间是高职学生向往的，可以满足他们的诸多需要，而学习和就业的压力，至今还是他们没有办法摆脱的一种沉重负担。是的，在剧烈的竞争时代，人人需要付出努力，只要我们留心观察，我们会发现高职学生太累了，也太苦了。用网络来逃避现实，用网络来麻醉自己，这也是许多高职学生沉溺网络的一个重要原因。

与虚拟世界相应的是现实世界，这两个世界是对立统一的关系。从后现代的研究视角出发，用后现代话语表述，则虚拟世界是对现实世界的反叛、解构，它摧毁界限，远离现实，体现着一种对立；但二者又统一于一个统一体，即人类社会之中。虽然虚拟社会对现实社会的较量已经开始，但是，“虚拟社会里发生的问题还是跑到现实社会里来解决”。身份的匿名性给高职学生网民带来的影响是双重的。“身份变化”可以让一些人宣泄被压抑的情绪，获得一定的心理自疗效果；可以让高职学生虚拟尝试新的角色，起到“角色扮演”的作用；但是可能会使高职学生丧失现实感，混淆虚拟世界和现实。如网上恋爱者在见面后，往往会感到失望和其他消极情绪。网络主体在虚拟空间的现实丧失感正是其网络心理失衡的症结所在，具体表现为：网络主体自我意识模糊，网络主体价值理性的失落，网络主体交往自由的失范，网络主体情感体验的丧失等。

3. 角色冲突和双重个性

网络的特点之一是虚拟性。虚拟的网络世界没有空间和地域的限制，其成员可能是对门邻居，也可能来自北国南疆，甚至是不同国际、不同肤色的人群，令人与人之间交流的范围骤然扩大。虚拟性改变了所有人的角色和道德责任，我不再是我。高职学生可以在虚拟空间里任意地隐匿性别、年龄、种族和社会地位。因为，他们可以随心所欲，任性而为，尽情地包装和展示自己，宣泄情感，可以使在学校等生活中所受到的压力得到释放和舒缓。正是网络中的“匿名角色”现象，使得大多数的网友都以部分甚至完全虚拟的信息来保护隐私或美化自己去吸引别人。人们在现实中的交往得到的信息比如性别、年龄等基本都是真实的、直接的，而网上的交往是非直接的交往，是可以经过加工的信息、精心包装的形象，而真实性、可信性大打折扣了。当高职学生在网络上的身份与现实中的实际身份不一致时，容易导致角色冲突。

网络交往与现实交往有很大的不同，现实的交际对象是既定的，信息是明朗而对等的。为了给对方留下好的印象，塑造良好的社会自我，每个人都会有所顾忌，基本如实表现出自己的个性状况，如个人的需要、动机、愿望、兴趣等，而个人的能力、气质、性格等个性特征则具有稳定性。网络交往的对象时模糊的，任何留下的特征都可能是编造的，即使是真实的，这种真实也是不能移植的。真实只是一种交流的真实，只是为了证明自己的存在，发泄或者倾诉自己的苦闷，尝试网络交际快乐以及感受未曾谋面的想象空间。比如，一个温柔的女孩可以在虚拟的空间里横行霸道，可以扮作帅哥找个红粉知己。这是一种个性的改变，是个性双重的真实流露。这种个性的展示，可以让压抑的心理得到宣泄，可以尝试新的角色，但也可以使双重个性得以保留，致使人格变态。

总之，网络社会对高职学生的影响是全方位的，既有积极的影响，也有消极的影响。从消极方面看，高职学生如果长时间与电脑为伴，会对其认知过程、情感过程、个性品质产生不良影响。从思维方式看，人的逻辑思维将受到计算机的符号式思维方式影响甚至被零碎的符号式思维所取代；从记忆功能看，可能会降低人脑的记忆功能，影响日常心理活动；从情感上讲，可能会对网络社会产生眷恋乃至依赖，阻碍在现实世界中独立生存能力的养成；从德性方面来看，可能会丧失了道德准则，做出违法道德之举，以至触犯法律。

【读一读】

高职学生的网络心理需求

青少年时期是人成长过程中的心理断乳期、疾风怒涛期，他们正处于生理不断发育和心理趋向成熟的特殊阶段，他们的身体发育出现了剧烈变化，并以一定的方式影响着心理发育，从而呈现一些显著的心理发育特点。影响高职学生网络成瘾有多方面的因素，有社会的因素、家庭的因素，也有高职学生自身的因素。高职学生网络成瘾一般都有比较明显的起因，恋爱受挫、考试不顺、父母离异等都可以成为诱因。他们存在的网络心理需求主要表现在以下方面。

(1) 好奇心理。在网络世界里，无所不有的信息，各种各样的观点，极具诱惑性的信息与话题，加上网络的图、文、声、像，对于精神旺盛、求知欲强的高职学生来说，无疑具有极大的诱惑力。

(2) 从众心理。从众心理是在群体的影响下，采取与大多数人相一致的行动，易受暗示与追赶潮流是年轻人的特点，很多高职学生是为了和别人保持一致、迎合潮流而接触网络的。

(3) 宣泄心理。有人称之为减压心理。弗洛伊德认为：压抑与宣泄是人的两种基本心理机制。人人都有宣泄的心理需求，步入人生转型期的高职学生们在学习、人际交往、生活等方方面面感受到的压力陡然加强。压力越大，挫折感也就越强，他们需要宣泄的心理需求也就越大。而成人教导多，同伴知己少，他们觉得选择畅游在网络世界里无疑是最好的宣泄方式。

(4) 逃避心理。高职学生在现实生活中有特定的行为规范、责任和义务，社会对高职学生的角色扮演有社会期望和要求，对其行为产生约束。再加上中国大多数家庭忽视了孩子作为独立个体的人的需求，从而导致现实中孩子不愿意与人交流。有的同学在现实生活中不善于处理人际关系，造成同学关系紧张；有的同学由于大学中的激烈竞争，使他们丧失了原先的优势地位，造成心理上的落差；有的同学对现实生活不满。再加上高职学生普遍面临来自学业、生活、竞争等方面的压力，部分高职学生又不愿意向同学、父母倾诉，而网络的虚拟性、开放性、匿名性等特点正好适应了高职学生内心的需要，当面对复杂的社会环境时，网络便成了他们逃避现实生活的一种方式。

(5) 寄托心理。在压力面前，高职学生们可以选择宣泄、可以选择逃避，但更多的是愿意选择寄托，他们渴望理解、渴望尊重、渴望友谊、向往爱情。而现实对于他们来说，有的得不到、有的不理想、有的难于启齿，网络成来寄托心灵的驿站。

(6) 刺激心理。网络游戏较武侠小说更逼真，更具有互动性，游戏者的视、听、触觉多种感官器官全方位打开，可以一人游戏，也可以多人合作，再加上一定的角色扮演，确确实实让高职学生玩家们感到一种心跳、体温、眩晕、紧张等微妙的心理变化。网络游戏曾被称作是“电子海洛因”。这种刺激使高职学生的心理得到极大的满足。

(7) 补偿心理。由于性别、性格、能力、出身、区域等种种现实条件的限制，人们的许多追求只有在一个虚拟的空间中通过扮演形形色色的角色才能获得一定的满足和心理上的补偿。网络满足来高职学生自尊感的寻求。我们可以看到，女孩子多选择可爱又好听的网名，男孩子多在游戏世界里任意驰骋，获得在现实生活中不易取得的成就感、力量感和自尊感。

(8) 孤独心理。孤独导致网络交流成瘾。孤独是指觉得自己孤单寂寞已被社会遗弃的消极心态，孤独的人更容易被网络所吸引。过度使用网络是因为网络提供了一个更加广阔的社会网络和多种多样的在线交流形式。孤独的人会被网络中一些具有交互作用的社会活动所吸引，这些活动可以提供归属感、友谊和交流的机会。

三、部分高职学生产生网络不良行为的原因分析

网络的发展给高职学生学习生活带来积极影响的同时，也给他们的思想意识和道德观念带来一些负面影响，导致网上不良行为时有发生。

（一）虚拟而又混杂的网络环境容易诱发不良行为的产生

互联网是一个由世界上众多国家的众多区域构成的四通八达的“网络社会”。在这个社会里，每个人均以电子化的“符号”存在，主体行为往往在“虚拟实在”的情形下进

行。在虚拟环境中，人们可以避开现实社会因面对面的交往所要承担的责任，可以避开社会舆论、传统习惯等道德评价的“外在压力”，现实社会中大家一致公认的某些“游戏规则”也失去了效力，进而削减了人们的社会责任和道德责任。同时，来自不同国家、民族和地域的人们都可以自由的在网上发布消息，良莠混杂，大量的色情、暴力、虚假充斥其中。而且，网上信息是以光速传播，瞬间可以到达世界各地，一旦有什么风吹草动，网络就会以迅雷不及掩耳之势将其传播开来，并立即得到反应，令管理者防不胜防，无法控制。在这样一个虚拟、混杂的网络环境中，人性丑恶的一面无情地被释放出来。网络既可以成为某些罪恶的温床，也可以是某些心怀鬼胎的黑客肆意攻击的阵地。在网络里，既有唯恐天下不乱者到处散播子虚乌有的消息，也有好事者在不断“恶搞”。在这种情况下，高职学生难免会被污染，产生网络不良行为也就不足为奇。

（二）学校德育教育与高职学生网络生活“移位”难以有效引导高职学生的思想行为

目前，高校德育教育的内容、方式与手段与高职学生真实的网络生活之间有较大的差距，两者不同步，有“移位”之倾向。一方面高职学生对网络生活充满好奇，产生强烈的向往和追求；另一方面又有着诸多的困惑与迷茫。而学校的德育教育对高职学生这种需求的满足和指导存在很大的局限性。其表现：一是学校网络硬件设施不全、水平不高；二是德育教育内容和方式未能做到与时俱进，有关网络知识、网络道德、网络心理方面的教育尚存空白，对高职学生网络生活指导不到位而存在盲目性；三是教师的网络知识技能没有领先于学生，难以驾驭和引导高职学生的网络生活。

（三）高职学生心智发展不成熟抵挡不了网络的诱惑

高职学生正处于人生发展的转型期。虽然生理方面已逐渐成熟，但心理和思想的发展并未同步，无论是道德认知、道德情感、人格素养，还是自我意识、健康心理、自控能力等方面，都处在走向成熟又未完全成熟的过渡期。这个时期的青年高职学生对新事物特别敏感，容易接受新思想、新观念，感情丰富但波动性较大，因此容易受外界环境的影响，容易走极端，导致不良行为的发生。此外，高职学生的品德机构正处于发展完善之中，或多或少都存在着一些缺陷或偏颇之处，在缺乏他律的网络环境中，品德结构中的不足非但得到不弥补，反而可能会有所放大，产生网络道德问题。

【读一读】

微博控

“微博控”指的是对微博极其喜爱的人，“控”来自英文“complex”，即情结，极度喜爱的意思。随着微博的火爆，越来越多人见面就聊起微博，但由于“迷恋”微博，网友中出现里一大批“微博控”，他们没日没夜地上微博，一上就是十多个小时，甚至放弃睡眠时间。

微博成瘾很可能会导致焦虑症和强迫症。过度沉迷于微博的虚拟世界，容易导致个体社会功能的缺失。

（摘引自百度百科）

任务二 高职学生常见的网络心理问题及其调适

◆心理知识

一、高职学生网络心理问题的产生

网络心理问题是心理问题的一种。心理问题是非精神病性的，是指人们在承受压力的当时或过后，在心理和行为方面所产生的效应，这种效应使人的心理和行为偏离常轨，但又不产生精神病性症状。高职学生网络心理问题指的是高职学生由网络所诱发的心理问题。

并不是所有上网的高职学生都会产生网络心理问题，每个人所面临的压力不同，人与人之间又存在着生理心理状况、学习生活环境的差异，所以，网络对高职学生的心理问题起着诱发的作用。

从范围上讲，高职学生网络心理问题是介于健康心理与心理疾病的中间部分。其表现为当事人感到痛苦并迫切需要解决的问题（即异常行为表现）。范围区分如图 5－1 所示。

图 5－1 网络心理问题范围图

二、高职学生网络心理问题的主要表现

高职学生的网络心理问题表现都体现在两个方面：一是程度上的表现，二是类别上的表现。

【案例】

小林是某高职大一新生，家境优越，从小到大一直是个听话懂事的好孩子。入学后由于远离家乡缺少约束，小林开始沉迷网络。他听说“王者荣耀”游戏很火，抱着玩一玩的心态下载了 App。从此一发不可收拾，他每天花越来越多的时间玩手机游戏，上课玩，通宵玩。由于在课堂上玩游戏被老师批评制止了，他开始翘课逃学玩。一个学期下来有五门功课不及格。小林极为自责，可又控制不了自己，干脆自暴自弃，把全部时间都花在打“王者荣耀”上了。

思考：你身边有没有这样的“小林同学”？无法控制自己的上网行为是不是一种网络心理问题？

（一）程度上表现

明确高职学生网络心理问题的程度对于教育工作者或心理工作者有针对性的进行干预有着十分重要的意义。我们借鉴对非精神病心理问题进行系统分类诊断标准（心理问题、心理障碍、心理疾病边缘），结合高职学生网络心理问题的表现特点，从程度上对高职学生网络心理问题作如下分类。

1. 一般网络心理问题

高职学生网络心理问题的第一类型——一般网络心理。主导表现为高职学生由于上网而产生的心理问题只在近期发生，不大可能持久，问题的内容只局限于问题行为本身，还没有泛化影响到其他方面，有反映但不强烈，对高职学生的生活学习产生了一定的负面影响，但并不严重，并未影响思维的逻辑性。

2. 网络心理障碍

高职学生网络心理问题的第二类型——网络心理障碍。主导表现为高职学生由于上网而产生的心理问题反映强烈，持续时间长久，内容充分泛化，自身难以克服，已经影响他的日常生活与学习，成为长期的精神折磨。

根据人们对“网络成瘾”（internet addiction，简称 IA）或“网络成瘾症”（internet addiction disorder）的研究，网络成瘾应该归为网络心理障碍。

3. 网络心理疾病边缘

高职学生网络心理问题的第三类型——心理疾病边缘。这是一种比较严重的网络心理问题，他已经接近了精神疾病的边缘，或者说，他就是精神疾病的早期状态。其主导症状是由上网而产生的心理问题的反映强烈，持续时间长久，内容充分泛化，其严重程度已经影响到了某些方面的正常思维，常伴有行为偏执，还有不典型的妄想与偶尔出现的幻觉。

需要说明的是，心理疾病边缘是一个不太容易准确界定的中间地带，但是，有一点是可以肯定的，网络心理障碍如果不能及时得以控制的话，就有可能加重，走向心理疾病的边缘状态。我们把网瘾归为第二类心理障碍，日益严重的网瘾就有可能发展为心理疾病边缘状态。

（二）类别上的表现

有研究显示，长时间上网会使大脑中的一种叫多巴胺的化学物质水平升高，这种类似于肾上腺素的物质短时间内会令人兴奋，但其后则令人颓废、消沉。这证实了心理问题和生理问题也是有关联的。网络成瘾者自陈有类似头晕脑胀、心烦、胸闷气憋、紧张性兴奋、懒散等生理症状。从心理学的角度，网络心理问题主要表现为以下几个方面。

1. 认知问题

认知问题是一种普遍的网络心理问题表现。由于受网络不良信息的影响，当然也和高职学生个人的心理发育史相关，产生网络心理问题的高职学生很大一部分是建立在错误的认知基础之上。如有的高职学生认为人生就是一场游戏，有的认为人生就是追求刺激与快乐，都是和网上的不良信息有关。还有的高职学生把网络上的人际交往方式片面地迁移到现实生活当中；有的高职学生在网上随心所欲地表达自己愤世嫉俗的观点，而他这种观点在现实中往往被别人认为是一种幼稚、不成熟的表现，所以他们对现实中的许多事物都看不惯。

2. 情绪情感问题

情感淡漠是指高职学生对自己周围环境的变化丧失情感反映。对自己的状况漠不关心，生活懒散，学习无劲，甚至不洗脸、不理发，对饥饿反应也不大，对老师、同学的劝阻毫无反应，对家人的眼泪也漠然视之。在心理咨询的案例中，这样的高职学生很多，父母眼泪汪汪地陪他来咨询，而他却表现得很漠然。

情感脆弱多表现为青少年网络交友或网恋方面。

抑郁与焦虑是常见的网络心理问题表现。虚拟使人们对现实社会的卷入（social involvement）减少，心理幸福感降低，表现为孤独感和抑郁感的增加。

3. 道德品质问题

高职学生社会认知不足，心理尚未定型，分辨是非和自我控制的能力不高，容易受到网络不良信息的影响而迷失在虚拟世界中，所以也容易形成错误的思想观念和不良的道德品质。

虚拟的环境、虚拟的情结、虚拟的人物等，网络的虚拟世界使青少年和现实世界产生一定程度的隔离，弱化了与外界世界的交往，缺乏了现实世界中人与人之间的相互交往，爱国主义情感、集体荣誉感、义务感、责任心等道德情感就不易形成。

4. 人格问题

网络心理问题可能表现为人格障碍。人格障碍是指人格特征明显偏离正常，使患者形成来一贯的反映个人生活方式和人际关系的异常行为模式。这种模式显著偏离特定的文化背景和一般的认知方式，造成对社会环境的适应不良，通常开始于童年期或青少年期，并长期持续发展至成年或终生。

高职学生人格发展的一个重要任务就是社会化的过程，确定自我概念。而实现这一过程的必备环节是将自己置身于现实的人际互动中，通过不断实践达到个体自我与社会自我的同一。正是由于网络的参与，他们在社会化进程中，则可能出现由于自我建构失败而导致的网络心理问题。根据埃里克森人格发展理论，青少年出于自我同一性与角色婚礼的阶段，在这个阶段，青少年如果不能获得自我同一性就后产生角色混乱。

由于网络自身的特点，许多社会的规范、规则、道德在虚拟世界中失去作用，这给自控力不强的高职学生提供来自我恣意表现的机会与平台，他们在网络上表现自我的同时，把社会自我抛得越来越远，甚至企图在网络世界中实现自我，将自己凌驾于社会规范之上，获得极大的心理满足，而在现实生活中，往往会把网络上错构的角色加以扮演，结果往往是苦涩的。

5. 人际交往问题

高职学生网上交友过多将导致社会孤立和社交焦虑。高职学生由于上网而产生孤独的情绪体验一般来说有两种情况：一种是一些高职学生性格内心、自卑，惯于自己承担心理负荷，他们心思敏锐，但不愿意或不善于与他人交往，他们常上网向网友倾诉自己的不良情绪，排解忧愁，讲自己的心情故事，这时他们觉得心情得到来一定的放松，一旦离开网络发现自己面对的依然是四壁空空的孤独；另一种是一些高职学生的社会交往比较频繁，现在由于把大部分时间用在了网上交往，减少了与现实朋友的联系，友情淡化，从热烈火爆的网上交往到平静单调的现实生活，强烈的心理落差使他们产生了一定的心理孤独。与孤独一样，空虚和敌对也是高职学生网络心理问题在人际交往方面的表现，只是表现的方式不一样而已。

三、高职学生网络心理问题的应对

（一）正确认知

网络是当代信息发展的产物，它对人们的学生和生活产生了重大影响。这些影响既包括积极的方面，也包括消极的方面。

（1）网络的出现使人们能够克服距离的障碍，跨越时空的限制，使人与人之间的沟通更加通畅；网络的发展使人们能够更直接、更便捷地获得大量且有效的消息；网络的虚拟性从一定程度上使人获得了平等和自尊，使人们的情感找到了寄托。

（2）网络对人们也有消极的影响。首先，网络的虚拟性、随意性和隐匿性，会造成现实生活中非道德现象的滋生和人与人之间的信任危机。虚拟化的交往最终会导致人们对社会现实感到悲观失落，造成道德情感的冷漠和个体责任感的缺失。其次，网络对高职学生的人生观、价值观产生了强烈的冲击。网络中各种不同的文化形态、思想观念很容易使高职学生陷入迷茫的境地，从而导致价值观的倾斜。另外，一些异化思潮会使高职学生迷失自己，对自己未来的前途丧失信心。

（二）信任自我

过分依赖网络的高职学生，在现实中常常比较自卑，缺少自我价值感和成就感。他们或者不敢与他人交往，或者不擅长与他人交往，内心十分孤独，渴望交到知心朋友。网络给他们提供了交朋识友、实现自我价值的机会。他们往往在网上虚设一个自我，并通过这个虚设的自我获得日常生活中得不到的东西。比如，自己不漂亮，在网上却说自己很漂亮，这样就能获得自尊的满足。也有的人想在网上体验一下和真实自我相反的性格，摆脱现实生活中的束缚，自由自在，无所顾忌，从而满足了现实中无法实现的“猎奇”需要。

网络虽然能使人忘掉烦恼，给人以暂时的快乐，但现实中的问题并不会就此消失。所有人都不得不回到现实生活中来，重新面对真实的自我。高职学生如果总是在虚拟世界中寻求自我满足，逃避现实生活中的矛盾，就可能导致社会适应不良。

一个人要融入社会，在社会中找到立足之地，需要主动做出努力，而不是逃避。因此，高职学生只有信任自我，并以积极的态度去面对现实中的苦难，才是解决现实问题的根本途径。

（三）掌控自我

大学阶段是人生最美好的阶段，是树立人生理想、提升自我价值、完善健全人格的重要时期。高职学生的主要任务是学习知识，增强自身的综合素质，然而，很多高职学生整天沉溺于网络，消沉失落，无法自拔。因此，高职学生们为了自己的前途和命运，应当树立掌控自我、摆脱网瘾的意识。

（1）高职学生要充分信任自己，相信只要付出努力，定能克服困难。自信是成功的第一步。每个人都会经历困难和挫折，如果具备战胜困难和挫折的勇气和决心，就一定会去的成功。

（2）高职学生要提醒自己，网络是一种资讯工具，是一种娱乐消遣的手段，它不应该成为光阴的谋杀者。在每次上网时，高职学生应该根据自己的情况制定一个计划，使上网具有一定的时间性和目的性。

(3) 高职学生应尽可能在现实生活中发展自己的兴趣和爱好，在自己的注意力从网络转移到现实生活中有意义的活动上来。高职学生们只要善于发现，就一定能感受到现实生活的丰富精彩，在多姿多彩的校园文化生活中找到自己的位置。

(四) 贴近现实

高职学生都渴望自己成为受欢迎的人，一些有人缘、亲和力强的学生总能得到他人的羡慕。有些高职学生因在现实中不能获得欢迎而转到网络中。但网络中人与人之间的交往不必付出真情，也不用承担责任，可能会造成高职学生道德的沦丧和双重人格的产生。那么，高职学生在现实生活中如何建立和谐、亲密的人际关系呢?

(1) 尊重他人，只有尊重他人才能赢得他人的尊重。

(2) 高职学生与他人进行交往时，应保持真诚的态度。只有彼此抱着心诚意善的态度，才能相互理解、接纳、信任，才能引起情感共鸣，双方关系才能得到巩固和发展。

(3) 高职学生不要对小事斤斤计较，应学会克制和忍耐，对他人持宽容态度。

(4) 高职学生要尽量理解他人，设身处地为他人着想，多关心和体恤别人。

(5) 高职学生与人交往一定要讲究信用。高职学生在与他人交往时必须做到言必信，行必果，言行一致，遵守诺言，实践诺言。

人际交往的技巧是后天习得的，没有哪个人天生就是交往的高手。所以，在交往过程中，高职学生要相信自己，抱着积极学习的态度，认真体会各种社交技能，并从中总结规律，不断完善自己的性格，使自己变得更加主动、大方、热情和真诚。只有这样，高职学生才能使自己的人际关系变得和谐起来。

【读一读】

游戏成瘾

世界卫生组织（WHO）于 2018 年 6 月 19 日正式发布生效的第 11 版《国际疾病分类》（ICD－11）中，加入“游戏成瘾”（gaming disorder）（也译作“游戏障碍”），并列为精神疾病。也就是说，那些沉迷游戏的朋友可以被定性为有“精神疾病”了。

在世卫组织的《国际疾病分类》（ICD－11）中，“游戏成瘾”和“赌博成瘾”被一起归类在了“行为成瘾”中，而它们共同被归类在精神、行为或神经发育障碍大类中。

怎么打游戏就变成了有“精神疾病”呢?

的确，人们传统印象中的“精神病”是那些有严重的心理障碍，认识、情感、意志等心理活动均出现持久明显异常的人。说通俗点，就是长期“疯疯癫癫”的。

乍一看，似乎打游戏成瘾和精神病的定义完全不相关。但是根据世卫组织给“游戏成瘾”的定义规定：游戏成瘾即一种游戏行为（“数码游戏”或“视频游戏”）模式，特点是对游戏失去控制力，日益沉溺于游戏，以致其他兴趣和日常活动都须让位于游戏，即使出现负面后果，游戏仍然继续下去或不断升级。就游戏障碍的诊断而言，行为模式必须足够严重，导致在个人、家庭、社交、教育、职场或其他重要领域造成重大的损害，并通常明显持续了至少 12 个月。

所以，简单来说，“游戏成瘾”就是那些将游戏至于自己生活的首位，因为游戏导致正常生活完全混乱的人。

日常语境里的“瘾”是指，即使知道某个行为可能造成的不良后果，仍然持续地重复这种行为。然而，医学上的“成瘾”则往往会对患者造成相当大的负面影响。

要想界定正常的成瘾行为和医学成瘾，并不是一件容易的事，所以诊断标准的意义就在于界定出异常的行为。

ICD－11（测试版）给出了如下3条诊断标准。

（1）对玩游戏的控制受损（比如开始时间、频率、持续时间、场合等）。

（2）玩游戏的重要程度高于其他兴趣爱好和日常生活。

（3）即使导致了负面影响，游戏行为仍在继续和升级。

近几年，随着移动互联网的发展，游戏已经从电脑转移到了手机上，手机游戏也成为了网瘾的重灾区。现在，手机游戏用户覆盖各个年龄段人群，WHO将游戏上瘾纳入精神疾病范畴，有助于大家重视游戏上瘾的现象。

◆拓展训练

【越测越乐】

网络成瘾自测量表

请你认真阅读表5－1中的每个条目，把题目所描述内容和你目前的真实情况进行比较，根据符合程度选择对应的数字；其中：“1”代表极不符合；“2”代表不符合；“3”代表符合；“4”代表非常符合。你的选择没有对错之分，请大胆作答。

表5－1　网络成瘾自测量表

题目	4	3	2	1
曾不止一次有人告诉我，我花了太多时间在网络上				
如果有一段时间不上网，就会觉得心里不舒服				
我发现自己上网的时间越来越长				
断线或接不上时，我觉得自己坐立不安				
再累，上网时觉得自己很有精神				
我每次都只想上网上一下子，但常常一上就很久不想下来				
虽然上网对我日常与同学，家人的人际关系造成负面影响，我仍未减少上网				
我曾不止一次因为上网的关系一天睡眠时间不到4小时				
从上学期以来，我平均每周上网的时间比以前增加许多				
我只要有一段时间不上网就会情绪低落				
我不能控制自己的行动				
我发现自己投入在网络上而减少了与周围朋友的交往				
我曾经因为上网而腰酸背痛，或者有其他身体不适				
我每天早上醒来，想到的第一件事就是上网				
上网对我的学业已经造成了一些负面影响				
我只要一段时间不上网，就会觉得自己好像错过什么				
因为上网的关系，我与家人的互动少了				
因为上网的关系，我平常的休闲活动时间减少了				
我每次下网后，其实要去做别的事，却又忍不住再上网看看				
没有网络，我的生活就没有乐趣可言				

续表

题目	4	3	2	1
上网对我的身体造成了负面影响				
我曾经试想花较少的时间在网络上，却无法做到				
我习惯减少睡眠时间，以便能有更多的时间上网				
比起以前，我必须花更多的时间在网络上才能得到满足				
我曾经因为上网没有按时进食				
我因为熬夜上网而导致白天精神不济				

全量表总分代表个人网络成瘾的程度，总分越高表示网瘾成瘾倾向越高。

【越玩越乐】

消除网络心理障碍

·活动目的：

以团队的形式就团队成员面对的网络心理问题共同商讨，提供网络心理行为训练的机会。

·活动方式：

(1) 每人说一句网络流行语。

(2) 各成员分别讲述各自的上网经历，并做自我评价，让其他成员获得和他人一样的体验，产生情感与心灵的共鸣。

(3) 开展对网上信息认识的讨论交流，引导成员正确评价网上信息，共同为提高自身的信息素养出谋划策。

(4) 展开网络与网络技术的研讨，使他们懂得网络的两面性、技术中立性和网络技术的工具性。

(5) 小组讨论上网行为的自我管理，彼此订立互相监督的契约。

【越看越乐】

社交网络

影片讲述2003年秋，在哈佛大学中，恃才放旷的天才学生马克·扎克伯格被女友甩掉，愤怒之际，马克利用黑客手段入侵了学校的系统，盗取了校内所有女生的资料，并制作名为“Facemash”的网站供同学们对辣妹评分。他的举动引起了轰动，一度令哈佛大学的服务器几近崩溃，马克因此遭到校方的惩罚。正所谓因祸得福，马克的举动引起了温克莱沃斯兄弟的注意，他们邀请马克加入团队，共同建立一个社交网站。在没有明确拒绝他们的同时，马克和室友爱德华多·萨维林建立了自己的社交网站。

他们没有意识到，这个看似小小的网站制作计划，却带来了全球性网络社交的革命。凭借他们创立的名为Facebook的网站，在短短六年时间内就聚集了5亿用户，马克成为了历史上最年轻的亿万富翁，彻底改变了他和他身边人的生活。但是这位成功的企业家，在辉煌的事业成就和巨额的财富背后，却不得不面对与朋友的分道扬镳，以及更多让他身处利害关系的陷阱当中。

项目六

学会有效的应对压力与挫折

◆心有灵犀

人生布满了荆棘，我们想的唯一办法是从那些荆棘上迅速跨过。——伏尔泰

苦难是人生的老师，通过苦难，走向欢乐。——贝多芬

◆项目导航

中国有句俗话："人生不如意事十之八九"，在成长的过程中，压力和挫折不可避免，它们就像人在不同角度和不同光线下的影子，有时看不见，有时淡而小，有时厚而长。在大学里，我们看到有些学生因考试失败或恋爱受挫而产生轻生念头或极端行为；有些学生因为人际关系受挫而逃避群体、自我封闭；有些学生因为求职受挫而放弃自我、放弃社会。但如何面对压力与挫折，如何解决因压力和挫折而带来的各种问题，培养良好的意志品质，对高职学生而言，是非常重要的一课。

◆学习目标

【知识目标】

1. 理解压力和挫折的含义。
2. 了解压力与挫折对人生的意义。
3. 了解压力及挫折的主要来源。

【能力目标】

1. 正确科学管理压力，提升压力管理能力。
2. 合理有效应对挫折，提高抗挫能力。

【素质目标】

1. 具备良好的压力管理能力。
2. 具有良好的抗挫折能力。

◆青春故事

身残志坚　自强不息
——优秀残疾大学生阳鹏的成长之路

2011年秋季开学后，在湖南生物机电职业技术学院校园，经常看到一个手拄双拐的学生。这个学生叫阳鹏，是计算机应用广告设计专业11328班一名普通而又不普通的学生。说他普通，他同其他学生一样晨昏攻读，求索学业；说他不普通，是因为他用一副双拐构筑着自己的求学之路。

1990年冬天，阳鹏出生在湖南省安仁县渡口乡松林村一个平常的农民家庭。阳鹏的出生为这个家带来了久违的欢笑。可是就在孩子一岁半的时候，一次看似平常的发烧却给这个农家小院带来了灾难性地致命一击。几针感冒治疗针让咿呀学步的阳鹏永远失去了健康的双腿，成为一个终生残疾人，只能靠双拐杖来支撑自己接下来的人生。

小阳鹏逐步学会依靠拐杖行走，小学在本村就读，起初父母亲接送，后来坚强的小阳鹏不要父母亲接送，自己上学，无论什么样的天气他总是准时无误到学校上课。让母亲感到最为伤心的是他读小学三年级时的一次下课，下楼梯时，拐杖一滑，小阳鹏从二楼摔到一楼，手都差点摔断。但痛后、哭后，阳鹏变得更加坚强，认为虽然失去了腿的力量，但还有一双完整的手，靠这双手，打造属于自己的未来，为国家作出应有的贡献。

阳鹏对音乐的学习，是背着父母亲学的，初三的时候，学校举办元旦晚会，阳鹏悄悄的报名参加了晚会节目，当阳鹏出现在舞台上的时候，台下的班主任老师和同学十分惊讶，一首《童年》得到台下师生观众的热烈掌声，获得晚会所有节目评比的一等奖。从音乐当中，阳鹏得到前所未有的乐趣。在执着学音乐的同时，阳鹏的功课并没有落下。初三毕业，他以优异的成绩考入省级重点中学安仁县一中。

阳鹏，一个学习成绩优异的残疾学生，在音乐上自学成才的优秀事迹，在小县城引起了不小的轰动，成了全县的小明星。经学校推荐，参加了县委的一次文艺演出，演唱自创歌曲《不如相忘》获得全县所有参赛单位推荐节目的一等奖。

2011年，阳鹏考入了湖南生物机电职业技术学院。同学们都说阳鹏是个爱说爱笑的阳光男孩。在学院团委组织的“生机学院，我的大学我做主”演讲比赛中，妙语连珠，慷慨陈词，一路过关斩将，荣获大赛二等奖。在学院第八届校园文化艺术节暨“四星大赛”中，表演吉他弹唱自创歌曲节目，荣获大赛一等奖。另外，还踊跃参加学院各种活动现场的文艺表演，展示自己的音乐才艺……湖南生物机电职业技术学院团委书记刘飞驰老师说：“阳鹏是我院感恩励志的典型，是学生学习的榜样！”班主任李运虎老师深切的说：“在他身上有一种倔强坚强的精神，一种自尊的无比强大，这是其他同学无法比拟的！”这就是优秀残疾大学生阳鹏的成长之路。身残志坚，自强不息！

分析：在人生道路上，谁都免不了碰上这样、那样的挫折和困难，关键是如何对待它。解读阳鹏同学身残志坚的故事，对当代高职学生来说是一堂生动的挫折教育课。

任务一　认识压力

◆心理知识

一、了解压力

（一）什么是压力

压力也称为应激，它无处不在，但又很难定义，因为它对不同的人意味着不同的事情。如果家庭不是很富裕，你的父母可能处于压力中，他们可能正担忧如何供你上完大学；你的同学可能处于压力之中，他申请了助学贷款，不想让人知道，可是班上却要把申请贷款的同学的情况进行调查，要讨论后决定；而你自己，刚到一所新学校，眼前的新环境、新课程以及新的同伴，都会让你感到有些不对劲。如上课听懂了却不会做作业，上课回答老师提问时自己的家乡口音有些别扭，集体寝室里觉得太吵睡不着觉等等。

一生中我们会遇到许多这样的情况，问题出现了，想马上解决，却没有对策。压力是什么呢？著名心理学家 Lazarus（拉扎勒斯，1974—1991）认为，压力是环境需求超过了个人处理能力时的心理反应。

一般来说，压力的科学定义包含三个方面：外部客观事件压力、紧张情绪和躯体反应。外部压力通常被称为压力源，是指能引发应对反应的刺激或环境需求，也就是上述所遇到的事件。心理内部的紧张情绪是一种内心的挣扎状态，是在努力面对眼前问题时所伴随的心理，是处于想解决但一直不能解决的心理状态。躯体反应是当人们遇到一个事件要对付时，躯体应付产生较高水平的唤醒，并会消耗比平时更多的能量。压力在评价中可分为挑战性、威胁性、伤害性压力。

（1）挑战性压力。事件具有良性的或正性的意义，个体感到有能力应对这种要求。这时个体的情绪是处于一种兴奋和正性期待状态。如老师委以重要工作，主持重要活动，记者前来采访。在遇到上述情况时，认为自己完全有能力处理，即评价为挑战性压力。

（2）威胁性压力。某种情形的要求超出了个人的应对能力，就会担心害怕。如与同学和老师关系处理不好，还贷困难，三角情感纠缠，都属于威胁性压力。

（3）伤害性与损失性压力。个体确认伤害来自遭遇，或个体很重要的东西被夺去了而产生的压力，如亲人亡故、破产、离婚、被处分开除、降职等。

通常压力讨论多以威胁性的和伤害性的负性压力为主。

（二）压力源

压力源也称为压力事件，是引起压力的客观刺激。人们遇到的各种事件都可以成为压力源，在物理的、生物的、社会的各种事件中，社会事件是主要的压力源。由一些不寻常的社会生活事件导致的生活改变，常成为人们的压力来源，继而对人们的身心健康产生不良影响。这些不寻常的生活事件产生的压力强度各不相同，有些是剧烈的，有些比较轻微。

霍姆斯和拉赫（Holmes & Rahe）1967年编制了“社会再适应评定量表”，用来测查社会生活事件对人心身健康的影响（见拓展训练一）。

（三）高职学生压力来源

高职学生在日常的生活、学习中，承受着来自各方面的压力：背负着父辈的人生理想，稍不用功，成绩就不够好；自身经济拮据而同学生活条件优越，感到自卑；就业市场竞争加剧，工作无着落；渴望纯真友情但发现人与人之间心的隔膜……

我国已有的研究表明，高职学生心理压力来源主要为就业压力、学习压力、人际压力、经济压力和恋爱压力等（见图6-1），这与国外的研究结果基本相同。

中国社会调查所(SSIC)日前在北京、上海、广州、天津、成都、沈阳、哈尔滨等城市抽取样本2000份，对在校大学生进行的一次心理健康状况调查显示：

大学生认为生活压力主要来源于	
社会就业	75%
自己对自己的期望	41.7%
家庭环境的影响	16.7%
人际关系问题	16.7%
恋爱问题	8.3%

大学生认为生活	
学习生活自由、空间大、很充实	75%
生活索然无味，没有人生目标	16.7%
比高中时辛苦，压力大	8.3%

大学生对自己毕业后的发展前途	
感到迷茫,没有目标	50%
目前已有目标，但考虑太多	41.7%
对未来有明确的目标并且充满信心	8.3%

图6-1　高职学生压力源分析

1. 新生适应

从高中进入大学，是人生的一大转折，也是环境的一大变迁。离开了曾经长期依赖的家长和老师，面对新的集体，新的生活方式，新的学习方式，一些高职学生出现了不适应。有的同学是第一次离开父母到远方求学，缺乏独立生活的能力，不知道怎么洗衣、购买用品等。有的同学觉得大学里的人际不像中学那么单纯，担心自己交不到知心朋友，怀念高中的老同学。有的同学从来没有住过宿舍，很不习惯几个人生活在一个寝室，加之寝室同学生活方式不同，会发生各种人际矛盾。总之，由于个体适应能力的差异，有些高职学生会较快适应新的生活，有的却因环境变化而适应困难，从而情绪低落、迷茫。

2. 学习问题

大学是高中生向往、追求的目标，也是他们曾经放弃许多兴趣爱好甘于在题海中跋涉的精神支柱。进入大学后，学习任务、学习目标、学习内容和形式上都有不同，特别是部分学生，除了学习自己的专业课，还自学一些社会急需课程，再加上英语、计算机等各种证书的考试使他们整天处于紧张的学习状态中，导致压力过大。而与此同时，又有部分学生则感到考入大学如释重负，觉得到了大学就应该好好享受美好的大学时光，提不起努力学习的劲头，而到考试时，又如坐针毡，担心挂科而焦虑、沮丧。

3．人际关系

大哲学家亚里士多德曾说："能独立生活的人，不是野兽，就是上帝"，即人总是需要与其他人在一起，人生需要友情，人生需要交往。很多高职学生带着良好的人际关系期望与同学往来，但往往一段时间之后，便失去了耐心和宽容，抱怨人太自私、太难相处了。高职学生之间在生活习惯、个性等方面存在着很多差异，加之交往频率过高、空间距离过小，因此在交往过程中难免会发生摩擦和矛盾冲突。有的高职学生不知道该如何去交往，甚至害怕交际，不愿与人沟通；还有些同学因为以前从未过过集体生活，到了大学必须住寝室，与同学朝夕相处，生活习惯不一样，不适应集体生活，与寝室同学经常因小事发生矛盾，导致寝室人际关系紧张，产生孤独感。

4．恋爱与性

爱情，人类永恒而常青的主题。高职学生青春年少，对爱情充满了憧憬，都渴望能拥有幸福甜蜜的爱情，所以大学是众多高职学生爱情的美丽驿站。高职学生在品尝爱情的甜蜜时，也会遭遇爱情的苦恼，恋爱问题已经成为了困扰高职学生的几大问题之一。大学校园里的爱情不确定因素还太多，爱情价值观还不成熟，他们恋爱时往往很冲动，盲目恋爱、从众恋爱现象比比皆是。他们把爱情想象得很美好，一旦遇到问题，往往没有准备，难以承受。有的同学失恋后长时间沉浸在痛苦的情绪中，无法自拔，荒废了学业，甚至引发抑郁症等严重的心理问题。

5．择业与就业

随着高校的扩招与毕业分配制度的变革，人才市场的竞争日趋激烈。在优胜劣汰的市场经济大潮中，大学毕业生成为"商品"，企业对高职学生的培养规格和要求愈来愈高，残酷的现实令部分高职学生忧心忡忡，迫使象牙塔中的高职学生不得不从一入学就开始考虑未来的就业。大学三年能带来什么？未来的路在何方？这是当今高职学生不得不去思考的现实问题，也给他们带来了很大的心理压力。

二、对压力的反应

当人们面临压力时会产生一系列身体上和心理上的反应，这些反应在一定程度上是机体主动适应环境变化的需要，它能唤起和发挥机体的潜能，增强抵御和抗病能力。在压力下通常表现在生理、心理方面的反应。

（一）压力的生理反应

压力状态下有一些基本的生理反应，使身体出现类似"总动员"的现象，以应对遇到的压力事件。压力状态下的外部反应主要是攻击或逃离反应。

【读一读】

压力时的生理反应

生理上的反应由自主神经系统控制，生理变化复杂，其中包括：①分泌肾上腺素，血糖升高，血压增高，心跳加快；②血液中葡萄糖浓度增加，以增强全身肌肉活动需要的能量；③红血球浓度增加，以便向身体各部分运送更多的氧；④支气管扩张，呼吸加速，以吸入更多的氧供体内消耗；⑤瞳孔放大，以便视野变远；⑥出汗增加，起鸡皮疙瘩等。所有这些反应都是为了使个体有足够的力量去应对当前的压力事件，维护自身的生存。所以，如果人长期处于压力状态下，体内的能量消耗是非常大的。

心理学家塞利认为，压力是各种各样的紧张刺激所引起的一系列非特异性反应，这种反应是机体适应压力情况的生理反应过程，称为“一般适应综合征”（GAS）。通常有三个紧密连接的阶段构成，依次是：警戒反应期—抵抗反应期—衰竭反应期（见图 6－2）。

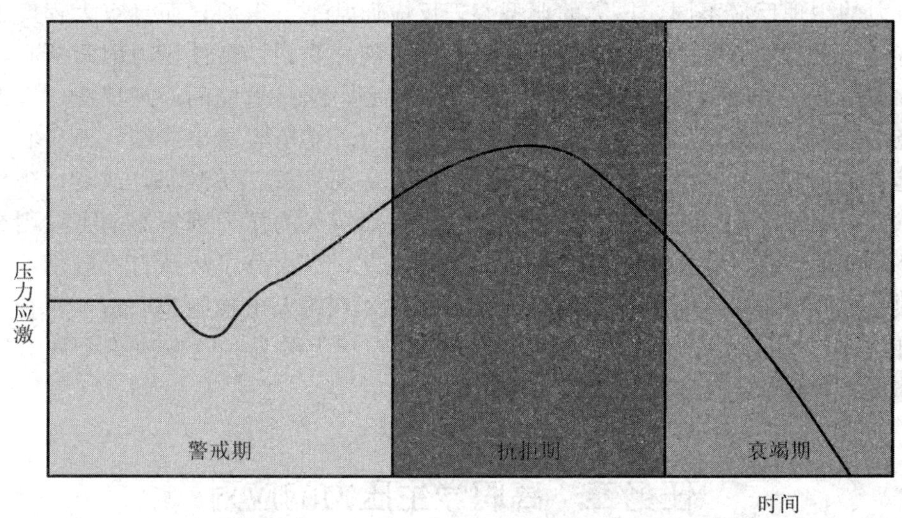

图 6－2　持续压力下的一般适应综合征

1. 警戒反应阶段

生理上分两个时期——震撼期与反击期。首先出现的是震撼期，这时由于刺激突然出现，产生情绪震撼，随之体温与血压均下降，肌肉松弛，显示缺乏适应能力。如果刺激持续存在，将进入第二期反应，即反击期，这时机体进入压力反应阶段，肾上腺分泌增强，机体发生各种生理变化（如心跳加快，血压上升等），这些都是正常防御机能的表现。这些生理变化，有助于机体在应对刺激而消耗能量的时候，在较短时间里迅速恢复体内的平衡。

2. 抵抗阶段

在这一阶段，机体的防御功能明显增大，脑下垂体前叶和肾上皮质大量分泌激素。这些生理上的变化，显然是为了维持机体的良好状态而产生的适应性反应。此时，如果压力中断了，机体即可重新恢复到正常状态，但是如果压力还继续存在，机体内的能量就会耗尽，甚至可能出现生理上的病变。

3. 衰竭阶段

在这一阶段，机体由于长期处于压力状态而最终导致能量枯竭所发生的生理反应，这时体内有关激素的分泌功能已出现障碍，机体变得软弱无力，再也无法应付压力情境。如果压力状态继续存在，参与压力反应的身体组织将大量破坏，严重时可能会危及生命。

由于压力无所不在，机体的警觉反应就将一次又一次地重复出现，抵抗反应也会不可避免地重复发生，这些都是人类可以承受住的。但是，如果压力持续不断，或者已有一个压力时再给予一个压力，个体抗拒阶段的适应力就会大大降低，提前进入衰竭阶段。就如失恋的痛苦还没过，继而重要的考试又没通过，接二连三的打击使之身心憔悴。又如汶川地震后，有的干部失去家人的痛苦还没平息，又开始承担繁重的重建工作，因工作压力太大，造成心理崩溃。这提醒我们，需要对连续的压力进行防范。

（二）压力的心理反应

和压力的生理反应不同，压力的典型心理反应通常是习得的，而且很大程度上取决于我们看待这个世界的方式。在日常生活中，人们都能感受到：良性压力因素从心理上会带来鼓励和振奋，使人心情愉快、精神焕发、充满信心，这是适应的心理反应，有助于个体应付环境。例如学生考试、运动员参赛，在适度压力下竞争容易出成绩；不良心理压力因素常引起不良反应，如焦急、忧愁、恐惧、抑郁、悲观失望、易激怒，或者出现倦怠、疲劳、注意力不集中、记忆力下降、失眠等。在严重而持久的压力因素影响下，则会产生多方面的精神崩溃。在一次从哈尔滨飞往广州的飞机上，纵火分子故意打火吸烟，火苗突然直冲舱顶，惊吓使得一些乘客目瞪口呆、不知所措，有的人出现绝望心情，精神“休克”，“瘫”在座位上。个体在压力状态下的心理反应存在很大差异，这取决于个体对压力的知觉和解释以及处理压力的能力。

任务二　高职学生压力的应对

◆心理知识

一、如何应对压力

我们每个人对压力的应对方式是不一样的，一些焦虑的个体更倾向于产生躯体反应，他们会感到胃部紧张、头痛或者腹泻，另一些人倾向于产生精神上的反应，他们不能集中注意力或者丧失了对外物的感觉。在许多情况下，人们会经历生理和心理的混合症状，这取决于特定的压力种类。一旦你被压力有所掌握，你就可以更有效地应对它，如果你是躯体型的，你可选择以下放松方法中的一种：有氧运动、骑自行车、游泳、散步等。然而如果你是心理型，你可以尝试：深思、阅读、下棋或任何有趣的爱好。在大多数情况下，你可能会选择几个方法的组合来放松，重要的是发现什么对减轻你的压力最有效。

二、应对压力的主要方式

应对是在遇到压力时，为了预防、承受、减轻或消除压力而作的认知和行为上的努力，这种努力可以是意识到的，也可以是没有意识的。据研究，常用的应对方式主要有：

（一）面对问题，解决问题

【案例】

某高职院校大二女生，家境贫困，母亲无职业，父亲得了重病，住院急需手术，学费与生活费均断了来源。这位同学原来是学生社团的主要干部，这时她停止了所有的社团活动，细致地安排好学习，在周末做了三份家教，解决了自己的生活费用，还给家里寄去一些补贴。

某学校在扩建时，工地上机器噪音和强烈的灯光影响休息，同学们都为此感到非常烦恼。如何应对呢？有的同学提出直接找校方负责施工的领导，要求停止在学期内施工，有的同学提出学校另外安排宿舍等等。讨论结果，认为上几个学生代表去找校长最好，于是按照大家的设想，与校长联系。

上述案例都属于问题指向的应对策略，其中包括积极努力寻找解决问题的办法，制定克服困难的计划并按计划去做，吸取自己或他人的经验去应对困难，努力去改变现状，使情况向好的一面转化。通常在问题可以控制的情况下，采取问题指向的应对策略，对缓解和根本消除压力是积极有效的。

但是我们有时遇到的压力太大，远远超过了自己的承受能力，如果坚持自己努力，并不一定能解决问题。我们有的同学，在中学时学习没有均衡发展，到大学遇到了学习上的困难，虽然每天自己拼命努力看书，但是效果并不明显，学习失去了信心。这时需要用其他的应对策略配合才好。

（二）调整认知

面对压力事件，通过认知上的调整来缓和紧张的情绪，具体包括以下几方面。

（1）积极再评价。又称为强调正性，或认知重组，就是在负性事件中看到积极的一面。如看到挫折中积极的一面，从失败中吸取教训，认为坏事中有好的一面等。其实就是以乐观的态度看当前的压力事件。如某同学网上购物被骗，当时挺懊恼，批了网购的一大堆坏处，还扬言说以后现不上网购物了。但冷静以后转念一想，这件事让自己更多地了解电子商务中存在的问题，自己正在自学电子商务课程也多了一些实际体验，也不全是坏事。这样想心理就不太懊恼了，以后网上购物更精明，自己还打算去开个网店。所谓“退一步海阔天空”“吃一堑长一智”等都是通过认知上的积极再评价来调整情绪。

（2）理性认知。美国心理学家艾利斯经过长期的临床实践和研究，在上世纪五十年代提出了著名的合理情绪理论。他认为通过理性分析和逻辑思辨的途径，改变人们的非理性观念，可以帮助解决情绪和行为上的问题。艾得斯分析了许多不合理的信息，认为人们之所以容易烦恼，是他们往往将“想要”“希望”等想法变成“一定要”或“应该”这样绝对的想法，而且艾利斯指出，每个人心理都或多或少存在一些非理性想法。

【读一读】

艾利斯提出的最常见的11种非理性信念以及对应的合理信念

·不合理信念1：一个人应该被周围的人喜欢和称赞，尤其是生活中重要的他人。

辩驳：这是不可能实现的。人的一生中，不可能得到所有人的认同，即使是家人、亲密朋友等对自己很重要的人，也不可能永远对自己持一种绝对喜爱和赞许的态度，更何况人不是为了他人的喜欢和称赞而活。持有这样不合理信念的人，就很可能委曲求全来取悦他人，以获得每个人的赞同和欣赏，但结果必定会使自己感到失望和受挫，从而很难再建立自信。

合理信念：一个人只要不被周围所有的人否定和排斥，就可以肯定自己是受欢迎的。

·不合理信念2：个人是否有价值，取决于他是否全能，是否在人生的每个环节都有所成就。

辩驳：这是不切实际的目标。“金无赤金，人无完人”。世界上根本就不存在一个十全十美的、永远成功的人。一个人可能在某些事上较他人有优势，但在另外一些事上，却可能不如他人。虽然他以前有许多成功的境遇，但他无法保证在每一件事上都能成功。持有这样信念的人，不得不为永远无法实现的目标而徒自悲伤。

合理信念：人的精力是有限的，能在某些方面有所成就，人生就是有价值的。

·不合理信念3：世界上有些人很邪恶，很可憎，是坏人，应严厉谴责和惩罚他们。

辩驳：“人非圣贤，孰能无过”？这个世界没有绝对的好人，也没有绝对的坏人，不该因他人一时之误就认定他是坏人，以致对他产生极端的排斥和憎恶。就像艾里斯所说：“每个人都应该接受自己和他人是有可能犯错误的人类的一员”。

合理信念：人人都可能犯错误，对那些犯错误的人要宽容以待。

·不合理信念4：当事情不如已意的时候，感到实在可怕和可悲。

辩驳：“人生不如意十之八九”。一个人不可能永远成功，生活和事业上的挫折可以说是家常便饭，关键在于你如何对待它。如果一遭受挫折就感到十分可怕，那么只会导致情绪困扰，使事情更加恶化。如果遭受挫折会仔细分析并寻求解决的办法，那么挫折将会是一笔无形的人生财富。

合理信念：受挫是很正常的事情，没有什么可怕的，不喜欢某事可以试着去改变它，如果无能为力那就试着接受它。

·不合理信念5：要面对人生中的艰难和责任实在不容易，倒不如逃避来得省事。

辩驳：逃避能暂时摆脱不愉快的情绪，但问题终究是悬而未决，反而延误了解决问题的时机，逃避只会使问题更加恶化或连锁性地引发其他问题和困难，从而使问题难上加难，最终会导致更为严重的情绪困扰。

合理信念：逃避只是暂时摆脱了情绪困扰，但不能真正解决问题。只要认真对待，困难和责任并非想象中的那么难。

·不合理信念6：人的不愉快是外界因素造成的，所以人实在是无法控制自己的痛苦和困惑。

辩驳：外在因素对个人幸福是有一定的影响，但并非如自己想象的那样严重。情绪是人的主观体验，正是人对外在事件的知觉、感受和评价引起了人的情绪体验。不正确的、歪曲的评价导致消极的情绪；正确的、合理的评价引起积极快乐的情绪。我们改变不了外在事件，但是我们可以改变对待事件的态度。

合理信念：不是外在因素而是对外在事件的评价决定人的主观幸福感，通过改变悲观的评价态度，人是可以控制调节自己的快乐和幸福的。

• 不合理信念7：对于危险的和可怕的事物，人应该非常关心；要不断关注和思考，而且要随时留意它可能再发生。

辩驳：对危险和可怕的事物有一定的心理准备是正确的，但过分的忧虑则是非理性的。因为坚持这种信念只会夸大危险发生的可能性，使人不能对其进行客观的评价、正确地面对并有效的处理、解决。杞人忧天只会使生活变得沉重而缺乏生气，导致整日忧心忡忡、焦虑不已。与其担忧不如置之不顾，将精力花在当下需要解决的事情上。

合理信念：对危险可怕的事情要有一定的心理准备，但是不可过分忧虑。

• 不合理信念8：一个人的过往经历往往决定了现今的行为，而且是永远不可能改变的。

辩驳：过去的经历而成历史，这的确无法改变，但不能说过去的事就会决定一个人的现在和将来。因为事实虽不可改变，但对事件的看法和感悟可以改变，因此人们仍然可以控制、可以改变自己的现在乃至以后的生活。

合理信念：过去已成历史，但并不决定现在和将来，人通过自身的努力是有能力改变现状的。

• 不合理信念9：一个总要依赖他人，同时也需要一个比自己强有力的人来让自己依附。

辩驳：虽然人在生活中的某些方面需要彼此相互依靠，但凡事依靠他人，会让被依靠的人产生极大甚至难以承受的心理压力，反而使良好的人际关系破裂。而过分夸大依靠的必要性很可能让人放弃培养独立自主的能力，失去自主性而导致更大的依赖，产生不安全感。

合理信念：每个人都是一个独立的个体，别人至多只能在某些方面帮助你，但不能代替你生活。安全感的获得还是依靠自己能独立自主。

• 不合理信念10：一个人要关心他人的问题，为他人的问题悲伤难过（指过分地关心）。

辩驳：关心他人、富于同情，这是有爱心的表现。但如果过分投入他人的事情，就很可能会忽视自己的问题，引发自己的情绪失去平衡，这样不但没有能力帮助他人解决问题而且也使得自己更糟。

合理信念：对于他人的问题，我们可以表示关心和同情，有能力时不妨伸出援手，但如果帮不上忙也不必过多牵涉或是自责。

• 不合理信念11：人生中的每个问题，都有一个正确而完美的答案，一旦得不到答案，就会很痛苦。

辩驳：人生是个复杂多变的过程，人生的问题总是层出不穷，有些问题有明确的答案，有些不一定有答案，有些即使有也不一定有正确而完美的答案，对任何问题都寻求完美的解决办法是不可能的事。如果坚持要寻求某种完美答案，只会使自己感到迷惑、失望和沮丧。

合理信念：并不是所有问题都会有正确而完美的答案，对于那些没有确定答案的问题不必穷究到底，更不必因为得不到完美答案而痛苦伤心。但求更好，不求最好。

上述不合理的信念通常具有“绝对化要求”“糟糕至极”“过分概括化”三方面特点，一个人心理存在的不合理信念越多，遇到的困扰就会越多。

（资料来源：http：//www. psychcn. com/）

【案例】

一位女生因为室友吃饭不招呼自己，去图书馆不等一下自己，认为室友对自己不友好，感到很郁闷。分析一下她的想法，就能看到其中包含了一些不合理的信念。

“过分概括化”：只有事事关照，结伴同行才是好朋友，不等我就走就是不喜欢我，不想和我做朋友。

“绝对化要求”：好朋友吃饭应该在一起，好朋友应该一起去图书馆，应该互相等候。

“糟糕至极”：如果朋友都这么不理我，我以后就没有朋友了，以后就会很孤独，以后会过得很不好。

以上显然是以偏概全的想法，不符合客观规律的，因此是不合理的。这位同学也就是在这样的认知下，会感到很难过，很郁闷。如果把那些不合理的想法改变一下，就是把“应该”“必须”改成“我希望”“可以”“有时”，这时心理压力可能减轻很多。

（三）改变生活方式

从根本上说，我们对自己的控制要易于对环境的控制，所以，我们可以选择改变我们的行为方式，作为更好的压力应对方法。

1. 建立对压力更大的耐受力

压力耐受性是指你能够应对的压力程度。我们崇拜的许多成功人士的过人之处就是具有很高的压力耐受力，他们承受的压力可能远远大于我们能意识到的程度。首先，丰富的工作经验有助于我们应对压力。在高度压力下工作的人们，如医生、消防员、警察等，他们在多年的工作经验中学会了如何在压力面前保持冷静；其次，通过调整与现实相匹配的目标和期望，我们可以提高自己对压力的耐受性，对自己期望太高是压力的一个普遍来源；再次，强有力的证据表明拥有健康的身体可以更好地对抗压力，所以有规律的锻炼身体很重要。

2. 改变你的生活节奏

很多时候，我们的压力来自于试图在较短的时间内完成太多的工作，快速的走路、说话、吃饭等使你的生活节奏加快，有研究表明，生活节奏的加快会使心脏病死亡率升高。我们可以通过更好的时间管理来改变你的生活节奏，从而减轻压力。

（1）将任务按轻重缓急排序。首先，每天列出任务清单，对自己要完成的任务一目了然，避免含混不清引发焦虑；其次，需要问问自己在众多事情中哪些是最重要的事情，哪些是次要的事情；最后，根据任务安排时间比例，重要的事情安排的时间多些，次要的事情安排的时间少些。

（2）克服“办事拖延”的陋习。有些同学，经常制订学习计划，但总找理由拖延时间，很少实施，结果今天推明天，明天推后天，以致许多事情都做不好。事实上拖延并没有让人轻松，反而让人在失去宝贵的时间后变得更忧虑。因此，高职学生需要增强自控力和执行力，将计划付诸行动。

（3）根据生物规律合理安排时间。我们每个人都有过一种感觉：有时精力充沛，情绪饱满，精神焕发；有时却浑身疲乏，情绪低落，精神萎靡。因此我们要注意选择每天精神最充沛、注意力最集中的时间去处理最重要的事情，以达到事半功倍的效果。当生物节律处于低潮时，要注意休息和合理用脑，如变换大脑活动的方式，轮流学习不同的内容，使大脑的各个区域交替活动、劳逸结合，这样可以使大脑有条不紊地工作，有利于提高学习效率。

【读一读】

你可以考虑的建议

* 起床足够早以避免匆忙。
* 花足够的时间吃早饭。
* 列出要做的事的清单：把最重要的事放在最前面。
* 走路不慌不忙。
* 一天至少有一次和其他人一起吃饭。
* 每天花些时间放松，去散散步、骑自行车或者洗个热水澡。
* 有规律地锻炼。
* 避免拖沓，你越早开始一件工作，就越少为它感到担心。
* 集中精力于手头的工作，如果需要的话关掉手机。
* 在事情出错时有个应急计划。
* 周末计划一些休闲活动来打破压力循环。
* 记下你想放在第二天做的没有完成的事情。
* 上床前放松：阅读、听音乐或者观看喜剧电视。

（4）学会说“不”。一旦确定了哪些事情是重要的，对那些不重要的事情就应该说“不”。比如，有些同学已经计划好周末学习，但好朋友来约自己逛街，自己禁不住朋友的劝说，最终还是放弃自己的计划。如果类似的事情很多，就会影响计划的执行。

3. 寻求社会支持

向朋友寻求支持可以帮助我们减轻压力，为什么呢？因为亲密关系一方面提供了分担痛苦感受的机会，而当我们独自承担时，这些痛苦会更难以承担，另一方面，朋友通过表达他们的关心和理解给他们提供了情感的支持，而且朋友可以提供帮助我们更有效解决问题的信息和建议。

当我们面临压力时，是选择面对它、解决它，还是选择调整认知，或者是改变我们的生活方式，这完全取决于我们自己。每个人都有自己承受压力的特征，因此我们感受到压力是有差异的，重要的是记住：我们可以做些什么来更有效地管理压力，不管情况有多么痛苦，我们总是可以做些事情来降低压力。而且请记住：压力不是痛苦的同义词，我们可以让压力为我们工作。压力太少我们会变得乏味或者懒惰，压力太多我们会变得紧张、容易犯错和生病。要最大限度的利用生活，利用压力激发出我们最好的一面并且增进个人成长。

任务三 认识挫折

◆心理知识

在现实生活中，人们在学习、工作、生活等方面都有自己的目标或要求，而实现目标或达到要求并不都是一帆风顺的，所以在人的一生当中，只要有追求、有愿望、有需要就会有失败、有失望、有失落。失败与挫折就好像是愿望与梦想的孪生兄弟，在人的发展成长过程中如影随形，因而出现挫折心理是极为常见的现象。

一、什么是挫折

（一）挫折的含义

在日常生活中，挫折即所谓的碰钉子，是挫败、阻挠、障碍的意思。心理学上挫折是指人们从事为实现目标而采取的行动遭遇到无法逾越的困难阻碍时，所产生的一种紧张的情绪情绪反应、情绪体验。它是人的一种消极的心理状态。

（二）挫折产生的一般条件

（1）有行为动机和明确的行动目标。如高职学生为取得奖学金，争取各门功课的好成绩；或者刻苦学习，争取英语过三级。

（2）有满足动机和达到目标的手段和行动。如高职学生通过刻苦学习，排除其他干扰和影响，争取达到优良成绩。

（3）有挫折的情境发生。如果动机和目标能顺利获得满足或实现，就无所谓挫折。如果在实际生活中，虽然实现目标过程中受到阻碍，但通过改变行为，绕过阻碍达到目标，或阻碍虽不能克服但能及时改变目标和行动方向，也不会产生挫折情况。只有在实现目标的道路上遇到阻碍而又不能克服与超越时，才构成挫折情境。如某高职学生要求自己必须拿到国家奖学金，但最后成绩没有达到要求，这样就形成了他的挫折情境。如果这个高职学生仅把国家奖学金作为一种尝试，即使没有评上，也不构成挫折情境。

（4）人们在实现目标的行为受到阻碍时产生挫折，行为主体必须对此有知觉。如果客观阻碍存在，但人们主观上并无知觉，就不会构成挫折情境。比如，同时考试考砸了，有人满不在乎，有人捶胸顿足。

（5）人们必须有对挫折的知觉与体验而产生的紧张状态和情绪反应。具体来说，行为主体在受挫折后往往有焦虑、失眠、恐惧、愤怒、自疑、往坏处想，甚至有“快要发疯”的紧张情绪体验。

在以上五个方面中，挫折认知是产生挫折最重要的因素，因为只有在挫折情境被知觉后人们才会产生挫折感，否则，即使挫折情境实际存在，只要不被知觉，人们也不会有挫折感。所以挫折感的实质是当事人的一种主观感受，当事人是否有挫折感和挫折反应的强弱，主要取决于当事人对挫折情境以及对自己的动机、目标与结果之间关系的知觉、认识和评价。对不同的人来说，需要和动机的强度、对实现目标的评价标准、对自我的预期以及对挫折的归因等都不尽相同，所以，即使面对同样的挫折情境，不同的人便会产生不同的挫折反应。例如，同样是考试不及格，有的学生痛不欲生，有的学生懊悔不已，有的学生则不以为意，这就是因为他们对考试不及格这一挫折情境的认知不同所造成的。

二、高职学生挫折产生的原因

众所周知，人的需要、动机只是一种主观愿望，同客观现实之间总是存在着这样或那样的矛盾。这种主观愿望与客观现实之间的矛盾构成了挫折心理产生的根本原因。因此，高职学生挫折心理的产生的的原因虽然多种多样，但是概括起来主要有两个方面：客观因素和主观因素。

（一）挫折心理产生的客观因素

高职学生挫折心理产生的客观因素是指不以高职学生的主观愿望为转移的自然条件和社会条件。高职学生之所以容易产生心理挫折，多因个体环境或社会环境等现实造成自身困难与限制，使个体动机不能满足，目标不能实现而产生心理挫折。

1. 生理因素

生理因素指的是个人具有的容貌、身材、健康状况和生理上的缺陷所带来的限制，导致学习、活动、恋爱等方面的失败。例如，身材矮小的男生被女生视为“三等残废”，产生自卑心理，出现交友困难；容貌不佳，身材偏胖的女生，受男生的冷落，不能悦纳自己；意外的灾害致残、致伤，不能实现既定的目标等。

2. 家庭因素

每个高职学生的家庭情况是不一样的，而不同家庭对子女的教育方式、灌输的价值观念、家庭成员之间的关系、家庭经济状况等的差别是很大的，这些因素都在不同程度上影响着子女的心理。其中家庭经济困难使高职学生心理产生挫折的可能性非常大，许多贫困学生因此自卑、意志消沉或心态失衡。比如有的高职学生家庭经济困难，使他们在人际交往中容易处于劣势；有的经济困难的高职学生刻苦读书之余勤工俭学，但是相对于其他养尊处优的同学，会感到心理不平稳，出现愤世嫉俗的心态；也有的同学不甘于艰苦朴素的生活，羡慕“高消费”，但自身的经济状况无法满足，常有挫败感等。

3. 社会因素

随着我国政治、经济、文化等方面的国际化，现代西方各种思潮对我国的传统文化产生了强烈的冲击。大学时期是个体自我统一性建立的关键期，面临着传统观念的变革、价值体系坐标的重新选择、新的生活方式的适应等一系列问题。在这些问题的解决的过程中不可避免地伴随着挫折的产生。此外，当前的社会腐败、职工下岗、社会治安、贫富差距过大、天灾人祸等问题也是引发青年学生产生挫折心理的重要源泉。比如有些高职学生所读的专业因受市场经济的制约，使他无法找到称心如意的工作，从而产生挫折感。

4. 学校因素

研究发现，高职学生从高考到入校后的初期，普遍存在挫折感，且91.3%的学生曾遭受过三项以上的挫折，主要涉及高考目标、大学学习目标、政治目标（入党、当学生干部、获得某些奖励或荣誉等）及经济资助。另外，由于近年来学业负担的沉重和就业压力的加大，校园出现文化气氛不浓、品味不高、质效不佳的现象，许多学生社团组织名存实亡，校园人际关系也变得庸俗化和难以协调。理想与现实之间的反差，使不少学生的心理难以平衡，产生心灵的孤独感与强烈的不适应感，导致挫折的出现。

（二）挫折心理产生的主观因素

1. 认知不当

心理学家认为，挫折的产生主要由人们对挫折情境的认识即刺激事件的认识、评价、信念所引起的。如两个人一起走在路上，迎面碰到熟悉他俩的人，但对方没有和他们打招呼，直接就走过去了，这两人其中一个是这样想的："他可能正在考虑问题，没有注意到我，所以没和我们打招呼。"而另一个人可能有另一种想法："他可能是故意这样做的，就是看不起我，他凭什么这样对待我!"这样两个人的情绪和行为反应就会不一样，前者觉得无所谓，后者可能越想越气。由此可见，不合理的认知导致了挫折反应，而不是刺激事件本身。个体目标的制订、行动的执行甚至是结果的判断和归因等直接影响着个体挫折感的产生与否。

2. 动机冲突因素

在日常生活中，高职学生经常面临多种动机冲突，需要对其进行取舍。选择其一，则意味着放弃其他，因此常常会出现动机冲突的心理现象。如果这种心理矛盾持续时间过长，就可能会产生挫折心理。具体来说，高职学生所产的动机冲突主要有：双趋冲突，即"鱼和熊掌不可兼得"，例如面临升本与就业的冲突；双避冲突，例如既不想好好学习，又怕考试不及格的冲突；趋避冲突，例如想参加社会活动锻炼才能，又担心花费时间精力；双趋避冲突，例如面临两个各有千秋的异性高职学生追求时，往往会陷入这种心理。

3. 自我估计不当

自我估计不恰当易引起挫折。高职学生缺乏社会经验，往往容易过高估计自己，好高骛远，因达不到目标而引起挫折。很多高职学生刚入校时给自己订立了许多目标，目标很多，要求很高，有些往往不太切实际，比较主观盲目，这为日后的学习生活埋下了挫折的伏笔，如果不及时调整，采取行之有效的办法，会很容易产生挫折感。当然，一个人自我估计过低，畏缩不前，就会错过成功在望的目标，也会造成挫折感。

4. 个性心理品质不完善

虽说从道德层面来说，人的个性心理品质没有好坏的区别，但在社会适应方面，却有明显的优劣之分。一般来说，个性特征有缺陷的人倾向于对生活事件作消极悲观的评价，挫折阀限较低，容易产生挫折心理。例如，性格孤僻、过于内向的高职学生，在人际交往中过于敏感，常常将他人无意的眼神、动作误解为对自己的排斥和鄙视，进而产生退缩、抑郁等不良情绪。还有些高职学生纪律观念淡薄，行为出现偏差，表现为：不遵守学校的规章制度，上课经常迟到、早退甚至旷课；考试作弊；暴力行为等，当他们由于这些行为受到了学校甚至法律上的处理或制裁时，"挫折心理"也随之产生。

实际上，高职学生"挫折心理"的产生，不是单一的而是复杂多变的，它往往是客观因素和主观因素相互作用、相互影响的结果。如果能够正确分析、对症下药，则更利于调适挫折心理；另一方面也有利于高职学生自己积极主动地去面对它、战胜它，使广高职学生树立起正确的人生观、价值观，培养其良好的心理素质，增强挫折承受能力，加强自身个性修养，顺利完成学业，为美好的人生打下坚实的基础。

【读一读】

逆商 AQ

大量资料显示，在充满逆境的当今世界，事业的成败、人生的成就，不仅取决于人的智商、情商，也在一定程度上取决于人的逆商 AQ。

逆商 AQ 来自英文 adversity quotient，全称逆境商数，一般被译为挫折商或逆境商，它是指人们面对逆境时的反应方式，即面对挫折、摆脱困境和超越困难的能力。AQ 不只是衡量一个人超越工作挫折的能力，它还是衡量一个人超越任何挫折的能力。同样的打击，AQ 高的人产生的挫折感低，而 AQ 低的人就会产生强烈的挫折感。

在挫折商的测验中，一般考察以下四个关键因素——控制（control）、起因和责任归属（qrigin & ownership）、影响范围（reach）和忍耐（endurance），简称为 CORE。

控制。指自己对逆境有多大的控制能力，面对逆境或挫折时，控制感弱的人只会逆来顺受，信天由命，而控制感强的人则会凭借一己之力能动地改变所处环境，相信人定胜天。

起因和责任归属。造成我们陷入逆境的起因大致可以分成两类：第一类属内因，因为自己的疏忽、无能、未尽全力亦或宿命论，往往表现为过度自责，意志消沉、自怨自艾、自暴自弃；第二类属外因，合作伙伴配合不利、时机尚未成熟、或者外界不可抗力。因内因陷入逆境的人会说：都是我的错、我注定要失败，因外因陷入逆境的人会说：都是因为时机不成熟、事前怎么就没想到会发生这样的情况呢？高逆商者，往往能够清楚地认识到使自己陷入逆境的起因，并甘愿承担一切责任，能够及时地采取有效行动，痛定思痛，在跌倒处再次爬起。

影响范围。指对问题影响工作生活其他方面的评估，高逆商者，往往能够将在某一范围内陷入逆境所带来的负面影响仅限于这一范围，并能够将其负面影响程度降至最小。身陷学习中的逆境，就仅限于此，而不会影响自己的工作和家庭生活；与家人吵架，就仅限于此，而不会因此失去家庭；对事争执，就仅限于此，而不致对人也有看法。高逆商者能够将逆境所产生的负面影响限制在一定范围，不至扩大到其他层面。越能够把握逆境的影响范围，就越可以把挫折视为特定事件，越觉得自己有能力处理，不致惊惶失措。；忍耐是指认识到问题的持久性以及它对个人的影响会持续多久。

持续时间。指逆境将持续多久？造成逆境的起因因素将持续多久？而逆商低的人，则往往会认为逆境将长时间持续，事实便会如他们所想。

高 AQ 是可以培养的，所以，现在许多教育机构都在提倡挫折教育。

任务四　高职学生挫折的应对

◆心理知识

一个人在遭受挫折后，无论挫折情景是由客观因素还是主观因素造成的，都会对其生理、心理与行为带来一系列影响，受挫后的紧张心理几乎是人人都有的本能反应，然而，不同个体所表现的程度大小不一样，如果紧张心理超过一定限度，就会带来各种消极情绪，如愤怒、憎恨、恐惧、痛苦等，当然，挫折引起的紧张状态并非一定是消极的，适度的紧张往往会产生积极的效果，如注意力集中、思维活跃、效率提高等，从而为战胜挫折，排除或绕过障碍提供了有利的心理条件。

一、积极应对

高职学生在追求目标实现的过程中，行为受挫，遇到障碍和干扰时，有的人能够审时度势，采取积极进取的态度和反应对待挫折，称为理智反应。具体表现为以下几个方面。

（一）坚持目标，继续努力

当个体受挫后，通过分析发现自己追求的目标是现实的，那么即使暂时遇到了挫折也应克服困难，找出排除障碍的方法，毫不动摇地朝既定目标迈进，最终实现目标。如有的同学英语四级考试失利后，积极寻找自己考试中的弱项，调整学习方法和不同内容的学习时间，弥补弱项，最终顺利的通过了四级考试。

（二）调整目标，不断努力

由于追求的目标难度大，自己的抱负又高，产生了主观期望和客观现实的落差，致使目标无法实现，便采取修改或简化目标的方式。有人曾经说过“理想过于远大等于没有理想”，对目标来说也是一样，过于远大的目标等于没有目标。在具体实施过程中，我们需要不断设定一些小的目标，不断调整自己的目标，在不断取得小成就的基础上取得更大的成就。

（三）转移或深化目标

行为受挫，目标没有达到，即将原有目标转移到其他目标或升华到更高方向，如恋爱受挫，便转向努力学习，积极参加社会活动。通过这些活动来转移对压力事件的注意，缓解内心的紧张。这种转移到有意义事情上的做法，能增加自己的有效感，增强自己面对问题的勇气。

【案例】

小丽是某高职学院二年级的学生，与男友分手后，度过一段情绪低落的时间。小丽便将注意力转移到自己的兴趣——国标舞上，一方面通过跳舞不断地调节了自己的情绪，让自己身心得到放松；另一方面，花费更多的时间在舞蹈上，这也让她在高职学生国标舞比赛中取得了优异的成绩。小丽的经历应验了一句话：“塞翁失马，焉知非福”。

（四）合理运用心理防御机制

自我防御机制是指个体处在挫折与冲突的紧张情绪时，在其内部心理活动中具有自觉或不自觉地解脱烦恼、减轻内心不安，以恢复情绪平衡与稳定的一种适应性倾向。自我防御机制在现实生活中是一种相当普遍的心理现象。如有的人受到别人的欺辱而无力反抗时，常常自我解嘲地说些“虎落平川被犬欺”“凤凰脱毛不如鸡”等话，使自己成为精神上的“优胜者”，这样可以在自己的内心解脱现实中所遇到的不安和痛苦，阿Q的“精神胜利法”，可以说是自我防御机制的一种典型例子。

一般认为，自我防御机制的运用有两方面作用。一方面是积极的作用，即暂时解除痛苦和不安，免于情绪崩溃和破坏性行为造成的伤害，如否认、回避和合理化；有些防御机制可激发个人潜能上的发展，例如正向使用的补偿作用、认同作用和升华作用。但是，另一方面它也有消极的作用，因为现实存在的问题并没有真正解决，如果使用过度，会起到一种逃避现实的消极作用，如合理化、反向、否定、幻想等。所以在现实生活中，我们要学会合理运用心理防御机制。

【读一读】

心理防御机制

防御机制是精神分析理论中的一个概念，弗洛伊德在 1894 年第一次提出，防御机制是自我调节与本我、超我之间关系，适应复杂环境、保持心理平衡的手段。生活中常见的防御机制有五类。

1．逃避性防御机制

以逃避性和消极性的方法去减轻自己在挫折或冲突时感受到的痛苦，常见的逃避性防御机制有否认和退行。

否认。是一种比较原始而简单的防御机制，其方法是通过扭曲个体在创伤情境的想法和情感，来逃避心理痛苦，或将不愉快的事件加以“否认”，当作没有发生过，来获取心理上暂时的安慰。如一个女生几次恋爱失败，当别人来安慰时，她却说自己根本没有谈过恋爱。

退行。又称回归，是个体在遭遇到挫折时，表现出与其年龄不相称的幼稚行为反应。退行多见于儿童，有时也发生于成人。如有的大学新生入学后，遇到麻烦事，就对着电话像小孩子那样向母亲哭诉，就是退行的行为。这里的同学在潜意识觉得自己如果还是个孩子该多好，母亲会照顾自己，也没有这么多的自己要对付的麻烦了。

2．自骗性防御机制

这类防御机制具有自欺欺人的成分，是消极的行为反应，主要有反向、合理化。

反向。是个体的欲望和动机，不能被自己的意识或社会所接受时，又怕自己会做出来，就将其压抑至潜意识，再以相反的行为表现出来。如某男生非常喜欢一女生，但那女生已有男友，他怕自己的想法被人知道，就把感情压入潜意识，说那女生很讨厌，并对那女生表现得很不友好，常去讽刺她、挖苦她。

合理化。是个体在动机受挫、计划失败时，为了减轻焦虑或痛苦，为了维护自尊，找一些自圆其说的理由为自己掩饰的方法。常见的合理化有酸葡萄、甜柠檬和推诿三种方式：

酸葡萄。当自己所追求的东西因自己能力不够而无法取得时，就贬低其价值，称为酸葡萄。此机制引自伊索寓言，狐狸吃不到葡萄说葡萄是酸的。在日常生活中这样的例子很多，如学不好一门课程，就说那门课对以后工作关系不大，并不重要。应聘时某单位拒绝了自己，就说那个单位并不是自己理想的去处。

甜柠檬。与酸葡萄相反，是企图说明自己和别人，自己所做成或拥有的就是最佳的选择。也是引自伊索寓言，狐狸饿极了，没有办法拿柠檬充饥，说那柠檬好吃极了。我们面对生活中所发生的一些不如意的事，有时也会像这只狐狸一样，努力强调事情好的一面，以减轻内心的失望和痛苦。如东西买贵了，就说那东西很值。

推诿。把挫折或失败的原因推给他人或他事，以减轻自己的压力，保持自己的内心平衡。如考试失败，不愿承认是自己不够努力，而是说老师评卷不公，或说考题太偏，或说自己近几天身体不好。

投射。个体自我对抗超我时，为减去内心罪恶感，把自己的性格、态度、动机或欲望"投射"到别人身上。这种防御机制多是指个体自己具有某种罪恶念头或某种恶习，却反向指斥别人有这种念头或恶习，或是把自己具有的但不能接受的性格、特征、态度、意念和欲望转移到别人身上，指责别人。例如一个人在潜意识里妒忌着另一个人，却认为那个人在妒忌自己，"以小人之心，度君子之腹"就是典型的投射心理。

3. 代替性防御机制

代替性防御机制是用另一件事去代替自己的缺陷，以减轻缺陷的痛苦。代替有时是一种幻想，有时是一种行为。

幻想。当人无法处理现实生活中的困难或无法忍受一些情绪的困扰时，将自己暂时离开现实，在幻想的世界中得到内心的平静，以达到在现实生活中无法经历的满足。如某同学考试失利被一个同学奚落，不好发作，就心里想着下次我考得比他好，也去奚落他报复他，这样想着心理就轻松些了。

补偿。补偿防御过程是当个体因生理或心理上的缺陷不能达到目标时，改以其他方式来弥补这些缺陷，以减轻焦虑，建立自尊心。补偿有消极与积极之分，消极性的补偿，指个体所使用弥补缺陷的方法，对个体本身没有带来帮助，有时甚至带来更大的伤害。如一个得不到大家重视的学生，通过上课迟到、课堂取闹等方式来赢得大家的注意。积极性的补偿是通过合适的方法来弥补缺陷，使自身得到好的转变。如学校里一些家庭贫困的学生，致力于学业上的追求，赢得了别人的尊重。

4. 建设性防御机制

建设性的防御机制，是个体向好的方面去求补偿，可分为认同和升华两类。

认同。是以他人为榜样改变自身的某些方面，或以他人的人格自居。人们通常在童年时以父母为认同对象，以后便转向生活与环境中的重要人物，通常是个体所爱的和崇拜的人物。在青少年成长中，认同是协助人格发展的重要方法。认同不同于模仿，有些认同过程是无意识的。使用认同的防御机制，是在心理上分享他人的成功，可以为个人带来不易得到的满足或增强个人的自信。如，某生崇拜一个教授，该教授说话的语调与手势很有自己的风格，这个学生用同样的语调和手势说话来认同该教授。

升华。将一些本能的行动如饥饿、攻击的内驱力转移到一些自己或社会所接纳的范围时，就是升华，升华很有建设性的意义，对维护心理健康起到积极的作用，属于成熟的防御机制。例如一个偏内向的人，因自己个子矮而受到朋辈的嘲笑，形成愤怒的欲攻击人的内驱力，就借练举重和拳击等方式来满足自己。失恋的歌德在悲恸中创作了《少年维特的烦恼》一书，就是将自己的愤怒或忧伤情绪升华，从事有利于自己和社会的活动。

二、消极反应

（一）攻击

高职学生受到挫折时，常常引起愤怒的情绪，进而诱发攻击行为，特别是在挫折严重的情况下，高职学生往往受情绪的支配，理智下降，行为缺乏理智分析，结果做出一些不顾后果的行为。

攻击的形式有两种：一种是直接攻击，即受挫后将愤怒的情绪直接导向造成其挫折的人或物，表现为对人讥讽、谩骂或拳脚相加及损坏物品的等形式。直接攻击行为较容易发生在那些自我感觉良好、自我评价偏高，或鲁莽、好冲动、较缺乏生活经验的高职学生身上。如因受到批评而与老师顶撞；因某个体同学阻止自己买饭插队而对其恶语中伤甚至大打出手。另一种是转向攻击，即不直接攻击挫折的对象，而是把攻击转向自己或其他无关的人和物。转身攻击行为中的自我攻击，常发生在那些自信心比较差、情绪较悲观、压抑、力量较强或比较自我克制的同学身上，他们往往会在受挫后陷入自责或惩罚自己（如把自己关起来、不吃饭、不睡觉等），严重的可引起心理障碍，甚至自杀；而那些把攻击转向次要或无关人或物的同学，常常是因为觉察到不可能或不应该直接攻击引起挫折的对象，或找不到明显的攻击对象，于是便寻找“替罪羊”。如有的同学因与寝室同学发生矛盾，而迁怒于周围其他同学；有的毕业生因求职过程不顺利，而损毁学校财物等。

（二）冷漠

冷漠是个体受挫以后表现的对挫折情绪漠不关心或无动于衷的态度，这是一种比攻击更为复杂的反应。有人认为，如果受挫折后采用攻击的方式，遭受更大的挫折就可能采取逃避方式，如不能逃避，就只能以冷漠的方式反应。冷漠并非不包含愤怒情绪的成分，只是个人把愤怒暂时压抑。

冷漠反应多在以下情况出现：一是长期遭受挫折而不能摆脱；二是处境艰险，无助无望；三是心理上恐惧不安和生理上痛苦难忍；四是进退两难，攻击与退缩之间矛盾冲突激烈。

（三）压抑

个体在遭遇到挫折后，将一些自我不能接受的痛苦的经验及冲动，不知不觉地从个体的意识中排除、抑制到潜意识里去。表面上已把事情忘记了，而事实上仍在我们的潜意识中，在某些时候会影响我们的行为。如在梦中出现、说话时说漏了嘴等，都是压抑的结果。压抑有时也会导致失去记忆。一些曾遭受极度悲伤或目睹惊恐事件的人，会把那次经历忘得一干二净。一些被当众侮辱过、失恋的人，在事件过后什么也想不起来，以失去记忆来免去面对的痛苦。

（四）固执

固执是指个体遭受挫折后，听不进批评或劝导，看不清挫折实质，而一意孤行地坚持自己的做法，重复某种行为，其结果往往使个体失去改变困境的机会，在挫折中越陷越深。固执行为往往是不自觉的，具有强制性的特点。如有的高职学生因学习成绩滑坡而秉烛夜读，熬到深夜，其实效率并不高，而且影响白天的学习，于是再熬夜加班，如此恶性循环。固执反应通常是由于挫折降低了人们的判断和学习新问题的能力所致。

（五）忍耐

把不愉快的挫折感埋在心底，默默承受。通常在自己觉得能力不够，问题无法解决会采用。忍耐可以避免一时冲动做出不理智的举动，可以让自己冷静下来，这对以后处理问题是有利的。生活中人们所赞赏的理性克制、识大体一般就是指忍耐，这里包含对有目标、有抱负，为成就大事而不计较得失行为的赞赏，通常认为这样的是具有建设性的，是积极的。但是一个人如果凡事都忍耐，并且长时期地忍耐而不去积极地解决问题，内心的压力持续存在，对心理健康却是不利的。

（六）情绪化

挫折带来的是痛苦、不愉快的体验，受挫后高职学生往往会出现较大的情绪波动，产生焦虑、抑郁等到消极情绪，很可能在受挫折后的一段时间内，不能很好地控制自己的情绪。表现为：有时情绪低落，什么事都感觉不顺心，看什么东西都不顺眼，对什么活动都没有兴趣，干什么事都提不起劲；而有时又情绪高昂，心理激动，坐卧不安，或想大喊大叫，想跑跳，这样情绪从一个极端走向另一个极端。

总之，积极的行为反应有助于大学生适应挫折、化解困境，利于他们的成长；消极的行为反应只能起暂时平衡心理的作用，不能解决问题，有时会使当事人在一种自我欺骗中与现实环境脱节，降低适应能力，埋下心理病患的种子，影响其身心健康和全面发展。大学生应该树立采取积极进取的态度和反应对待挫折，增强自己的耐挫力，以适应社会的发展。

◆拓展训练

【越测越乐】

压力警示灯—压力信号的自我观察与分析

请根据你的实际情况进行选择，五级评分标准依次是“不断发生”“常发生”“有时发生”“很少发生”“从未发生”，分值依次是4、3、2、1、0分，将所选情况所对应的分值进行累加。

(1) 我突然感到害怕或恐慌。

(2) 我觉得紧张。

(3) 我有不能入睡、失眠或很早醒来的恐慌。

(4) 我担心某些极糟的事情将发生。

(5) 我感到不耐烦且急躁。

(6) 我的饮食量不一定，会进食太多或太少。

(7) 我的肠胃有问题，会拉肚子或便秘。

(8) 我无法集中注意力做决定或记忆事物。

(9) 我抽烟、喝酒或用太多的镇静剂。

(10) 我觉得好像快失控或生病。

(11) 我觉得疲惫不堪。

(12) 我对任何事都不感兴趣。

(13) 即使休息的时候，我也感到喘不过气来。

(14) 我觉得胸部很闷，颈部及头部很僵硬。

(15) 我避免恼人的情境。

(16) 我对某些烦恼耿耿于怀。

(17) 我对性失去兴趣。

(18) 我觉得肠胃翻搅且不舒服。

(19) 我缺乏信心。

(20) 我担心不能适应的问题。

(21) 我觉得不值得活下去。

(22) 我有头痛或偏头痛的毛病。

(23) 我对前途感到悲观。

(24) 我觉得处在压力之下。

(25) 我有些强迫性的行为，例如，洁癖、暴饮暴食或不饮不食。

(26) 我担心身体上的疼痛。

(27) 我很情绪化且易哭。

(28) 我觉得四肢无力。

(29) 我觉得好像要晕倒。

(30) 我延期去访问朋友，平日也没有嗜好。

思考分析：

这些信号在每日生活中出现的次数与持续度如何？哪些信号最常出现？哪些信号明显？哪些信号不明显？哪些信号出现时会给你带来困扰与身心疲惫？当某些信号出现时，你通常用什么方法应对？

结果分析得分超过 40 分者属于高压力状态，20～40 分者属中度压力状态，低于 20 分者属低压力状态。

【越玩越乐】

解手链

活动目的：思考解决问题时的心态，体会面对难题，积极应对的意义。

参加人数：每组 12 人左右，组数不限。

活动场地：室内外的空地。

操作程序：

(1) 指导者让每组组员站成一个向心圈。

(2) 指导者的说明：先举起你我右手，握住对面那个人的手；再举起你的左手，随意找到另外一个人的手并握住；现在你们已经形成了一个错综复杂的问题，在双手都不松开的情况下，想办法把这张乱网解开。

(3) 告诉大家一定可以解开，但答案会有两种。一种是一个大圈，另外一种是两个套着的环。

(4) 如果过程中实在解不开，指导者可允许学员决定相邻两只手断开一次，但再次进行时必须马上封闭。

活动讨论并且分享：你在开始的感觉怎样，思路是否混乱？当解开了一点以后，你的想法是否发生了改变？在解决这个问题的过程中你的情绪有哪些变化？在这个过程中，你学到了什么？

【越看越乐】

我和世界不一样

这是一部由尼克·武伊契奇自导自演的电影。尼克生于澳洲，天生没有四肢，医学不能解释他残障的原因，但不可思议的是：骑马、打鼓、游泳、足球，力克样样皆能，在他看来是没有难成的事。他拥有两个大学学位，是企业总监，更于2005年获得“杰出澳洲青年奖”。为人乐观幽默、坚毅不屈，热爱鼓励身边的人。年仅25岁，他已踏遍世界各地，接触逾百万人，激励和启发他们的人生。究竟是什么动力叫尼克在困境中仍看见希望、热爱生命、绽放人生的光辉？力克以生命的见证，向年青人、儿童、家长及专业人士分享如何战胜逆境，持守永不放弃的生命态度，实现梦想，做个有影响力的成功者！

项目七

学做情绪的主人

◆心有灵犀

我们一定要克制自己的情绪，不要被情绪所困扰，不良的情绪只会阻碍到我们学习或发展事业，这也发是了解自己其中的一个步骤。——李小龙

真正的快乐，是对生活乐观，对工作愉快，对事业兴奋。——爱因斯坦

◆心海导航

情绪与人的需要密切相关，情绪对心灵的维护有着不容忽视的影响。高职学生的情绪是多变的、不稳定的，良好的情绪状态能使他们健康地发展，也是高职学生心理健康的重要标志；不良情绪状态则会影响他们的健康发展，甚至产生心理障碍。如何培养与管理自己的情绪，让我们成为情绪的主人就显得尤为重要了。

◆学习目标

【知识目标】

1. 情绪的概述。
2. 高职学生情绪特点及其影响。
3. 良好情绪的培养。

【能力目标】

学会合理地表达情绪；学会有效的管理情绪。

【素质目标】

能觉察自己的情绪，并且有效地调控，我的情绪我做主。

◆青春故事

最近这段日子，某高职学院大学二年级学生张某心情糟透了。先是父母失业，让他感到一种无形的压力，既害怕因经济困难中断学业，又担心继续上学给父母带来负担；接着是期末考试失利，一向成绩优秀的她，居然有两门课没及格；如今，和相处了 3 年的男友之间关系也日趋紧张，看来分手的日子快到了……

分析： 在生活中，情绪是人心理状态的晴雨表，它反映着每个人内在的心理状态。无论我们是欣喜若狂，还是悲痛欲绝；是孤独不安，还是热情奔放，我们都在体验各种各样的情绪。因为家里和自己接连遭受几件不开心的生活事件，这对于正处于青年期的张某，心情自然糟透了。青春期的高职学生，情绪波动较大，情感体验丰富深刻，经常会面临诸类情绪困扰。对高职学生情绪心理的正确认知与疏导，这将对他们学习和生活都具有十分重要的意义。

任务一　认识情绪

◆**心理知识**

一、什么是情绪

（一）情绪的定义与构成要素

情绪是指人们对客观事物是否符合自己的需要所产生的主观态度、内心体验及外在表现。它是一个极其复杂的心理现象，有独特的心理过程。情绪的构成包括以下三种层面。

（1）情绪有其生理反应。在不同的情绪状态下，个体的呼吸系统、循环系统、消化系统和外部腺体（汗腺、泪腺）与其内分泌腺活动等都会发生一系列变化，也可以引起代谢和肌肉组织发生改变。因此，当人产生情绪时，内脏器官和内分泌腺等都有一系列的生理变化，如焦虑状态下感到呼吸急促、心跳加快；愤怒状态下出现汗腺分泌、面红耳赤等等。

（2）情绪是一种内在主观体验。情绪的主观体验是人的一种自我觉察，即大脑的一种感受状态。由刺激诱发的情绪状态，个人可以在内心深处感觉体验，所感觉体验的内容是个人的、内在的、主观的，如受到伤害感到痛苦，需要被满足后感到愉悦，面临危险时感到恐惧等等。

（3）情绪会表现在行为中。主要表现在人的表情、语态和行为过程中。面部表情最直接反应着人的情绪状态，如遇到高兴的事情时的喜笑颜开，遇到困难时的愁眉不展；体态行为也同样反映着一个人的情绪状态，如焦虑紧张时的坐立不安，失败后的垂头丧气，成功后的手舞足蹈等等；声音语态则是指人们在交流时声音的音调、音色和节奏快慢等方面的变化，如悲伤时，会出现语调低沉、言语缓慢、语言断断续续；而当人兴奋时则会语调高昂、语速加快，声音抑扬顿挫、清晰有力。

（二）情绪与情感

在现实生活中，情绪和情感是紧密联系在一起的，但从各自产生的基础和特征表现上来看，两者是有所区别。

1. 情绪和情感的区别

（1）从需要方面看差异。情绪多与人的生理性需要相联系，情感则多与人的社会性需要相联系。婴儿一生下来，就有哭、笑等情绪表现，而且多与食物、水、温暖、困倦等生理性需要相关；情感是在幼儿时期，随着心智的成熟和社会认知的发展而产生的，多与求知、交往、艺术陶冶、人生追求等社会性需要有关。

（2）从发生早晚看差异。情绪发生早，情感产生晚。人出生时会有情绪反应，但没有情感，而且情绪是人和动物共有的，但只有人才会有情感。如人刚生下来是没有道德感、成就感和美感等，这些情感反应要随着儿童的社会化逐步形成。

（3）从反应的特点看差异。情绪具有情境性、暂时性、外显性和冲动性，情绪常由身旁的事物所引起，又常随着场合的改变和人、事的转换而变化。所以，有的人情绪表现常会喜怒无常，很难持久。情感则具有深刻性、稳定性、持久性和内隐性，是在多次情绪体验的基础上形成的稳定的态度体验，如对一个人的爱和尊敬，可能是一生不变的。因为如此，情感特征常被作为人的个性和道德品质评价的重要方面。

2. 情绪和情感的联系

情绪和情感虽然不尽相同，但却是不可分割的。因此，人们时常把情绪和情感通用。一般来说，情感是在多次情绪体验的基础上形成的，并通过情绪表现出来；反过来，情绪的表现和变化又受已形成的情感的制约。当人们干一件工作的时候，总是体验到轻松、愉快，时间长了，就会爱上这一行；反过来，在他们对工作建立起深厚的感情之后，会因工作的出色完成而欣喜，也会因为工作中的疏漏而伤心。由此可以说，情绪是情感的基础和外部表现，情感是情绪的深化和本质内容。

二、情绪的性质与功能

（一）情绪的性质

情绪因人的需要满足与否而具有肯定或否定的性质。人的需要如果得到满足，就会产生相应的肯定性质的体验，如喜悦、快乐、热爱等；反之，人的需要如果没有得到满足，则会产生否定性质的体验，如愤怒、悲伤、憎恨等。

不良情绪指的是不利于身心健康的情绪。它并不完全等同于否定性质的情绪。不良情绪通常是指长期处于极端状态的情绪，即极端的肯定性质的情绪和极端的否定性质的情绪，如长期的高亢情绪和长期的忧虑情绪。不良情绪的形成取决于人的需要是否得到满足以及满足的程度、时间和性质。必须强调的是，任何一种情绪的产生都有其生理、心理价值，即使焦虑、恐惧、抑郁等否定性质的情绪，也有其存在的意义，它们是一种个体自我保护的机制。问题在于当这种情绪作用时间过长或强度过度时，便会危害人的身心健康。

肯定或否定性质的情绪，又会在强弱上表现出不同的程度。如高兴，可以表现为愉快、喜悦、欢乐、狂喜；悲伤可以表现为惆怅、忧伤、悲苦、哀痛；害怕可以表现为不安、担心、惧怕、恐怖；生气可以表现为不快、气愤、激怒、狂怒等。情绪体验的强度既与刺激本身有关，但更重要的取决于人们的认识，即对刺激的评价、主观感受。如有的人会因取得一点成绩而沾沾自喜，有的可能为一点问题而大发雷霆。认知的差异、观念的不同，导致了人们对同一刺激的不同体验和不同的行为反应。

（二）情绪的功能

1. 情绪是心理活动的组织者

情绪情感对于人们的认知过程具有影响作用，有积极作用，也有消极作用。大量研究表明：适当的情绪情感对人的认知活动具有积极的组织功能，而不当的情绪情感对人的认知活动具有消极的瓦解功能。

（1）促进功能。良好的情绪情感会提高大脑活动的效率，提高认知操作的速度与质量。耶尔克斯——道森定律说明了情绪与认知操作效率的关系，不同情绪水平与不同难度的操作任务有相关关系。如图 7－1 所示，不同难度的任务，需要不同的情绪唤醒的最佳水平。在困难复杂的工作中，低水平的情绪有助于保持最佳的操作效；在中等难度的任务中，中等情绪水平是最佳操作效果的条件；在简单工作中，高情绪唤醒水平是保证工作效率的条件。总之，活动任务越复杂，情绪的最佳唤醒水平也越低。我们了解了情绪与操作效率之间的关系，就能更好地把握情绪状态，使情绪成为我们认知操作活动的促进力量。

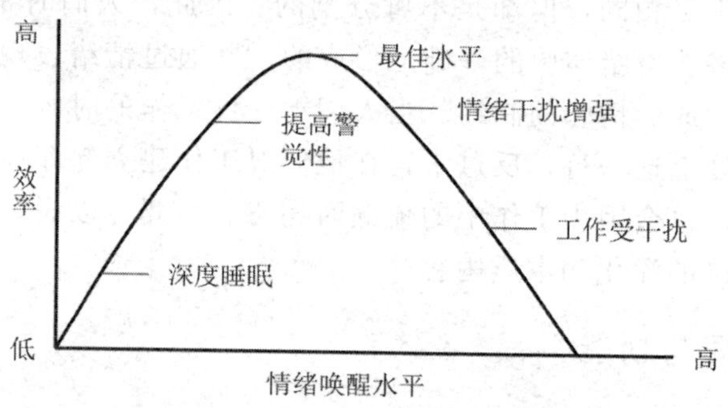

图 7－1　情绪与认知操作效率的关系

（2）瓦解作用。情绪对认知操作的消极影响，主要体现在不良情绪对认知活动功能的瓦解上。一些消极情绪，如恐惧、悲哀、愤怒等，会干扰或抑制认知功能。恐惧情绪越强，对认知操作的破坏就越大。考试焦虑就是一个典型例子，考试压力越大，考生考砸的可能性越大。一般来说，中等程度的紧张是考试的最佳情绪状态，过于松弛或极度紧张都会瓦解学生的认知功能，不利于考生正常水平的发挥。当一个人悲哀时，会影响到他的工作或学习状态，导致注意力不集中，易分神，思维流畅性降低等。由此可见，情绪的调控功能是非常重要的，情绪的好坏与唤醒水平会影响到人们的认知操作效能。

2. 情绪是人际交流的重要手段

情绪的这种功能是指在人际交往中，人们除借助言语进行交流之外，还通过情绪的流露来传递自己的思想和意图。情绪的这种功能是通过表情来实现的。表情具有信号传递作用，属于一种非言语性交际。人们可以凭借一定的表情来传递情绪信息和思想愿望。在社会交往的许多场合，人们之间的思想、愿望、态度、观点，仅靠言语无法充分表达，有时甚至不能言传，只能意会，这时表情就起到了信息交流的作用。其中，面部表情和体态表情更能突破一些距离和场合的限制，发挥独特的沟通作用。

心理学家在对英语国家人们的交往状况进行研究后发现，在日常生活中，55%的信息是靠非言语表情传递的，38%的信息是靠言语表情传递的，只有7%的信息才是靠言语传递的。表情是比言语产生更早的心理现象，在婴儿不会说话之前，主要是靠表情来与他人交流的。表情比语言更具生动性、表现力、神秘性和敏感性。特别是在言语信息暧昧不清时，表情往往具有补充作用，人们可以通过表情准确而微妙地表达自己的思想感情，也可以通过表情去辨认对方的态度和内心世界。所以，表情作为情感交流的一种方式，被视为人际关系的纽带。在许多影视作品中，人们用情绪的表露代替了语言的表达，具有“此时无声胜有声”的效果，更具感染力。

3. 情绪是激发心理活动和行为的动机

情绪具有激励作用。情绪能够以一种与生理性动机或社会性动机相同的方式激发和引导行为。有时我们会努力去做某件事，只因为这件事能够给我们带来愉快与喜悦。从情绪的动力性特征看，情绪分为积极增力的情绪和消极减力的情绪。快乐、热爱、自信等积极增力的情绪会提高人们的活动能力，而恐惧、痛苦、自卑等消极减力的情绪则会降低人们活动的积极性。有些情绪同时兼具增力和减力两种动力性质，如悲痛可以使人消沉，也可以使人化悲痛为力量。

个体的情绪表现还常被视为动机的重要指标。由于情绪可能与动机引发的行为同时出现，情绪的表达能够直接反映个体内在动机的强度与方向，因此情绪也被视为动机潜力分析的指标，即对动机的认识可以通过对情绪的辨别与分析来实现。

动机潜力是在具有挑战性的环境下所表现出的行为变化能力。当个体面对一个危险的情境时，动机潜力会发生作用，促使个体做出应激的行为。对动机潜力的分析可以由对情绪的分析获得。当面对应激场面时，个体的情绪会发生生理的、体验的以及行为的三方面的变化，这些变化会告诉我们个体在应激场合动机潜力的方向和强度。当面临危险时，有的人头脑清晰，沉着冷静地离开；而有些人则惊慌失措，浑身发抖，不能有效地逃离现场。这些情绪指标可以反映出人们动机潜能的个体差异。

4. 情绪是身心健康的调节剂

人对社会的适应是通过调节情绪来进行的，情绪调控的好坏会直接影响到身心健康。作为心理因素的一个重要方面，情绪同身体健康的关系早已受到人们的关注。情绪对健康的影响作用是众所周知的。积极的情绪有助于身心健康，消极的情绪会引起人的各种疾病。我国古代医书《内经》中就有“怒伤肝，喜伤心，思伤脾，忧伤肺，恐伤肾”的记载。有许多心因性疾病与人的情绪失调有关，例如溃疡、偏头痛、高血压、哮喘、月经失调等。有些人患癌症也与长期心情压抑有关。一项长达 30 年的关于情绪与健康关系的追踪研究发现，年轻时性情压抑、焦虑和愤怒的人患结核病、心脏病和癌症的比例是性情沉稳的人的 4 倍。

美国心脏病学会将易患上心脏病的人群定义为 A 型性格人群，认为这类人群的特征是生活压力过大，自我要求过高，性情暴躁，易发脾气。一些临床医学研究也证明，长期受不良情绪困扰，会导致各种身心疾病。因此，对不良情绪进行控制、引导，代之以积极乐观的情绪，不但能提高生活质量，也能有效地防治身体疾病。所以，积极而正常的情绪体验是保持心理平衡与身体健康的条件。曾经有人说过，一个小丑进城胜过一打医生，这句话非常形象地说明了情绪对人身体健康的影响。

三、情绪的分类

目前心理学上多采取以下几种分类法。

（一）基本的情绪

早期情绪的研究可以追溯到柏拉图（Plato）和亚里士多德（Aristotle）。他们认为理性在情绪调节中起主导作用，人可以通过理性克服不良情绪。到17世纪，笛卡儿（Descartes）对情绪进行了深入的分析，提出了控制人的行为反应的六种基本情绪，即羡慕、爱、恨、欲望、愉快和悲伤。笛卡儿认为，这六种情绪是其他情绪的基础，其他的情绪都是这六种情绪的组合，并控制着人的各种行为反应。从查尔斯·罗伯特·达尔文（C. R. Darwin）以后，对情绪的实验研究逐渐兴起，人们开始通过对动物和人的实验来验证各种情绪理论。就人类的情绪表现而言，古代人将情绪分为七种，把“喜、怒、忧、思、悲、恐、惊”称为七情。达尔文在观察不同文化、不同种族的人之后，认为喜、怒、哀、惧等基本情绪的面部表情，各种族间具有一致性。

现代心理学一般认为快乐、愤怒、悲哀、恐惧四种情绪表现是人类情绪的基本形式。

（1）快乐。快乐是盼望的目的达到后，继之而来的紧张解除时的情绪体验。快乐的程度取决于愿望满足的意外程度。快乐的程度从满意、愉快到大喜、狂喜。快乐是一种追求并达到目的时所产生的满足体验。它是具有正性享乐色调的情绪，使人产生超越感、自由感和接纳感。

（2）愤怒。愤怒是由于受到干扰而使人不能达到目标时所产生的体验。目的和愿望不能达到，一再受到阻碍，从而积累了紧张，最终产生愤怒。特别是所遇到的挫折是不合理的或是被人恶意造成的时候，愤怒最容易发生。当人们意识到某些不合理的或充满恶意的因素存在时，愤怒也会骤然发生。愤怒的程度依次是：不满，生气，愠怒，愤，激愤，大怒，暴怒。

（3）恐惧。恐惧是企图摆脱、逃避某种危险情景时所产生的情绪体验。恐惧往往是由于缺乏处理、摆脱可怕情景的力量和能力而造成的。引起恐惧的重要原因是缺乏处理可怕情景的能力与手段。

（4）悲哀。悲哀与失去所盼望、所追求的东西和目的有关，是在失去心爱的对象或愿望破灭、理想不能实现时所产生的体验。悲哀情绪体验的程度取决于对象、愿望、理想的重要性与价值。悲哀的程度依次是：遗憾，失望，难过，悲伤，哀痛。悲哀所带来紧张的释放会产生哭泣。

在以上四种基本情绪之上，可以派生出众多的复杂情绪，如厌恶、羞耻、悔恨、嫉妒、喜欢、同情等。

（二）情绪状态

按照情绪发生的强度、速度与持续时间的长短，可将情绪分为心境、激情、应激三类。

1. 心境

心境是一种使人的一切其他体验和活动都染上情绪色彩的情绪状态。它是持续的、微弱的、平静的。心境的特点是弥漫性。人逢喜事精神爽，生活中的事件，例如事业的成败，工作的顺利与否，与周围人的关系好坏，机体状态如健康程度、疲劳、睡眠情况等都影响心境。有些影响心境的原因人们不一定认识到。心境是一种具有感染性的、比较平稳而持久的情绪状态。当人处于某种心境时，会以同样的情绪体验看待周围事物。例如，人伤感时，会见花落泪，对月伤怀。心境体现了“忧者见之则忧，喜者见之则喜”的弥散性特点。平稳的心境可持续几个小时、几周或几个月，甚至一年以上。

2. 激情

激情是一种爆发快、强烈而短暂的情绪体验。例如，在突如其来的外在刺激作用下，人会产生勃然大怒、暴跳如雷、欣喜若狂等情绪反应。在这样的激情状态下，人的外部行为表现比较明显，生理的唤醒程度也较高，因而很容易失去理智，甚至做出不顾一切的鲁莽行为。因此，在激情状态下，要注意调控自己的情绪，以避免冲动行为。处在激情状态下，人的认识活动范围往往会缩小，仅仅指向与体验有关的事物；理智分析能力减弱，往往不能约束自己的行为，不能正确地评价自己行为的意义和后果。激情持续的时间较短。激情通常由一个人生活中的重大事件、对立意向（要求）的冲突、过度抑制和兴奋等因素引起。激情也有积极和消极之分。积极的激情可以成为人们积极行动的巨大力量。

3. 应激

应激是出乎意料的紧张状态所引起的情绪状态。在突如其来的或十分危险的条件下，必须迅速地、几乎没有选择余地地作出决定的时刻，容易出现应激状态。当人面临危险或突发事件时，人的身心会处于高度紧张状态，引发一系列生理反应，如肌肉紧张、心率加快、呼吸变快、血压升高、血糖增高等。例如，当遭遇歹徒抢劫时，人就可能会产生上述的生理反应，从而积聚力量以进行反抗。当驾车出现危险情景的时刻，在遇到巨大自然灾害的时刻，这时就需要人们根据自己的知识经验，集中意志力，迅速地判明情况，果断地做出决定。在应激状态下，人可能有两种表现：一种是目瞪口呆，手足无措，陷入一片混乱之中；一种是头脑清醒，急中生智，动作准确，行动有力，及时摆脱困境。对付应激状态是可以训练的。但应激的状态不能维持过久，因为这样很消耗人的体力和心理能量。若长时间处于应激状态，可能导致适应性疾病的发生。

任务二　高职学生的情绪特点及其困扰

◆心理知识

一、高职学生情绪的特征

人们的情绪和情感着从简单到丰富、从不成熟到成熟的发展进程。高职学生情绪特点可以用“小孩的脸”，“六月的天”来形容。具体表现为以下几方面的特征。

（一）稳定性与波动性并存

由于知识结构的完善、认知水平的提高和生活经验的积累，高职学生的情绪日趋稳定。但与成人相比，他们的情绪仍不成熟，很容易从一个极端到另一个极端，情绪跌宕起伏，表现出动荡不安的状况，他们的积极性往往随着情绪的起伏而涨落。

（二）冲动性与理智性并存

高职学生有着丰富、强烈而复杂的感情世界，情绪体验强烈，喜怒哀乐常常一触即发，表现出热情奔放的冲动性特点。同时，高职学生自我意识的发展和成熟，他们的理智感也增强，具有一定的自我情绪控制能力，能够对强烈的情绪反应进行适度的调适。

（三）阶段性和层次性并存

在同样的大学校园，学习同样的专业，但不同年级的高职学生和不同层次的高职学生，他们的情绪体验是不同的。低年级高职学生涌动着成为高职学生的自豪感，对一切感到新奇，但由于非理想的专业、院校以及自己在班级中位置上的落差，会感到失望、迷惑和自卑。中年级适应性增强，专业思想趋于稳定，人际交往也逐渐增多，社会责任感、义务感进一步发展，情绪趋于平稳。高年级学生社会责任感明显增强，社会性情感日趋丰富，更多地关心个人与社会的关系，思考人生价值，同时紧迫感和忧虑感增强。优秀生的独立感、责任感和荣誉感，后进生的矛盾感和自卑感等。

（四）外显性与内隐性并存

随着高职学生自我意识的不断发展，处在青春期的高职学生是情感最丰富、最强烈的时期，他们有强烈的求知欲，思想活跃，富有正义感，爱打抱不平，有较强的责任感，喜怒哀乐形之于色。尽管他们的情感变化与外部表现出多数情况下是一致的，但是与情绪不一致或文饰性的表现开始增多。自己内心的真实想法或真实情感会依时间、对象、场合不同而决定是否袒露，在有些方面他们也变得不轻易打开自己的心扉，也不愿意让别人察觉自己内心的喜怒哀乐。在人际交往时，尽量隐藏自己。

二、情绪对高职学生的影响

【案例】

南京航空航天大学学生袁某（男，24岁，江苏泗阳县人）在宿舍玩电脑游戏，同宿舍蒋某（男，22岁，江苏丹阳市人）因未带钥匙敲门，袁某未及时开门，双方发生口角，并发生肢体冲突。在冲突过程中，袁某拿起书架上的一把水果刀捅到蒋某胸部，蒋某送医院抢救无效死亡。袁某因涉嫌故意伤害致人死亡被刑事拘留。

分析：该案例又一次鲜活地证明了“冲动是魔鬼”。两个学生因为情绪冲动而导致的凶杀案，其最终结果是一死一死缓。这对于当事双方而言，肯定不是大家愿意看到的，如果当初有一方肯退一步，稍微克制一下自己的情绪，双方坐下来进行有效地沟通，其结果对于自己、家人和社会必定是皆大欢喜的。正确认识情绪，学会调控情绪，这对于我们每一个人来说都是多么重要。

（一）情绪对高职学生身心健康的影响

现代生理学、心理学和医学研究表明，情绪对人的身心健康具有直接影响。俗话说：“笑一笑，十年少；愁一愁，白了头。”大量研究表明，良好的情绪不仅使高职学生对生活充满希望，而且能使他们身体健康、求知欲增强，并因此建立良好的人际关系，促进他们的全面发展。反之，不良的情绪如恐惧、忧郁、过度兴奋等，若得不到及时调适或宣泄，就会削弱人的生理抵抗力，引起生理疾病。调查发现，高职学生中常见的一些疾病，如紧张性头痛、神经衰弱、心律不齐、哮喘、神经性皮炎、十二指肠溃疡、月经不调等，都与情绪变化有关。

【读一读】

心理实验：情绪，心身疾病的元凶

无所适从的狗

巴甫洛夫让狗看到两种图像：一种圆形，一种椭圆形。每天狗看到圆形图形就有可口的食物，看到椭圆形图形就挨一次痛苦的电击。每当它看到圆形就流口水很高兴，看到椭圆形就紧张焦虑准备逃避。后来巴甫洛夫把圆形一点点变椭圆，把椭圆一点点地变圆。起初，狗还能分辨并作相应的反应。当两个图形越来越接近难以分辨时，狗惶恐不安、紧张焦虑，在笼子里打转、嚎叫、拒食、痉挛、呕吐。再过一段时间，狗不但患了“焦虑性神经症”，还皮肤干燥、脱屑、溃疡。长期处于这种紧张状态下的狗出现各种肿瘤、如甲状腺瘤、膀胱癌、肺癌等。

三组小猪的实验

被试之一孤独的猪：单独关起来，每天喂高脂饲料，结果猪的胆固醇升高，冠状动脉也开始硬化；被试之二成对的猪：每天喂高脂饲料，猪的胆固醇也升高了，但上升幅度不如孤独的猪；被试之三孤独的猪，但在旁边放了个玻璃板，天天让它看着“成对的猪”欢快地在一起。结果令人吃惊，吃同样的饲料，住同样的地方，这一组猪的胆固醇水平迅速上升，动脉硬化程度也相当厉害。

这两个实验都说明了情绪对健康的影响很大。

情绪与健康有着密切的关系，这是人所共知的常识。我国古代传统医学早就提出：“怒伤肝，喜伤心，思伤脾，忧伤肺，恐伤肾。”这就形象地说明了情绪与健康的关系。

不少百岁老人的经验证明，乐观开朗是他们长寿的原因之一。能经常保持乐观的态度、愉快的情绪，对身体十分有益。而相反的，情绪不好，心情不佳，例如：悲伤、焦急、恐惧、愤怒、暴躁等，都会对身体产生伤害，都可能成为产生疾病的原因。

（二）情绪对高职学生学习的影响

人的学习活动不仅受认知影响，也受情绪影响。情绪既可以提高高职学生学习的积极性，提高学习效率；也可以降低高职学生学习的积极性，降低学习效率。这一点已为大量的心理学研究所证实。

心理学家曾用实验方法研究情绪与学习成绩的关系，将焦虑程度与学习成绩分别作为自变量和因变量，然后采用自我评定法和生理反应法来研究他们之间的函数关系。研究结果表明，焦虑程度与学习成绩的关系呈倒 U 字，即适度的焦虑能使高职学生取得最好的学习效率，焦虑程度过高过低，均难以取得优异的学习成绩。在平常的学习生活中，因为考试过分紧张出现考砸的现象是屡见不鲜的。

（三）情绪对高职学生人际关系的影响

由于情绪具有感染性和传染性，乐观、热情、自尊、自信的人在人际交往中更受欢迎，更容易获得别人的称赞，也更容易形成良好的人际关系。而自卑、情绪压抑、爱发怒的人，往往不能与他人正常相处、难沟通，易疏远，使人与人之间关系紧张。

与此同时，高职学生在人际交往中，要注重提高自身修养，学会适度控制与调适自己的情绪，做情绪的主人，才能拥有良好的人际关系。

（四）情绪对高职学生行为目标的影响

1979年，心理学家埃普斯顿在《人类情绪的生态学研究》这篇文章中表明，高职学生的情绪体验对高职学生的行为有重要影响。例如某事件如果使高职学生体验到高兴、亲切、安全、平静等积极的情绪，这时高职学生的行为目标也往往是积极的、主动的，其社会兴趣、对新经验的开放和接受的程度、对周围人的尊重与理解、对价值和长远目标的献身精神等，都有明显的增强。相反，如果某事件使高职学生体验到的是痛苦、愤怒、紧张或受到威胁等消极情绪，这时，一部分高职学生的行为将会发生消极的变化，表现为社会兴趣下降，反社会行为增加，对新经验持审慎甚至闭锁的态度；而另一部分高职学生则向积极的方向转化，在行为上表现得更为坚强，表现出更大的克服困难的勇气与意志。

由此可见，无论何种情绪，都会对高职学生今后的行为产生一定的影响。关键在于，教育者在学生发生情绪时要因势利导，使情绪对高职学生的行为起到强化或推动的积极作用。

三、高职学生常见的情绪困扰及调适方法

情绪困扰是指一种心理状态，它是由于个体受到外界事物、事件等客观环境的影响或个体内部发生矛盾、冲突而又无法及时解决而产生的一种负面的、消极情绪。高职学生常见情绪困扰所描述的是那些常见且困扰高职学生正常生活、工作和学习的不良情绪体验。

（一）焦虑及其调适方法

1．焦虑的内涵

焦虑是由几种情绪混合而成的负性情绪体验。指当人们因主观上预期到某种可怕的情境将会发生，又感到自己无法采取有效的措施加以预防和解决，从而感到害怕、提心吊胆、忧心忡忡、紧张不安、烦躁、易激惹，伴手足心出汗、坐卧不安、失眠、食欲不振、疲倦乏力等生理症状。

2．产生焦虑的原因

引发高职学生焦虑的原因是多方面的，主要与人格特点、年龄阶段、生活事件、内心动机冲突和挫折等因素相关，因适应困难产生焦虑是高职学生人常常遇到的困扰。高职学生面临生活方式的剧烈变化带来的重新适应压力，适应不良则引起焦虑情绪反应。高职学生处于人生重要的成长成熟阶段，但他们对该阶段自己的目标、任务、责任等并不十分明确，这同样也会导致高职学生的焦虑。由于个性尚未完全形成，对于如何取得成功，如何解决人生的重大问题等都没有把握，高职学生因此容易陷入对未来的莫名焦虑之中。青春期性的冲动与社会禁忌之间的冲突也是引起高职学生焦虑的重要因素。

3．缓解和消除焦虑的方法

过度的焦虑会使人心情过度紧张，心烦意乱，情绪不稳定，注意力难以集中，记忆力减退，头脑反应迟钝，有时还伴随头痛、心跳加快、失眠等身体反应，最后影响到学习、

人际关系及日常生活。

缓解和消除焦虑的方法：①学会放松情绪，在面临每天的例行干扰之前，暂时放松数秒，可以大幅改善焦虑的程度（放松的方法见后面）；②转移注意力，从你当前所处的学习或工作状态中解脱出来，把视线转向窗外，使眼睛及身体其他部位适时地获得松弛，从而暂时缓解眼前的压力；③营养与饮食疗法，经常焦虑的人很难放松心情，但这种情绪又必须缓解，此时合理的饮食就显得极重要。由焦虑引起的疾病，通常源自营养不足，因为此时身体无法正常地处理营养素。

（二）抑郁及其调适方法

1. 抑郁的内涵及表现

抑郁是一种因为感到无力应付外界压力而产生的消极情绪，常常伴有痛苦、羞愧、自卑等情绪体验。情绪体验表现为强烈而持久的悲伤、忧虑，情绪低落，心境悲观冷漠；在自我认识评价方面表现为自我评价低，自卑，认为自己没有用处，生活毫无意义，未来没有希望，常自我责备，有自罪感；在生活方面，表现出对生活缺乏兴趣，没有喜欢或者主动想去做的事情，不愿与他人接近，回避社会生活；在躯体方面，有不适感，食欲下降，全身无力，失眠或者早醒；在行为方面，常叹息或哭泣，言语动作迟缓。高职学生抑郁情绪比较常见，并且具有多种形式，有时属于一般的情绪反应，有时属于神经症类，有时则属于严重精神疾病类。

2. 产生抑郁的原因

高职学生抑郁情绪是一种比较常见的不良情绪困扰。高职学生抑郁的可能诱发因素是多方面的。第一种是心理和社会因素引起的，性格内向、敏感多疑、依赖性强的高职学生比其他同学更容易产生抑郁情绪；第二种是与遗传有直接关系；第三种是药源性的，有些治疗其他病的药物导致某些人出现抑郁症状。如学习成绩不理想、找不到工作或失业、上不了想上的大学、失恋、家庭不和等生活事件。这些事件对高职学生有获得自尊、自我同一性、社会名誉和地位、亲情、友情的意义，对高职学生来说，失去它们意味着失去人生最重要的东西，所以其情绪体验极为深刻而复杂。

3. 消除抑郁的方法

如果高职学生长期处于抑郁情绪状态下，这将给他们的身心健康造成较大的影响。消除抑郁的方法主要有：①积极参加活动。要拓宽自己的兴趣爱好，多参加集体活动，尽可能让自己忙碌起来，选择自己最喜欢的活动坚持下去；②音乐和色彩对治疗抑郁也有一定的效果。雄壮、激昂、欢快或柔和、爽朗的音乐常常会令你精神焕发，轻松愉快；暖色调也往往能缓解抑郁的症状；③着手改善人际关系。要在力所能及的条件下改善人际关系，寻求朋友和亲人情感上的支持，增加人际交往的信心，减轻悲哀、忧郁的情绪。

（三）愤怒及其调适方法

1. 愤怒的内涵及危害

愤怒是指当事物不符合自己的需要或愿望，心理受到挫折时的情绪体验。愤怒的引起决定于达到目的的障碍被当事人意识的程度。怒，依据强度从程度上可分为不满、气恼、愤怒、暴怒、狂怒等。频繁的愤怒会导致躯体疾病，使人的自制力减弱或丧失，从而导致损物、伤人甚至犯罪等许多失去理智的行为。

美国生理学家爱尔马，为研究生气对人健康的影响，进行了一个很简单的实验，把一只玻璃试管插在有水的容器里，然后收集人们在不同情绪状态下的“气水”。结果发现，即使同一个人，当他心平气和时，所呼出的气变成水后，澄清透明，一无杂色；悲痛时呼出的“气水”有白色沉淀；生气时则有紫色沉淀。爱尔马把人生气时的“气水”注入大白鼠身上，不料只过了几分钟大白鼠就死了。他分析，如果一个人生气10分钟，他消耗的精力，不亚于参加一次3 000米的赛跑。

2. 产生愤怒的原因

发怒的原因一般可分为外部原因和内在原因。外部原因主要指个人目标、个人需要得不到满足时容易发怒；内在原因主要是指个体自身的原因所致，受个体的意志和自我控制能力、个体的身体状况、个体当时的心理状态有关、个体的性格、个体心理的错误认识等因素的影响。

3. 消除愤怒的方法

愤怒会使人的自制力减弱或丧失，不能正确判断自己行为的意义和后果，作出不理智的冲动行为。如何消除愤怒呢？方法主要包括：①冷静思考，及时制怒。当愤怒发生时，要及时觉察情绪，冷静地思考，提醒自己；②学会制怒。请你信赖的人帮助你，让他们每当看见你动怒时便提醒你。你接到信号之后，可以想想看你在干什么，然后努力推迟动怒；③离开产生愤怒的环境。在愤怒处于萌发状态时，应特别注意控制自己的言行，只要情况许可，就应尽快离开引起愤怒的人和事，待心情平静后再来处理问题；④负责任地表达愤怒。当愤怒一定要来的时候，我们不必拒绝它，否则长期积累，会成为定时炸弹。最好的方式是，通过负责任地表达，让愤怒情绪得到发泄。

（四）自卑及其调适方法

1. 自卑的内涵

自卑是因对自己评价过低而产生的压抑、羞愧情绪体验，是自我意识中自我情绪体验形式之一。奥地利心理学家阿德勒在《自卑与超越》中提出：每个人都有先天的生理或心理缺欠，这就决定了人们的潜意识中都有自卑感存在，只是程度和表现形式不同而已。自卑是高职学生普遍存在的一种消极心理，表现为不能客观地评价自己，夸大自己的缺陷，拿自己的短处比别人的长处，逃避掩饰，甚至发展为另一个极端，自负自大。

2. 产生自卑的原因

高职学生自卑的原因有客观因素和主观因素两个方面。客观因素很多，包括诸如身体和生理先天残疾；家庭经济状况较差；早期不幸的生活经历等成长过程中遭遇到的负性事件等等。主观因素主要包括高职学生个体的性格气质因素、自我意识、个人的价值观和思维方式等。一般性格偏内向者感受性强，倾向于放大事物的消极后果，关注自我内在感受，容易陷入自卑的困扰。而个性争强好胜，追求完美者容易苛求自己，产生不应有的自卑感。

3. 消除自卑的方法

消除自卑的方法主要包括以下几方面：①提高自我认识，正确的看待自己的优缺点，用发展的眼光分析自己，增强自己的自信心；②积极的心理自我暗示法。在自己面对困难退缩的时候，要经常在内心说“别人行，我也一定行”；③练习当众发言。有一位名人曾经说过“当众发言是克服羞怯心理、增强人的自信心，提高热忱的有效突破口”。利用这种方法锻炼自己会很好地克服自己的自卑心理。

任务三　高职学生的情绪管理

◆心理知识

一、高职学生情绪健康的标准

什么是健康的情绪，人们可以从多个角度来加以论述。不过健康情绪和不健康情绪区别是相对的，很难有严格的界限，下面介绍几种不同说法。

（一）心理学家马斯洛提出情绪健康六项特征

健康的情绪，即良好的情绪状态。良好的情绪状态，首先是情绪上的成熟，指一个人的情绪的发展、反应水平和自我控制的能力与其年龄和社会对此的要求相适应，并为社会所接受。美国心理学家马斯洛在阐述关于“自我实现者”的情绪特点中，曾经提出了健康情绪的六项特征：①平和、稳定、愉悦和接纳自己；②有清醒的理智；③有适度的欲望；④对人类有深刻、诚挚的感情；⑤富于有哲理、善意的幽默感；⑥有丰富、深刻的自我情感体验。

（二）心理学家瑞尼斯等人提出情绪健康的六项指标

心理学家瑞尼斯等人提出情绪健康六项指标：①发展出某些技巧以应付挫折情境；②能重新解释接纳自己与情绪的关系，不会一直自我防卫，能避免挫折并安排替代的目标；③知道某些情境会引起挫折，可以避开并找替代目标，以获得情绪满足；④能找出方法，缓解生活中的不愉快；⑤能认清各种防卫机制的功能，包括幻想、退化、反抗、投射、合理化、补偿，避免成为错误的习惯，以至防卫过度，造成情绪的困扰；⑥能寻求专家的帮助。

（三）心理学家索尔也指出情绪健康的八个特征

对人们来说，情绪健康具体表现为：情绪的基调是积极、乐观、愉快、稳定的，对不良情绪具有自我调控能力，情绪反应适度；高级的社会情感（理智感、道德感、美感等）能得到良好的发展。心理学家索尔指出情绪健康具有八个特征：①独立不依赖父母；②增强责任感及工作能力，减少与外界接纳的渴望；③去除自卑情结、个人主义及竞争心理；④适度的社会化与教化，能与人合作，并符合个人良心；⑤成熟的性态度，能组织幸福家庭；⑥培养适应，避免敌意与攻击；⑦对现实有正确的了解；⑧具有弹性以及适应力。

（四）大量心理学家认同情绪健康主要包括五大点

（1）保持积极乐观的心态。其中包括保持好奇心，善于关注和发现生活、学习中积极的事物，并能够充分地享受愉快，主动创造能使自己感到快乐的生活和事业。快乐不是等待和被赐予，而是一种发现和创造。

(2) 接纳自己的情绪变化。喜怒哀乐人皆有之，不能也不必过分压抑。要能接受自己的情绪，使情绪获得适当的表现，不苛求自己，不过于追求完美，以平常心来面对自己情绪上的波动，尤其是当负面情绪出现时。

(3) 善于及时调整自己的不良心态。其中包括能够保持正确、客观的理性认知，善于采用多种方式及时宣泄自己的情绪，在遇到生活的挫折时能够积极地自我暗示，或使自己的情感升华。

(4) 宽容别人增加愉快体验。保持良好的人际沟通，并能够理解和宽容别人，尤其在对方有过失时，不去怨恨别人，更不拿别人的错误来惩罚自己。好话一句三冬暖，怨恨是一把双刃剑，既会伤人，更会伤己。宽容别人首先是为了让自己释然。

(5) 掌握有效的情绪调节方法。其中包括保持幽默的方法、自我认知的方法、行为调节的方法、自我积极暗示的方法、转移升华的方法和自我宣泄的方法等。

二、高职学生健康情绪的培养与管理

情绪对高职学生的身心健康、学习、人际关系和行为都有重要影响。因此，高职学生认识自己的情绪，学会控制和调节自己的情绪，培养健康情绪，学做情绪的主人就显得尤为重要。

(一) 觉察自己真正的情绪

要想管理自己的情绪，首先必须要清楚自己的情绪状态。可以通过反思的方式，时时提醒自己思考这几个问题："我现在的情绪是什么?""因为什么?""有没有必要这样?"反思可以增强情绪的觉察能力，也能够洞悉情绪与事件、想法之间的因果关系。

(二) 适当表达自己的情绪

每一个人都有负面情绪，正确面对并且以适当的方式表达出来，使不良情绪得到有效地疏导。高职学生中由于情绪表达不当而引发各种问题的现象较为普遍。如宿舍中因情绪表达不当而造成人际关系紧张；因学习或某方面能力不如别人而产生自卑，长期压抑后的抑郁等等。情绪表达存在着一个度的问题，受对象、时间、场合等因素的制约。我们表达情绪时要考虑这些因素，既要传递信息，又要使对方能够接受，这样才能产生共鸣。

【读一读】

踢猫效应

男主人在公司里受了上司的批评，回到家里便把一腔怒火发泄到女主人身上。女主人深感委屈，却又不便发作，正好孩子放学回来，新衣服弄得脏脏的，女主人不分青红皂白，大发雷霆，把孩子臭骂一顿。孩子特别委屈，可又无可奈何。小猫见小主人回来了，高兴的在小主人脚面上"瞄瞄"的蹭着撒娇。小主人一腔怒火正没有地儿发，对着小猫咪就是一脚："滚！我正烦着呢！"

后来，心理学家就把这种心理学效应总结为"踢猫反应"。即人的不满情绪和糟糕心情，一般会沿着等级和强弱组成的社会关系链条依次传递。由金字塔尖一直扩散到最底层，无处发泄的最弱小的那一个元素，则成为最终的受害者。

一般而言，人的情绪会受到环境以及一些偶然因素的影响，当一个人的情绪变坏时，潜意识会驱使他选择下属或无法还击的弱者发泄。受到上司或者强者情绪攻击的人又回去寻找自己的出气筒。这样就会形成一条清晰的愤怒传递链条，最终的承受者，即“猫”，是最弱小的群体，也是受气最多的群体，因为也许会有多个渠道的怒气传递到他这里来。

（三）善于调控和管理情绪

调控和管理自己的负性情绪，我们需要遵循什么原则呢？心理学中有“四不原则”，即不责备、不逃避、不遗忘和不委曲求全。

第一是不责备原则。即对事不对人，只对这事不满意，而非是对人不满意。情绪是相互传染的，你带着负性情绪与别人交流，别人回敬你的也是负性的，这就不能很好的处理问题，且会造成双方更多的误会。这里告诉大家一个与对方有效交流的方法：首先很坦白地去描述这个事实，然后告诉对方自己真实的心理感受，最后要告诉对方，你希望对方做到什么，这样对方更容易接受这个事实。

第二是不逃避原则。在处理负性情绪时，敢于正视这事，不回避这个问题，想办法解决它。睡觉是一种逃避，因为睡醒后问题还在那儿。网络成瘾问题其实就是逃避策略引发的心理问题。

第三是不遗忘原则。这个在学生中非常普遍，比如失恋，脑子里就说：“我追不到她，算了，忘了她吧，时间会冲淡一切的。”按照精神分析理论，负性情绪如果不能及时处理，它就会像一个定时炸弹一样埋下来，总有一天它会跳出来影响或是毁坏你的生活。所以，最重要的事情不是忘掉这件事，而是直面并解决它。

第四是不委曲求全原则。解决一个问题，不应委曲求全，如果当事人委屈了自己，那是用牺牲了自己的某些利益去换来某些结果。不委曲求全就是在不伤害对方、不伤害别人的情况下保全自己，这是一个双赢的策略。

在遵循“心理四不原则”的基础上，可以通过以下方法与措施来调控和管理自己的情绪。

1. 情绪宣泄法

“宣”为疏导，“泄”为放出，“宣泄”即是把情绪疏导出去。是通过减少或排除不良情绪而解决情绪问题的方法。情绪的宣泄是平衡心理、保持和增进心理健康的重要方法。如果情绪得不到适当的宣泄，则会积压于心身，形成心身两个方面的紧张状态，影响心身健康甚至致病。每个人都有自己宣泄情绪的方式，归纳起来，主要包括以下几种途径。

（1）倾诉。可以找个值得信赖的人，如亲人、朋友或者专业的社会工作者、心理医生。诉说心中的烦扰和忧愁，会觉得轻松很多，心理压力就得到有效缓解。可以用写日记的方式倾诉不快。把不快和郁闷诉诸于笔端，通过文字的方式呈现。可以有意识地自言自语。找不到合适的倾诉对象时就自言自语，可以达到但同样的效果。

（2）哭泣。人在不良情绪状态下的眼泪含有毒素，要及时排出。哭泣后，情绪强度一般可降低40%，而那些不爱哭泣，没有利用眼泪消除情绪压力的人，其结果是影响身体健康，并促使某些疾病恶化。如结肠炎、胃溃疡等疾病与情绪压抑有关。美国的 Thomas Stone（他并不是位心理医生）曾饱受沮丧、恐慌、长期性头痛、失眠和婚姻问题和的其他种种症状的困扰。他试过一般的解决方法，找婚姻顾问、使用团体治疗法、心理治疗，可是通通没有用，在他以亲身经历撰写的《用眼泪治疗》中说："经过十几年的自我哭泣治疗，我不仅治好了身体的全部疾病，而且生活质量要比从前好上一千倍……"。

（3）寻找替代物。把不良情绪发泄搭配没有生命的物体上，如打击沙袋、充气的橡皮人，捏皮球，踩气球，到发泄吧摔砸等等。发泄吧一般在各高校的心理咨询中心都有。

2. *活动转移法*

指在处于情绪困境时，暂时将问题放下，去从事所喜欢的活动，以转变情绪体验的性质，达到调控情绪的目的。如通过欣赏音乐，参加体育活动，挥毫泼墨，游山玩水等途径都有益于情绪调控，这些都属于积极的转移，高职学生也应该转移一些消极的转移，即情绪不好时转而去吸烟、酗酒，乃至自暴自弃。

【读一读】

音乐疗法

研究表明，音乐对人的情绪有着极大的调节作用，不同的曲调和不同的节奏都能使人产生不同的情绪体验。古希腊人认为，不同的曲调代表不同的情绪：A调高扬，B调哀怨，C调和蔼，D调热情奔放，E调安静优雅，F调淫荡，G调浮躁。有人对近代音乐的乐调进行了研究，发现乐调与情绪有如下关系：

不同的个体因不同的个性特点、心情、时间和场合而对乐曲有所选择。如：节奏感强的乐曲适合忧郁、好静、少动的人；旋律优美的乐曲适合兴奋、多动、焦虑不安的人。因此，在国外，音乐调节已应用到了外科手术及精神病、抑郁症、焦虑症等病症的治疗了。如忧郁烦恼时可以听《蓝色多瑙河》、《卡门》、《渔舟唱晚》等意境广阔、充满活力、轻松愉快的音乐；失眠时可以听莫扎特的优雅宁静的《摇篮曲》、门德尔松的《仲夏夜之梦》等乐曲；情绪浮躁时可以听《小夜曲》等适合的音乐来调节自己的情绪状况。

3. *放松训练法*

放松训练有肌肉放松法、腹式呼吸法、想象放松法等。

（1）肌肉放松训练。一般来说，放松顺序是：手—手臂—肩膀—颈部—背部—腰部—腿部—脚，再面部，最后达到全身放松。当然，放松的顺序可以根据个人的情况设计。每处肌肉都经过先收缩紧张再慢慢放松的过程，一般收缩的时间比较短，5～10秒就可以，但放松的过程和保持放松状态的时间要长一些，大约要50秒。在这过程中重点是注意收缩与放松感觉的对比，尤其是感受放松过程与放松后的感觉，并要求记住这种感觉。目的是经过反复学习，最后能自己控制放松，马上找到放松的感觉，体会到放松。

（2）腹式呼吸法。你可以选择坐在一张舒服的椅子上或者躺下。不管采用哪一种姿势，把一只手放在你的腹部，感受一下当你呼吸时它的起伏。通过鼻子深呼吸，并尽可能地让你的肺充满空气。屏住呼吸一小段时间，然后慢慢呼气，尽可能保持放松。用这种方法呼吸大约六七次。这种方面随时可以进行，在上台发言之前，考试开始之前，几分钟时间都可以。

（3）想象放松法。通过想象的方式，创造和平宁静的意象，使精神放松下来，可以起到调节心理的作用。练习时周围环境需要安静、没有干扰，闭上眼睛，集中注意力，不分心，想象一个理想的景象，并感受这个景象，想象过程中，可以播放事先准备好的适合意境的音乐。例如：想象自己来到大海边，天高云淡，眼前是无限宽广的大海。海浪轻拂，花草清香，微风吹过，非常惬意。想象你拿起一个瓶子，不慌不忙地把烦恼的事一件件装进去，然后盖上瓶盖，把它放到一边。你体会着所有的烦恼都离开了自己，身体在净化，内心的力量在增加，你感受着一个新的自己。

4. 合理情绪理论

（1）合理情绪理论要点。

合理情绪疗法又称为 ABC 理论，是由美国临床心理学家艾利斯提出的。艾利斯认为人的情绪来自人对所遭遇的事情的信念、评价、解释或哲学观点，而非来自事情本身。情绪和行为受制于认知，认知是人心理活动的“牛鼻子”，把认知这个“牛鼻子”拉正了，情绪和行为的困扰就会在很大程度上得到改善。

情绪不是由某一诱发性事件本身所引起的，而是由经历了这一事件的个体对这一事件的解释和评价所引起的。人们大部分的情绪困扰都来自于非理性的、不合逻辑的思维与信念。当人们长期坚持在内心对自己重复这些不合理信念时，就会导致越来越严重的不良情绪和不适应行为，最终导致心理障碍。

艾利斯将人类普遍表现出的不合理信念归纳成三类：一是绝对化的要求。指人们从自己的主观意愿出发，认为事物“必须”或“应该”怎样的信念。例如，“我必须表现优秀”，“别人必须处事公正”，“生活必须完美无缺”。一旦现实与个人绝对化的要求不相符合，人就会感到沮丧，从而陷入不良情绪当中。二是过分概括化的倾向。这是一种以偏概全的思维方式，只凭个别事实就来判定自己或他人的整体价值，每当出现不好的结果时，就倾向于把自己或别人评价得一无是处、毫无价值。从而使个人经常陷入不良情绪当中。三是糟糕至极的评价。即只要一件不好的事情发生了，就认为此时此刻便是最坏、最可怕、糟糕至极的时候，把自己逼到毫无回旋余地的绝境，陷入不良的情绪状态之中，难以自拔。

（2）情绪困扰和不适应行为的产生。

艾利斯提出了 ABC 理论来解释人的情绪困扰和不适应行为的产生。其中 A（activating events）指诱发性事件；B（beliefs）指个人在遇到诱发性事件后产生的相应的信念，也就是他对这件事的看法、解释与评价；C（consequences）指在特定情境下，个人的情绪体验及行为结果。艾利斯指出，情绪（C）不是由某一个诱发事件本身（A）所引起的，而是由经历了这一事件的个人对这一事件的解释和评价（B）所引起的。因此 A 只是 C 产生的间接原因，B 才是 C 产生的直接原因，是 B 决定了 C 的性质。

（3）改变信念从而改变情绪与行为的方法。

在此基础上，艾利斯提出了通过改变信念从而改变情绪与行为的方法，即合理情绪疗法，也被称之为 ABCDE 模式。其基本程序是这样的：第 1 步，找出使自己产生异常紧张情绪的诱发事件（A）。例如考试、工作压力、人际关系等。第 2 步，分析自己在遇到诱发事件时对它的解释、评价和看法，即由它引起的信念（B）。从理性的角度去审视这些信念，并且探讨这些信念与所产生的紧张情绪（C）之间的关系。从而认识到异常的紧张情绪之所以发生，是由于自己存在不合理的信念，自己应当为自己失之偏颇的思维方式负责。第 3 步，扩展自己的思维角度，与自己的不合理信念进行辩论（disputing），动摇并最终放弃不合理信念，学会用合理的思维方式代替不合理的思维方式。还可以通过与他人讨论或实际验证的方法来辅助自己转变思维方式。第4步，随着不合理信念的消除，异常的紧张情绪开始减少，并产生出更为合理、积极的行为方式。行为所带来的积极效果，又促进着合理信念的巩固与情绪的轻松愉快。最后，个人通过情绪与行为的成功转变，从根本上树立起合理的思维方式，从此不再受异常的紧张情绪的困扰，即达到了治疗的效果（Effects）。

概括起来就是：诱发事件（A）→有关的信念（B）→不良情绪和不适当的行为（C）→与不合理信念进行对抗（D）→在情绪和行为上产生积极的效果（E）。艾利斯指出：人们往往以为消极的情绪或行为是由事件本身引起的，事实上，是由人们对该事件的评价引起的。A是引起C的间接原因，B是引起C的直接原因。同学们要学会甄别理性认知与非理性认知，常见的非理性认知与相应的心理反应，如表7－1所示。

表7－1　理性认知与非理性认知，常见的非理性认知与相应的心理反应

常见的非理性认知	理性认知	积极的心理反应	消极的心理反应
人应该得到生活中所有对自己是重要的人的喜爱和赞许	人不可能得到所有人的喜爱和赞许	尽力去做，不把他人评价作为最终目标和自我评价的标准	压力很大，谨小慎微，缺乏安全感，丧失自我，情绪紊乱
有价值的人应该是全能的，应在各方面都比别人强	全能的人是没有的，人各有所长	发挥自己的长处，弥补短处，让优点闪光	把个人价值完全放在能力与成就的天平上，完美主义倾向突出，怕失败而焦虑不安，不敢尝试
任何问题都能找到正确完善的答案，如果不能找到，那是难以容忍的事	世界上并没有完美或绝对的事，凡事以不同的角度观察便会得出不同的结论	多角度看问题，多方式解决问题，即使无法解决问题也不感到沮丧	忽视或放弃那些可行但不太完美的解决问题的途径而丧失机会
不愉快的情绪是由外界引起的，自己无法控制	人的情绪大多是由自己的知觉、评价引起的	通过调整认知而改变和改善情绪	凡事喜欢推给别人，养成不负责任的习惯
对于危险或可怕的事，一个人应该非常小心，而且应该随时顾虑到它可能发生	有些危险是无法预知的，既要有心理准备，又应保持乐观的态度	积极地、有准备地面对危险，度过危险	过分担忧，紧张、焦虑，徒增烦恼
逃避困难、挑战与责任要比面对它们容易得多	面对问题、困难与挑战，往往使人们在行动中获得信心	面对困难，相信总有克服困难的办法，即使十分困难也不退缩	胆怯、防御、脆弱，不负责任
人应该依赖他人，并且依赖较自己强的人	社会中人是相互依赖的，但又是互相独立的	相信自己也相信他人，凡事有独立的见解与行为，善于听取别人的意见	一旦失去依赖，便会无所适从，一筹莫展
过去的历史是现在的主宰，过去的影响是无法消除的	过去是现在的基础，把握现在方能把握未来，现在是过去的延续，但在延续中可以改变、改善过去	人无法改变过去，但可以改变现在，创造未来，相信可以用现在的努力减少或消除过去的影响	无法走出过去的阴影，放弃现在的努力，一事无成

续表

常见的非理性认知	理性认知	积极的心理反应	消极的心理反应
对于别人的处境，应予以非常的关切	适度把关心别人，帮助别人，又不至于过分关心而使对方不能接受	理解人，尊重人，关心人，在别人能接受的范围内适度帮助人	过分关注他人，低估他人自己改变行为的能力，
对于有错误的人应该给予严厉的惩罚与制裁	努力地理解他，在可能的情况下阻止继续犯错，学会宽容	视当时的情况及当时的表现而采取措施，处理问题宽严相济	因为犯错的人得不到惩罚与制裁而愤愤不平，满腹牢骚，行为偏执

◆拓展训练

【越测越乐】

抑郁自评量表（SDS）

评定时须根据最近一星期的实际情况来回答。否则，测验的结果不可信。此剖析图结果给出的是标准分，T＝1.25×原始分（取整即得T分）。分数越高，表示这方面的症状越严重。一般来说，抑郁总分低于53分者为正常；53～62分者为轻度，63～72分者是中度，72分以上者是重度抑郁。阴性项目数表示被试在多少个项目上没有反应，阳性项目数表示被试在多少个项目上有反应。

本评定量表共有20个项目，分别列出了有些人可能会有的问题。请仔细阅读每一条目，然后根据最近一星期以内你的实际感受，选择一个与你的情况最相符合的答案。A表示很少有，B表示有时有该症状，C表示相当多的时间有该症状，D表示绝大部分时间或全部时间。其中2、5、6、11、12、14、16、17、18和20反向记分。

1. 我觉得闷闷不乐，情绪低沉。

A. 很少　B. 小部分时间　C. 相当多的时间　D. 绝大部分时间

2. 我觉得一天之中早晨最好。

A. 很少　B. 小部分时间　C. 相当多的时间　D. 绝大部分时间

3. 我一阵阵哭出来或觉得想哭。

A. 很少　B. 小部分时间　C. 相当多的时间　D. 绝大部分时间

4. 我晚上睡眠不好。

A. 很少　B. 小部分时间　C. 相当多的时间　D. 绝大部分时间

5. 我吃得跟平常一样多。

A. 很少　B. 小部分时间　C. 相当多的时间　D. 绝大部分时间

6. 我与异性密切接触时和以往一样感到愉快。

A. 很少　B. 小部分时间　C. 相当多的时间　D. 绝大部分时间

7. 我发觉我的体重在下降。

A. 很少　B. 小部分时间　C. 相当多的时间　D. 绝大部分时间

8. 我有便秘的苦恼。

A. 很少　B. 小部分时间　C. 相当多的时间　D. 绝大部分时间

9. 我心跳比平时快。

A. 很少 B. 小部分时间 C. 相当多的时间 D. 绝大部分时间

10. 我无缘无故的感到疲乏。

A. 很少 B. 小部分时间 C. 相当多的时间 D. 绝大部分时间

11. 我的头脑跟平常一样清楚。

A. 很少 B. 小部分时间 C. 相当多的时间 D. 绝大部分时间

12. 我觉得经常做的事情并没有困难。

A. 很少 B. 小部分时间 C. 相当多的时间 D. 绝大部分时间

13. 我觉得不安而平静不下来。

A. 很少 B. 小部分时间 C. 相当多的时间 D. 绝大部分时间

14. 我对将来抱有希望。

A. 很少 B. 小部分时间 C. 相当多的时间 D. 绝大部分时间

15. 我比平常容易生气激动。

A. 很少 B. 小部分时间 C. 相当多的时间 D. 绝大部分时间

16. 我觉得作出决定是容易的。

A. 很少 B. 小部分时间 C. 相当多的时间 D. 绝大部分时间

17. 我觉得自己是个有用的人，有人需要我。

A. 很少 B. 小部分时间 C. 相当多的时间 D. 绝大部分时间

18. 我的生活过的很有意思。

A. 很少 B. 小部分时间 C. 相当多的时间 D. 绝大部分时间

19. 我认为如果我死了别人会生活得好些。

A. 很少 B. 小部分时间 C. 相当多的时间 D. 绝大部分时间

20. 平常感兴趣的事我仍然照样感兴趣。

A. 很少 B. 小部分时间 C. 相当多的时间 D. 绝大部分时间

【越玩越乐】

控制情绪的角色扮演

活动目的：通过角色扮演，能辨认各种情绪并了解它发生的原因，知道各种情绪反应对身心行为的影响，并学习控制情绪、发泄情绪的正确方法。

操作步骤：

（1）设情景。

情景1　室友把你的苹果5手机不小心摔坏了；

情景2　买彩票中了500万；

情景3　买车票时，钱包被扒了；

情景4　相恋三年的女朋友爱上了自己的哥们；

情景5　参加全国高职学生挑战杯竞赛荣获一等奖；

情景6　和寝室同学吵架了。

（2）讨论：在碰到以上各情景，你会有何种情绪产生？你如果有不适当的情绪反应，会有什么结果？

(3) 根据各组讨论的情景进行角色扮演扮演。

(4) 相互点评。

(5) 分享经验。

(6) 教师小结。

结合学生实际生活案例学习，通过“心情故事”“困惑大碰撞”“心理秘笈”等心理小品及短剧演练，使学生学会通过情绪宣泄，释放心中的郁闷，从而缓解各种压力，消除不良情绪的影响，以求得心理的平衡和健康，达到提高学生整体心理素养的目的。

【越看越乐】

风雨哈佛路

这是美国一部催人警醒的电影，通过讲述一位生长在纽约的女孩莉斯，经历人生的艰辛和辛酸，凭借自己的努力，最终走进了最高学府的经历，表达了一个贫穷苦难的女孩可以用执著信念和顽强的毅力改变了自己、改变人生的主题。

项目八

建立和谐的人际关系

◆心有灵犀

能独自生活的人，不是野兽，就是上帝。

——亚里士多德

一个人事业的成功，只有15%是由于他的专业技术，另外85%要靠人际关系和处事的技巧。

——戴尔·卡耐基

◆心海导航

我国著名心理卫生学家丁瓒先生曾指出：人类的心理适应，最主要的就是对于人际关系的适应，所以人的心理病态，主要是由于人际关系的失调而来的。人是社会的人，每个人都在社会中生存、发展，离不开与他人交往，离不开与周围的人建立各种各样的人际关系。良好的人际关系使人获得安全感和归属感，得到支持和理解，给人精神上的愉悦和满足，促进身心健康；不良的人际关系使人感到压抑和紧张，身心健康就会受到损害。

◆学习目标

【知识目标】

1. 使学生了解人际交往的重要性。
2. 帮助学生认识当自己处于人际冲突时的心态。
3. 初步掌握人际交往的原则和技巧。

【能力目标】

使学生掌握人际交往的具体技巧和方法，并能自觉运用。

【素质目标】

引导学生正确看待人际交往中的常见心理问题和心理效应，让学生在日常人际交往注入正能量。

◆青春故事

18岁的王昕是某高职学院会计专业的一名女生。第一次远离家乡，离开父母、孤身一人来到陌生的城市，面对来自各地，性格、经历、家庭条件各不相同的同学，有时觉得自己很孤单、很想家，就经常往家里打长途电话，诉说自己在学校的感受和对家人的思念。经过一段时间的自我调整，王昕很快适应了大学生活，并意识到在大学建立良好的人际关系、培养良好的人际交往能力的重要性，学会了尊重人、关心人和理解人，珍惜和同学之间的友谊与交往，坦诚相待，并能够把握分寸、恰到好处，具有良好的集体意识和团队精神，结果和室友相处得很融洽。特别是宿舍的8名女生，学习上相互鼓励、相互帮助，生活上互相关心、互相扶持，相处得就像亲姐妹一样。生病时，有人会帮她补课；想恋爱时，有人会帮她出谋划策；早上晚起了，早饭会在桌上静悄悄地等她。大家都感到宿舍就像自己的家，非常温馨、舒适。

分析：大学生从走进大学校园的那一天起，就面临着许多新的人际关系：新的同学、新的室友、新的老师，等等。和谐、融洽的人际关系，会给人带来愉快、充实、幸福、快乐，并能调动人的积极性；而当人际关系紧张、失调时，它又会给人带来烦恼、痛苦、失望。因此，大学生积极开展人际交往，处理好人际关系，有着十分重要的现实意义。

任务一　高职学生人际交往的特点

◆心理知识

一位哲人说过，人生的美好是人情的美好，人生的丰富是人际关系的丰富。人一生的成长、发展、成功、幸福，是与他人的沟通和交往息息相关的；人一生的愉快、烦恼、欢乐、悲伤、爱与恨，也同样是与别人的沟通和交往分不开的。

一、高职学生人际交往的概念与意义

（一）人际交往的概念

人际交往是指人与人之间通过一定方式进行接触，从而在心理上和行为上发生相互影响的过程。人际交往作为一种社会现象有两个特点：一是交往双方互为主体，二是交往双方行为互动，即在影响他人的同时也在接受他人的影响。

高职学生人际交往是指高职学生之间以及与他人之间沟通信息、交流思想、表达情感、协调行为的互动过程。在班集体、宿舍以及各种活动中，高职学生之间必然经常的发生交往和相互作用，他们在一起互相学习、互相帮助、寻求理解和友谊，并通过积极的人际交往建立融洽和谐的人际关系。

高职学生在校园里人际交往的主要对象是老师和同学，师生关系是学生人际关系的重要内容，两者关系如何直接影响学生在学校健康地学习成长。同学是高职学生人际交往的基本关系，也是高职学生人际交往的主要对象。大学校园里的同学关系总体上是和谐、友好的，同学之间的关系有亲情化、家庭化的趋势，即在日常生活、学习中创造一种如同亲属一般和谐稳固的同学关系。

（二）高职学生人际交往的意义

1. 人际关系影响高职学生之间的群体凝聚力和学习效率

人际关系是群体内聚力的基础，而内聚力是提高学生学习效率的前提条件。友爱、和谐的人际关系会使人感到温暖、安全、愉快，从而激发积极性和创造性。冷漠、排斥、敌意的人际关系使人产生压抑、焦虑、烦恼的情绪体会，从而阻碍人潜能的发挥。有人统计，不良的情绪使脑力工作者的学习效率降低70%。

2. 人际关系影响个体的个性发展

个体在自我发展和自我完善的过程中，不仅受自然环境的影响，而且还受人际环境的影响。研究表明，融洽的人际关系对个体具有以下好处：给个体以稳定感和归属感，使个体提高宽容和理解的能力；给个体以学习社交技巧的机会，使个体获得社交的经验；给个体以培养社会洞察力的机会，发展对集体的忠诚心。

3. 人际关系影响青年学生的身心健康

美国心理学家沙赫特·斯坦利曾做过这样一个实验：他以每小时15美元的酬金聘请人到一个小房间去住。这个小房间与外界完全隔绝，没有报纸，没有电话，不准写信，也不让其他人进入。最后有5人应聘参加实验，实验结果是：有一个人在小房间里只呆了两个小时就出来了，有3个人待了两天，另一个人待了8天。这个待了8天的人出来以后说："如果让我在里面再多待一分钟，我就要发疯了。"长期处于恶劣的人际环境中会导致各种身心疾病，如神经衰弱、高血压、偏头痛和溃疡病等等。

二、高职学生人际交往的特点与影响因素

（一）高职学生人际交往的特点

人际交往问题始终贯穿高职学生活时代，随着社会对人的适应能力提出的更高要求，交往也成为当代高职学生人格发展的重要课题，交往方式和交往内容也发生了根本性的变化。这种变化主要表现在以下几个方面。

1. 喜欢与人交往，交往愿望强烈

交往是人的心理需要之一。进入大学，高职学生已意识到人际关系对于学习和生活的重要性，健康正常的交往如能得到满足，就会形成一种向心力，对学习、生活起促进作用；如果得不到满足，就会产生空虚感和烦恼，甚至会影响个性的健康发展。因此，他们力图通过交往去开阔视野、丰富知识、学会处世以表现自己各方面的才能，获得情绪的稳定，保持足够的自尊心和自信心。

2. 人际交往的社会性强

随着社会开放和物质文化生活水平的提高，高职学生们对精神生活有着更高更迫切的要求。进入大学后，学生渴望走出校园，希望认识、结交更多的朋友，交流更多的信息，接受更多的新思想，与社会的接触比中学时更加频繁与密切，人际交往呈现出前所未有的开放式交往趋势。

3. 参加一些团体或组织

社团已成为高职学生交往的重要校园场所，毫不夸张地说，没有参加过社团就等于没

有上过大学。因为每一个社团都是搭建在学生之间的一个交流平台，而社团的共同目标，则是使他们产生凝聚力的源泉。社团中举办的各种丰富多彩的社会活动和校园活动，让高职学生们在活动中既扩大了交往范围，也增加了交往的密度，有助于他们交往能力地提高，包括控制协调，认知理解的能力等。

4. 交往范围扩大，但仍以同龄人为主

高职学生过着朝夕相处的集体生活，众多的交流机会、相似的人生经历、共同的学习任务，使得高职学生的交往对象主要选择在同寝室、同班级、同乡同学之间，围绕学习、娱乐、思想感情交流而展开。一些交往能力强的同学，力图突破现有的交往圈，不断以新的眼光和标准去扩大交往范围，寻求更多更好的伙伴，因此在交往中突破班级、年级范围，发展到同级、同系、同校高低年级可认识的同学及外校、社会上的朋友，进入各式各样的校园交际环境。

5. 交往频率提高和交往手段多元化

高职学生交往频率提高，由偶尔的相聚发展到经常的聊天、社团活动、聚会、体育活动、娱乐、结伴出游以及其他一些集体活动。网络和电子产品的发展为高职学生的交往提供了更加广阔的交往空间，交往手段的发展使高职学生的人际交往变得更方便、更快捷，新型的社交方式QQ、微博、微信、论坛等发挥着重要作用。

（二）高职学生人际交往的影响因素

我们每一个人都希望自己有更多更广泛的朋友。但对于有一些人来说，他们的社交能力并不差，可就是人缘不好，交不上知心朋友；而有的人社交能力并不是很强，但却结交了不少好朋友。这究竟是什么原因所造成的呢？

1. 人格品质

人格品质是影响人际交往的最稳定因素，也是个体吸引最重要的因素之一。社会心理学家认为，那些不尊重他人、以自我为中心、过分自卑的人格品质容易阻碍人与人之间的吸引，不利于人们的团结与协作。交往中，如果我们面对一个热情、诚实、亲切、温和、面带微笑，具有较强能力的人，一般讨人喜欢，我们易于接受他而与之交往；相反，一个冷酷、富有心机、欺骗、无能力的人就会令人生厌，于是我们回避他，疏远他。对于一个口是心非、阳奉阴违、嫉妒诽谤的人和一个诚实正派、心诚善意的人，显然我们喜欢和后者结交。可见，良好的个性品质易于建立和谐的人际关系，不良的个性品质则会影响正常交往。影响人际关系的主要人格品质见表8-1。

表8-1 影响人际关系的主要人格品质

最积极品质	中间品质	最消极品质
真诚，诚实，理解，忠诚，真实，可信，智慧，可信赖，有思想，体贴，热情，善良，友好，快乐，不自私，幽默，负责，开朗，信任	固执，刻板，大胆，谨慎，易激动，文静，冲动，好斗，腼腆，易动情，羞怯，天真，不明朗，好动，空想，追求物欲，反叛，孤独，依赖别人	古怪，不友好，敌意，饶舌，自私，粗鲁，自负，贪婪，不真诚，不善良，不可信，恶毒，虚假，令人讨厌，不老实，冷酷，邪恶，装假，说谎

2. 态度的类似性

人与人之间若对某人或某种事物有相似的态度，如有共同的理想、信念、价值观或兴趣爱好等，就容易引起彼此间思想上的共鸣与行为上的同步，形成密切的关系。俗话说："物以类聚，人以群分"，人以群分的基础就在于他们对事物是否有相同的态度，"相见恨晚"，就是态度相似性在交往上的表现。

3. 需要的互补性

当双方在某些方面看起来互补时，彼此地喜欢也会增加。因此，当人意识到自己有某种不足时，会发自内心地羡慕具有这种特点或能力的人，愿意与其接近，以便在彼此的交往中，通过取长补短，使双方的需要都得到满足。

4. 交往的频率

交往频率是指人们在单位时间内相互接触的次数。一般交往频率越高，越容易形成共同的经验，产生共同的语言和感受，即交往频率与人际关系的密切程度成正比例关系。反之长久不交往，关系就逐渐疏远。当然交往的内容也不能忽视，如交往只是互相应酬，即使频率再高，也难以形成真正的友谊。

5. 表达的能力

人际交往中，最经常使用的、最基本的手段是语言，学会说话要善于表达自己的情感与想法；注意在不同场合讲话的分寸；不讲不该说的话；在讲话中注意幽默感则能增加人际吸引，克服尴尬场面；在谈话中，注意谈起对方感兴趣的事情和最为珍视的东西，使之高兴，你也不难与之接近了。如果你说话夹枪带棒，敲敲打打，或者出语尖酸刻薄，言外有意，或者冷言冷语。这样说话常会引起人们的反感，有时还会带来口角甚至不良后果，难以使你与别人建立和谐融洽的人际关系。

三、人际交往的心理效应

（一）首因效应

首因效应是指人们初次交往时，对各自交往对象的直觉观察和归因判断。在这种交往情景下，我们一般称这种印象为"第一印象"或"最初印象"。首因效应在人际交往的印象形成过程中起着重要的作用。初次见面，相互之间很重视首先能够观察和感知到的一些特征，如对方的表情、体态、仪表、年龄、谈吐、礼节等，并根据这些形成第一印象。

心理学上的"首因效应"告诉我们，第一印象的形成是快速的、深刻的，并且很难改变的。正是因为这样的效应，所以想要在人们心中留下一个好的印象，一定要精心准备第一次的出场。"第一夫人"虽然在国家领导人的任期内，"第一夫人"有很多亮相的机会，但是第一次出场能够取得"开门红"非常重要。彭丽媛随访俄罗斯期间，举止优雅，端庄大方，装扮高贵又不奢侈，身上的包和配饰是国产品牌定制，给人们留下了一个很好的印象。相信在未来的几年中，这位得体的"第一夫人"能够在国际舞台上为中国赢得更多的关注。

因此在日常交往过程中，一定要注意第一印象。如同学们在与人初次交往的时候，要重视自己的衣着打扮、仪态仪表等，给对方留下一个好形象；在面试时，用人单位也非常重视第一印象，根据第一印象决定是否录用你。

【读一读】

心理学家阿希 1946 年以大学生为研究对象做了一个实验。他让两组大学生评定对一个人的总的印象。对第一组大学生，他告诉这个人的特点是“聪慧、勤奋、冲动、爱批评人、固执、妒忌”。很显然，这六个特征的排练顺序是从肯定到否定。对第二组大学生，阿希所用的仍然是这六个特征，但排练顺序正好相反，是从否定到肯定。

研究结果发现，大学生对被评价者所形成的印象高度受到特征呈现的顺序的影响。先接受肯定信息的第一组大学生，对被评价者的印象远远优于先接受了否定信息的第二组。这意味着，最初印象有着高度的稳定性，后继信息甚至不能使其发生根本性的改变。本实验充分说明了第一印象对人际交往的重要影响，具有先入为主的效应。

（二）近因效应

与首因效应相反，随着人际交往的深入，最近的信息对认知的影响较大，所留下的印象也相对深刻，最后的印象就会冲淡或盖过以往的印象，对行为发生重大的影响。主要产生于熟人之间，也称为“新颖效应”。例如你的好朋友做了一件对不起你的事情，你觉得好朋友怎么会做出对不起朋友的事，从而否定了和他以前的交情，从此再不交往了，这就是因为最近的事情，改变了你对朋友的态度和看法，以后再不和他交往了，这就叫“近因效应”。

（三）晕轮效应

晕轮效应是指我们在对别人做评价的时候，常喜欢从或好或坏的局部印象出发，扩散出全部好或全部坏的整体印象，就像月晕（或光环）一样，从一个中心点逐渐向外扩散成为一个越来越大的圆圈，所以有时也称为月晕效应或光环效应。晕轮效应指人某一方面的特征掩盖了其他方面的特征，从而造成对此人认识上的偏差。晕轮效应，也叫光环效应，反映了人们的一个基本的认知倾向，那就是以偏概全，我们往往会从某些最外显的细节出发，来对事物的总体特征进行推论。所以字写的好看的人办事一定认真，身材高大的人一定是体育健将，长得好看的人一定能力更优秀，我们明明知道这些并不存在确切的因果联系，但是在实际的决策中还是难免进入这样的认知陷阱。中国有个成语叫做“爱屋及乌”，意思就是喜欢一座房子，连栖在檐下的乌鸦也要受到眷顾；还有一句俗话叫做“情人眼里出西施”，就是说喜欢一个人的时候，那么他（她）所有的缺点就都是可以包容的了，这些都是晕轮效应的一个体现。当我们关注到事物好的一个方面，那么就会形成一个巨大的晕轮，将事物笼罩起来，使它的方方面面都看起来很棒；同理，如果我们关注到这个东西不好的一面，那么它的方方面面都显得不太可靠。负的晕轮效应如，厌恶和尚，恨及袈裟。

（四）刻板印象

刻板印象是指人们对某个社会群体形成的一种概括、固定的看法，如一说到浙江人，总认为会做生意；听到四川口音就认为喜欢吃辣椒；一提到知识分子，我们眼前就会出现文质彬彬、戴着眼镜的学者形象。刻板印象是我们在认识他人时经常出现的一种相当普遍的现象，也叫“社会刻板印象”。人们不仅对曾经接触过的人具有刻板印象，即使是从未见过面的人，也会根据间接的资料和信息产生刻板印象。我们认为英国人有绅士风度。刻板印象是一种群体现象，反映了人们对一类人的“共识”，但是我们在生活中也要注意一类人中也有个体的差异。

（五）投射效应

投射效应是指以己度人，认为自己具有某种特性，他人也一定会有与自己相同的特性，把自己的感情、意志、特性投射到他人身上并强加于人的一种认知障碍。如，“以己论人”“以小人之心，度他人之腹”。通俗地说就是“以己推人”“以己之心，度人之腹”。比如心地善良的人总也不相信有人会加害于他；而敏感多疑的人，则往往会认为别人不怀好意。由于投射效应的存在，我们常常可以从一个人对别人的看法中来推测这个人的真正意图或心理特征。

任务二　高职学生常见的人际交往障碍及调适

【案例】

林某，男，20岁，某高职院校大二学生，来自偏远农村，父母均是农民，母亲积劳成疾，患有多种慢性病，家庭比较贫困，姐弟2人。他自认性格十分内向，孤僻，不善言谈，不会处事，很少与人交往。大一学计算机课程时，他发现全班似乎只有他一个人没有任何基础，因为害怕同学嘲笑他，不敢告诉别人他根本不知道电脑怎么使用，甚至连开机都是在第一次课后，仔细留意其他同学的操作才学会的。看到其他同学自如地在网上聊天、打游戏、做作业，他恨不得挖个地洞钻进去。上课时他小心翼翼地坐在电脑旁听老师讲着，但觉得周围的同学似乎都在嘲笑他的笨拙，他不敢动手操作，只是低着头，默不作声，每次上计算机课他都弄得大汗淋漓，紧张而焦虑。有一次，上课时小李看到他没有按老师的要求完成相应操作，就在他的计算机键盘上熟练地敲了几个键，他突然感到了莫名的羞辱，愤怒地把电脑关掉了。从此变得更加孤僻，不敢抬头看人，害怕与人说话，常常感到特别的孤独和自卑，情绪烦躁，痛苦之极，长期的苦恼和焦虑使他患上了神经衰弱症。经常的失眠和头痛使他精神疲惫，体质下降，学习效率极低，成绩急剧下降，考试竟出现了不及格的现象，继而失去了坚持学习的信心。他开始厌倦学习，厌恶同学和班级，一天也不愿再在学校呆下去了。于是他听不进老师的劝告，也不顾家长的劝阻，坚持要求休学。

林某由于内向孤僻，不愿交往、不善交往，在与同学交往过程中引发人际冲突，与周围同学关系紧张，无法融进新的大学班集体，心理上感到非常孤独、痛苦。进而引起神经衰弱，失眠、头痛，学习效率降低，失去自信。他不仅搞僵了人际关系，而且搞垮了身体，荒废了学业，最终还造成被迫休学的结局。人际关系问题是高职学生中存在的最常见的问题，由于社会影响，家庭教育和自身素质的原因，相当多的高职学生都存在着不同程度的人际关系不良和心理障碍问题。它十分影响学生的正常学习和生活，妨碍他们的健康成长和顺利成才，是造成留级、休学，退学的主要原因。

◆心理知识

在高职学生人际交往中，总是伴随着种种心理因素，其中有些对人际交往是起积极促进作用的，如对自我和他人的正确认知，开朗乐观的性格，宽容大度的胸怀等，有些对人际交往是起阻碍作用的，如羞怯、猜疑、孤独心理等。了解阻碍人际交往心理因素产生的原因，并自觉消除这些心理困惑，才能有效地进行人际交往。

一、猜疑心理的调适

（一）猜疑心理的内涵及危害

猜疑心理是一种由主观推测而产生的不信任的复杂情绪体验。人们在交往过程中大都免不了猜疑，只是程度不一。猜疑心重的人往往整天疑心重重，或是无中生有，总以为别人在议论自己，瞧不起自己，算计自己，认为人人都不可信，人人不可交。

“猜疑是人际关系和谐的蛀虫”。事实表明，猜疑是破坏人际关系，影响人际正常交往的一个重要因素。猜疑有时甚至还会造成人际关系严重冲突。如某高职院校有一位学生，积极上进，在一位已入党的同学的直接帮助下，进步很快，并提出申请，要求入党。平时两人的关系很好，以为这批发展党员肯定没有问题，谁知却没有他。于是这位要求入党的学生开始怀疑那位同学在支委会上没有为他讲话，甚至讲了不利的话。觉得那同学有时看他说话不自然，便更相信自己的判断是正确的，于是觉得俩人表面上关系不错，实际上是利用自己，两人关系开始疏远。

（二）猜疑心理产生的原因

（1）错误的思维。美国的一位心理医生在他的《美好的心境》一书中写道“多疑所引起的抑郁情绪均起因于错误的思想。”猜疑一般总是以某一假想目标为出发点进行封闭性思考的。这种思考从假想目标开始，最后又回到假想目标。最典型的例子是一个成语故事《疑邻盗斧》，它说的是有一位樵夫上山砍柴丢了斧子，怀疑是邻居的儿子偷的，从这个假想目标出发，形成一种消极的思维定势。他观察邻居儿子的言行举止、神色仪表，无一不是偷斧的样子。其实，斧子是樵夫自己将它丢在山上了。

（2）个性中缺乏自信。心胸狭窄、缺乏自信容易产生疑心。一个不自信的人，看到别人在谈话，就以为在议论自己。如某大学有个学生，许多人曾当面说他年底准能担任学生会职务，结果竞选没有上，感到很意外，想起有一名同学曾同自己合不来，便猜疑是他从中搞了鬼，讲了他的坏话。没有竞选上学生会干部，就猜疑别人从中捣鬼，多半是因为他对自己的言行不够自信，才怕别人拨弄是非。

（3）客观的流言蜚语。听信谣言，也会产生猜疑心理。当个人没有达到预想目标产生失败时，有些别有用心的人不是帮你客观分析原因，而是造谣中伤别人。受失败的情绪干扰，又听信谣言，就更容易产生猜疑心理。

（三）猜疑心理的调适

猜疑心理是高职学生人际交往间的蛀虫，和谐人际关系之大忌，那么，怎样去克服它呢？

首先，需要培养理智，切忌感情用事。当出现猜疑念头后，要督促自己去寻找证据。比如，你在猜疑别人是否议论你时，应先回忆，在最近的一段时间内，自己是否引起过什么事端，是否有人在近期与你发生过争执等。如果疑点很多，证据实在、确凿，你应以诚恳的态度，鼓足勇气找对方坦率交换意见。如果证据不足，主观推测，演绎过多，甚至带有很强的想象色彩，你就该尽快否定自己的猜疑，用暗示法提醒自己不要想得过多，把人想得过坏等等。

其次，学会知人知己，以防止猜疑心的出现。猜疑心有时是在相互不了解的条件下产生的。如果一个人能够在短时间内认真观察他人、了解他人，把握其性格特征、处世方法等，你就不会无端地去怀疑他人。比如当你知道某人为人正直、诚恳，极端厌恶说别人坏话时，你就不会怀疑他在你背后捣鬼。当你能正确估计出自己在周围社会关系中的地位，以及留给别人的印象后，也不会随便猜疑别人是否跟自己过意不去。

最后，运用自我开脱法。即一旦产生猜疑心时，就暗示自己：人生在世，哪能不受他人议论！走自己的路，让他人去说吧！使自己从中得到解脱。

此外，还要注意不听信流言，对小道消息或通过不正当渠道传来的、似是而非的信息，只能抱着参考的态度听，不能以此作为判断依据。一定要避免偏听偏信，才不会引起误会和猜疑。

二、孤独心理的调适

（一）孤独心理的内涵及危害

青年时期是喜欢结交朋友，又容易产生与世界隔绝的孤独心理的时期。高职学生虽然生活在多姿多彩的校园中，不免有时也会产生孤独与寂寞之感。新同学来到学校，人生地不熟，如果没有人同他交流思想感情，没有人理解体贴他们，就会产生孤独寂寞心理。性格内向不善交流的同学在学习、生活中出现不顺心的时候，也会出现孤独寂寞。

心理上的孤独并不等于一个人独处，它是人的一种情绪体验。而独处是一种离开他人的客体状态，不是一种主观体验。心理学家认为，真正的孤独，往往产生于那些虽有表面接触，但没有情感和思想交流的人们。事实上，不管你是置身于人群，还是独居一室，只要你对周围的一切缺乏了解，和你身外的世界无法沟通，你就会产生孤独感。

粗略地去考察人的孤独感，大致可分为两类，外在的孤独和内在的孤独。边疆哨所的军人，驻守孤岛的士兵，长期工作在高山气象观测站的科技干部，他们远离亲人朋友，在工作之余没有与更多的人相互交往的机会，没有丰富多余的精神生活，不免有时感到孤独。但是他们虽然远离城市和亲人，从事的却是与人民幸福息息相关的崇高的事业，虽然“孤独”却意义非凡。内在的孤独则是一种最深层次上的心理体验。这种孤独就是身处人群之中，但内心世界却与生活格格不入。它常常是朦胧的，不可名状，是十分有害的。人是社会化的高等动物，与其他一切动物根本的区别，就是人过社会化的生活。因此，人的一切包括思想、学识、才能等等只有在社会生活中才存在，离开了社会生活与人际交往，人的本性与人格都不能保持完整和健康。

德国青年心理学家斯普兰格，在他的著作《青年心理》一书中，曾生动地写道“没有谁比青年从他们的孤独小房里，更加用充满憧憬的目光眺望窗外世界的了。没有谁比青年从他们深沉的寂寞中，更加渴望接触和理解外界世界的了。没有谁比青年更加向远方世界大声呼唤的了。”我们青年高职学生也是这样，渴望摆脱心理上的孤独寂寞感，寻求友谊和温暖；渴望得到他人的理解、关心、爱护、体贴和帮助；渴望作为一个人格独立的人，被社会所承认和尊重。

（二）孤独心理产生的原因

（1）由青年期的心理特点所决定。青年期是人生发展的重要阶段：生理上的急剧发展变化和性成熟，自我意识的增强与自我分析水平的提高，情绪不稳定和易于兴奋，逻辑思维的新发展等等特征，使青年正处在人的生命发展全程中的半成熟时期，他们刚刚走过天真无邪、无忧无虑的幼年时期，童心未泯，似懂非懂，世界观和人生观也刚刚建立和逐渐巩固，处在像是孩子又不是孩子，像是成年人又不是成年人的发展阶段。青年人往往自以为很成熟了，但社会和成年人却仍旧把他们看作是孩子；这样，青年们委屈地感到自己不被社会和成人所了解，因而常常有莫名其妙的孤独感。患有孤独心理的高职学生，一般对投身的事业缺乏炽热感情，孤独心与事业心是密切相关联的，一个有强烈事业心的人，一般是不会产生孤独心理的。

（2）深度内向型性格的高职学生也容易产生孤独感。这是因为他们的自我中心观念比较重，他们往往对外界事物和周围人群，表现得淡漠寡趣，难于合群；思想方法比较趋向于抽象、紊乱；行动上终日忙忙碌碌，显得紧张而又急迫；他们的内心深处有比较强烈的抗拒感；喜欢把自己封闭在一个狭小的内心世界的小天地里，因而十分孤寂。

（三）孤独心理的调适

孤独的荒漠使人迷失，寂寞的火山使人恐惧，如何走出孤独的心理呢？

（1）建立自信心，相信自己是有价值的人，愿意从事帮助他人也有利于自己的事。让人在你的所作所为中了解你、尊重你。

（2）多参与集体活动，为参与而参与，不必希望要求立即获得回报。参与集体活动的主要价值，在于学习社会能力，并寻找机会让别人认识并了解你。

（3）练习自我表达能力。自我表达除了朋友之间的感情表达，还有个人意见与才能的表达。恰当的不引起误会的表达方式是可以学习的。

（4）练习听取别人的意见并尊重大家所一致达成的决定。先要做到与别人和谐共处，然后才有可能培养出感情。

（5）打破孤独的僵局。跟人们相处时感到的孤独，有时候会超过一个人独处时的十倍。这是因为你跟周围的人格格不入，就像你突然来到一个语言不通的国度一样，你无法跟周围的人进行必要的交流，也无法进入那种热烈的气氛里面，你不由自主地觉得自己很孤单。而他们之中那种热烈的气氛更是衬托出你的被冷落，如果这种情况在心理上已成为定势，就害怕与人相处。这时候，就更要承受虽身处人群而感孤独的压力，要战胜过去的自我，要打破这种局面，唯有“忘我”，想一想你能为人家做点什么，这很有好处。记住：温暖别人的火，也会温暖你自己。

三、羞怯心理的调适

（一）羞怯心理的内涵及危害

羞怯是害羞和胆怯的统称。胆怯是想交往又怕交往的一种心理准备状态，害羞是胆怯在交往中的心理表现。胆怯必定害羞，害羞加剧胆怯。几乎所有的人都有过某种程度的羞涩和胆怯，不过有些人表现得特别严重。羞怯心理较重的同学在人际交往中表现为话未开口脸先红，话语低沉心发跳，在学习训练中遇到问题，宁可憋在肚子里，也不好意思向老师或别的同学请教。

【读一读】

只会学习不会沟通，大学生丢银行卡挨饿一周

一名大二学生由于自理能力太差，又不善与老师、同学沟通，丢了饭卡后没钱吃饭，饿着肚子挺了一周，实在坚持不住才给远在云南的父母打电话求救。父母与儿子所在学校的辅导员联系，才帮这位学生补办了饭卡，终于救了这位大学生的“命”。这名大学生在家时，除了学习外什么都不会。大学之前，他习惯了父母安排的一切，不用上街，不愁家里的吃住，也不与其他同学交往。去大学报到的时候，所有的琐事都是父母帮他办的，饭卡怎么来的他不知道，因为长期不与别人打交道，他对与别人沟通产生了畏惧心理。

（二）羞怯心理产生的原因

（1）由于青春期生理变化引起的感应性反应。青年高职学生正处于生理、心理发育最旺盛的时期，激素分泌较多，外界刺激时会使体内的平衡被打破，变得紧张起来，出现冒汗、脸红、心慌等感应性反应。

（2）自卑等心理的影响。具有羞怯心理的高职学生羞于与他人交往，特别是不敢与陌生人交往，是因为对自己的信心不足，害怕出错。

（3）成长中的环境影响。如果在童年、少年期交往中曾经受到过他人的训斥、嘲笑或戏弄，其阴影会造成久远的影响，以后进入类似环境或新环境就会出现胆怯。羞怯心理影响高职学生的正常交往和心理健康，阻碍更好地适应社会环境，不利于发展自己的聪明才智。

（三）羞怯心理的调适

（1）培养交往的自信心。自信心表现在各个方面，如果总认为自己缺乏交往能力，口才没有别人好，气质风度比别人差，见世面比别人少，在集体活动中，就会畏畏缩缩，讲话办事瞻前顾后，学习讨论羞于开口，使自身的能力得不到有效的发挥，影响同学间的正常交往。因此，要培养交往的自信心，要看到自己的长处，而不必为自己的某些短处而自惭形秽，相信自己身上总有吸引别人之处，从而摆脱与他人交往的自卑阴影。

（2）努力丰富自身的知识，艺高人胆大。有了丰富的知识储备，娴熟的交往技巧，在交往中自然就会应对自如。知识可以丰富人的底蕴，增加人的风度，提高人的气质，也是克服羞怯心理的良药。要勤奋学习，努力拓宽知识面，掌握一些社交知识和技巧，通过知识的积累，增强交往的勇气。

（3）增强交往能力的锻炼。高职学生处身在校园，要努力增加表现自己的机会，多与他人交往，使自己的交往能力得到进一步的发展。要为自己多创造一些交往的机会，在各种场合下鼓励自己大胆讲话，勇于发言。

四、嫉妒心理的调适

（一）嫉妒心理的内涵及危害

嫉妒心理是指人处在社会生活中，总会自觉不自觉地在多方面与他人比较。当发现自己的才能、机遇、名誉、地位不如他人时，便会产生一种羞愧、怨恨、愤怒相混合的复杂心理。嫉妒最典型的特点就是面对他人的长处、成绩心怀不满，看到别人冒尖、出头不甘心，但又缺乏竞争的勇气，往往采取挖苦、讥讽、打击甚至不合法的行为给他人造成危害。培根曾经说过；嫉妒是一种四处游荡的情欲。确实，嫉妒一经产生，它便成了纷扰的源泉。嫉妒不仅妨碍了他人的生活，而且会自食其果，给自己带来极大的心理痛苦。

（二）嫉妒产生的原因

（1）平均主义思想根源。在高职学生群体中，每位同学都希望老师能看到自己的与众不同，即便是自己没有什么与众不同，也希望老师能一视同仁，公平对待，希望老师在重视其他同学的同时，也能重视自己。而当这种愿望不能实现时，便会对被老师重视的同学冷言相对，冷嘲热讽，甚至在这些同学出现某些不幸的遭遇时，幸灾乐祸。

（2）错误的认知理念和不正确的归因方式。嫉妒的产生往往和人的一种错误认知相联系，当他认为某些东西是他该获得而没有获得，或某些东西是别人不该获得而获得了而产生的一种消极的心理。除此以外不正确的归因方式也是嫉妒产生的一个原因。根据心理学家韦纳的研究，人们总是习惯于对自己采取内归因，而对他人采取外归因，对于相同的事物人们没有看到归因的不同，而总是关注结果的不同，这种与自己期待不同的结果便成了人们嫉妒产生的源泉。

（3）不健全的性格及人格。性格及人格因素都是构成个性的核心因素。一个性格及人格不健全的人考虑事情往往只从自己的利益出发考虑问题，一旦事与愿违便产生不平衡的心理，导致嫉妒的产生。比如一个人生性好强，做事情都喜欢争第一，“出风头”，那么一旦遭遇失败就很可能对比自己强的人产生严重的嫉妒心理。还有一些嫉妒心理更严重的人，他们不能够忍受别人在大家心目中的良好形象，也不能够忍受别人在其他人面前“出尽风头”，这总会挑起他强烈的嫉妒心理，甚至想方设法对他进行打击报复。

（三）嫉妒心理的调适

（1）提高道德修养。封闭、狭隘意识使人鼠目寸光，因此，应该不断提高自身道德修养，不断地开阔自己的视野，与人为善。

（2）正确认识嫉妒。嫉妒心理的产生往往是由于误解所引起的，即人家取得了成就，便误以为是对自己的否定。其实，一个人的成功不仅要靠自己的努力，更要靠别人的帮助，人民给予他赞美、荣誉，并没有损害你。

（3）客观的评价自己。当嫉妒心理萌发时，能够积极地调整自己的意识和行为，从而控制自己的动机，这就需要客观、冷静地分析自己，找差距和问题。

（4）见强思齐。一个人不可能在任何时候都比别人强，人有所长也有所短，人固然应该喜欢自己、接受自己，但还要客观看待别人的长处，这样才能化嫉妒为竞争，才能提高自己，同时还要看到自己的长处。

任务三　高职学生人际交往的优化

【案例】

大学生小丽和小雯是一对要好的朋友，学习、生活中经常形影不离。后来小丽觉察到小雯周末常常不在自习教室，问她去做什么，小雯不愿意说，又担心小丽多心，影响两人的关系，内心很矛盾。小丽则很不高兴，认为两个好朋友之间不该有个人隐私，若保留个人隐私就不是真正的友谊。她们的矛盾症结就在个人隐私的处理。

分析：个人隐私是个人感的重要体现，没有个人感就没有个人隐私，没有个人隐私也就无所谓个人。个人隐私之所以重要，在于它接纳了每个人私生活的合法性和独立性。小丽和小雯没有掌握好友谊和个人隐私的分寸，因而都十分痛苦。在人际交往中，无论是同性还是异性之间，都应该尊重他人，保护他人的隐私，不能强迫别人暴露。

◆**心理知识**

人际交往能力是现代化社会人才的重要素质，是衡量一个人能否有效适应社会的标志。一个想要在现代社会生活中有所作为的青年学生，应努力培养自己交往的能力，掌握交往的主动权。为此，不仅要克服交往障碍，更为重要的是了解人际交往的真谛，掌握成功交往的技能与艺术。

一、掌握人际交往的原则

只有进行积极的人际交往，才能在交往中收到良好的效果，从而建立良好的人际关系。要实现这一目标，就必须遵循一定的交往原则。这些原则，既是人际交往的基本原则，也是高职学生人际交往应当遵循的基本原则。

（一）尊重原则

尊重是平等原则在人际交往中的体现。尊重包括自尊和尊重他人。自尊就是在各种场合自尊自爱，维护自己的人格；尊重他人就是重视他人的人格、习惯与价值，不伤害他人的自尊，承认人际交往中双方的平等地位。

尊重是交友的重要保证，是达到交往效果的桥梁。在人际交往中，交往双方由于主客观的原因，在气质、性格、能力、知识等方面均存在差异，并因社会分工的不同而具有不同的身份，但在人格上则是平等的。只有尊重自己和尊重他人，才能保持人际交往各方的平等地位。有位同学家中遇到不幸，断了经济来源，班上一位同学得知消息，立即在大庭广众之下，给他一百元，结果那位非但不感激，而且很生气。如果热心助人者，能体谅同学的自尊心，换一种帮助的方式，如以无息借予或互通有无等，情况或许会好得多。

同样，有的高职学生往往要求别人尊重自己，自己却不懂得尊重别人。如老师在讲台上讲课，他却头戴耳机听音乐；同学在课堂上讲演，他却在下面高声说笑等。这样做既伤害了他人的自尊，也是不尊重自己的表现。

（二）真诚原则

真诚，就是真实、诚恳、没有虚假。处世者最根本的一条，就是要培养一颗真诚的心。只有彼此以心换心，才能相互理解、相互接纳、相互信任，所谓“精诚所至，金石为开”，就是用真诚去打开人际交往的心灵之门。

真诚待人者必被人待以真诚。用真诚与人交往，就可以充分认识、发掘别人的长处，不会计较别人的短处和不足，就能以公平的心去评价和判断事物，有助于自己的发展和完善。真诚固然很好，固然必需，但是培养起来却颇不容易。人们常常被各种利害关系和感情左右，这是人性的弱点之一，克服起来非常困难。要培养真诚，就要从日常的生活中做起，时时事事检点是否感情用事，是否本位主义，是否具有理性，经常反省自己的言行，不断培养和提高。

在人际交往的实践中，人们还容易犯一个错误，就是希望他人真诚可信，但却常常忽视了自己的真诚。例如，有的高职学生交朋友，常常要求朋友对自己坦诚相待，袒露心扉，否则就认为朋友不真诚，但是，自己却从未向朋友打开过心灵之门。这样的交往关系，永远难以深入。又比如那种"逢人便说三分好，未可全抛一片心"的交往，必然侵蚀健康的交往关系。当然，真诚不等于头脑简单、轻率从事、盲目冲动，真诚本身就是要求我们细致、谨慎和理智地去进行人际交往。

【读一读】

得黄金百斤，不如得季布一诺

秦末有个叫季布的人，一向说话算数，信誉非常高，许多人都同他建立起了浓厚的友情。当时甚至流传着这样的谚语："得黄金百斤，不如得季布一诺。"（这就是成语"一诺千斤"的由来）后来，他得罪了汉高祖刘邦，被悬赏捉拿。结果他的旧日的朋友不仅不被重金所惑，而且冒着灭九族的危险来保护他，使他免遭祸殃。一个人诚实有信，自然得道多助，能获得大家的尊重和友谊。反过来，如果贪图一时的安逸或小便宜，而失信于朋友，表面上是得到了"实惠"。但为了这点实惠毁了自己的声誉，而声誉相比于物质是重要得多的。所以，失信于朋友，无异于失去了西瓜捡芝麻，得不偿失的。

（三）宽容原则

即在处理人际关系时宽容厚道，对他人予以充分理解、体谅，不求全责备，要多看他人的善和功，多想他人的思与德，做到宽以待人。在人际交往中由于经历、文化、修养等差异的存在，因误会、不理解而产生矛盾是不可避免的。这就要求交往主体遵循宽容的原则，宽以待人，求同存异。宽容不是懦弱，懦弱是由于自身无力量而怕受别人欺负。宽容则是指具有宽阔的胸怀、对人豁达。心理学的研究证明，自信心越高的人，宽容度就越强。宽容是建立在理解和尊重基础上的，不仅能够容人所长，善于欣赏别人；也要容人所短，善于体谅别人。孔子说："人不知而不愠，不亦君子乎？"当然，宽容并不意味着无原则，中国传统道德在强调忠恕之时，更强调"宽而疾恶"。正是在这样的基础上，宽容有助于扩大交往空间，也有助于消除人际间的紧张和矛盾。

【读一读】

一天晚上，一位老禅师在禅院里散步，忽然发现墙角边有一张椅子，他一看就知道有出家人违反寺规越墙出去溜达了。这位老禅师也不声张，他走到墙边，移开椅子，就地蹲着，过了一会，果然有一位小和尚翻墙。黑暗中，他踩着老禅师的脊背跳进了院子。

当他双脚落地时才发现，自己刚踏地不是椅子，而是自己的师父。小和尚顿时惊慌失措，张口结舌。出乎小和尚意料的是，老禅师并没有厉声责备，只是以平静的语调说："夜深天凉，快去多穿一件衣服。"

老禅师宽容了他的弟子，以后，老禅师也没有再提起这件事情，可是禅院里所有的弟子都知道了这件事。从此以后，再也没有人夜里越墙出去闲逛了。

（四）信用原则

交往离不开信用。信用指一个人诚实、不欺、信守诺言。古人有"一言既出，驷马难追”的格言。现在有以诚实为本的原则，不要轻易许诺，一旦许诺、要设法实现，以免失信于人。朋友之间，言必信、行必果、不卑不亢，端庄而不过于矜持，谦虚而不矫饰诈伪，不俯仰讨好位尊者，不藐视位卑者。

【读一读】

人际交往黄金原则：你想别人怎样对你，你也要怎样对待别人

《圣经·新约·马太福音》第七章第十二节上说：“无论何事，你们愿意人怎样对待你们，你们也要怎样待人，因为这就是律法和先知的道理。”这是一条做人的法则，又称“为人法则”，它几乎成了人类普遍遵循的处事原则，被人们尊奉为人际交往的“黄金法则”。人们往往将之简称为“你想别人怎样对你，你也要怎样对待别人”。它告诉我们，你希望别人对你友善，那么你要主动对别人友善；你希望别人对你真诚，那么你要主动对别人真诚。别人如何对待我们，首先取决于我们如何对待别人。他人如同是我们的一面镜子，我们笑，镜子也会笑；我们哭，镜子也会哭。

二、讲究沟通的行为规范

处理人际关系是一项较为复杂的活动，需要一定的能力、技巧和艺术，掌握交往的技巧和艺术，不仅有利于建立良好的人际关系，而且也是高职生必须掌握的一门学问。

（一）语言沟通

“良言一句三冬暖，恶语伤人六月寒。”这两句话告诉我们，交往时要注意运用语言的艺术。语言艺术运用得好，就能优化人际交往。相反，如果不注意语言艺术，往往在无意间就出口伤人，产生矛盾。一个人将自己的见解用明晰的语言、缜密的逻辑，再辅以传情达意的动作来表达，就使口头语言有了综合感染力。

1. 称呼得体

称呼反映出人们之间心理关系的密切程度。恰当得体的称呼，使人能获得一种心理满足，使对方感到亲切，交往便有了良好的心理气氛；称呼不得体，往往会引起对方的不快甚至愤怒，使交往受阻或中断。所以，在交往过程中，要根据对方的年龄、身份、职业等具体情况及交往的场合、双方关系的亲疏远近来决定对方的称呼。对长辈的称呼要尊敬，对同辈的称呼要亲切、友好，对关系密切的人可直呼其名，对不熟悉的要用全称。

2. 说话注意礼貌

要用准确、生动、有感染力的语言来表达，要根据谈话的内容和场合，采取相应的语音、语调和语速；讲笑话要注意对象、场合、分寸，以免笑话讲得不得体，伤害他人的自尊心；适度地称赞对方，每个人都希望别人赞美自己的优点。如果我们能够发掘对方的优点，进行赞美，他会很乐意与你多交往。但是赞美要适度，要有具体内容，绝不能曲意逢迎。真诚的赞美往往能获得出乎意料的效果。避免争论，青年高职学生喜欢争论，但争论往往是在互不服输、面红耳赤、不愉快甚至演化成直接的人身攻击或严重的敌意中结束。这对人际关系的影响是显而易见的。因此高职学生要尽量避免争论，而要通过讨论、协商的途径解决分歧。

语言艺术运用得好，就能吸引和抓住对方，从内容到形式适应对方的心理需要、知识经验、双方关系及交往场合，使交往关系密切起来。

（二）非语言沟通

一般包括眼神、手势、面部表情、姿态、位置、距离等。掌握和运用好这种交往艺术，对高职学生搞好人际交往是不可少的。“眼睛是心灵的窗户”，“眼睛像嘴一样会说话”。面部表情是内心情绪的外在表现，它们均能表达人的态度和情感。如眉飞色舞表示内心高兴，怒目圆睁表示愤怒等。交往中还可用人体动作来表达思想，高职学生在人际交往中根据谈话的内容和场合，正确运用非语言艺术，巧妙地表达自己的思想感情，有时能起到“此时无声胜有声”的作用。但非语言艺术要运用得恰到好处，不可过于频繁和夸张，以免给人手舞足蹈之感。

人们通常认为，一个人的语言留给别人的印象是最深刻的，其实这是一个错觉。心理学家经过研究发现，在一个人给别人的整体印象中，视觉因素占55%，声音占38%，而语言仅占7%。也就是说，在许多时候，你的声音、你的肢体语言，要比你具体说什么话更能影响别人。所以倾听，不仅要耳到，还要眼到、心到，用眼观察、用心体味，这种倾听，不但可以使你获取正确的信息，还有助于你的感情存储不断增加和升值。

【读一读】

握手的学问

握手是使用最多、适用范围最广的沟通行为之一。握手的初衷是向别人表示友好和接纳，短短几秒钟的握手，会把你对别人的态度传达给别人。比如老友重逢时两人的握住后常来回拉扯，以此表示兴奋的心情；好友分别时，常边握手边轻拍对方被握住的手，表示别情难舍；上级对于自己欣赏的下级，握手时常常以左手轻拍对方的手臂或肩膀，以表示赞赏和尊重等等。心理学家曾总结出社交场合握手的一般规则，以便使人们能够通过握手成功地给别人留下良好的印象。这些规则主要有：握手者必须从内心真诚接纳别人；作为主人、上级或女性，应主动伸手与人相握；不要戴手套与人握手；男性一般不抢先与女性握手；握手时保持适当的目光接触。

三、学会人际交往的艺术

（一）倾听的艺术

在人际交往中，既要适时适度地开启心扉，也要随时随地接纳对方。当一方在侃侃而谈时，他总是希望对方专心专志地在聆听，而只有感觉别人对自己的欣赏时，一个人的自信心才能建立。学会倾听，做一个合格的倾听者，不仅是一种人际交往中的文明礼貌行为，也是表达对人的欣赏和帮助他人建立自信的重要方式，将有助于使自己取得信赖，赢得友谊。

倾听的方法：①不要先入为主；②偶尔的提问；③及时给予反馈；④集中精力进行倾听；⑤使用开放性动作；⑥及时用动作和表情给予呼应；⑦适时适度的提问；⑧必要的沉默；⑨倾听别人的成绩。

（二）赞美的艺术

在所有的语言当中，赞美之词是语言的钻石。一句赞美的言语，可以让对方飘飘欲仙，对你印象深刻！在日常生活中，我们都有这样的体会，许多美好的东西——成功、爱情、家庭、友谊……都会因“口齿拙笨”而付诸东流，许多看似很难得的东西——同学认同、老师赏识、朋友喜欢、恋人亲密、家庭和谐……都会因“甜言蜜语”而轻而易举地拥有。可以说，赞美他人是一门生活离不开的学问。这个世界到处需要赞美，因为人人都渴望被赞美。

虽然人人都爱被赞美，但并不是任何赞美的方式都能为人所接受，并不是任何赞美的话语都能深入人心。大文豪萧伯纳曾说过：“每次有人赞美我，我都头痛，因为他们赞得不给力。”赞美他人，是一门艺术，需要技巧和悟性。

赞美的5个原则：①不要害怕面对面赞美别人；②间接赞美比直接赞美更有效；③依据事实，以诚恳的态度来赞美；④越具体的赞美效果越好；⑤从小事、细微处着手，称赞对方的成就。

（三）批评的艺术

在人际交往中，我们每一个人都是希望得到夸奖，不愿意受到批评，但面对同学之间的错误，我们用批评、指责的方式，并不能使他永久地改变，反而会引起逆反心理。有人说：“高明的批评就像一块香皂，它不但能除去身上的污垢，还能给人留下清香。”因此，能够听进去批评，心悦诚服地接受批评是关键。可见批评更讲究艺术。

【读一读】

批评的智慧

人皆有过，被批评、批评别人在所难免。但若方法不当，既达不到目的，又伤害感情。批评的智慧体现在：①从称赞和诚恳入手，先诚恳地称赞别人的长处，再指出不足，比一针见血地批评更有效；②间接提醒别人的错误，用间接方式提醒会使人因保留面子而乐于接受意见，比直截了当好；③先谈自己的错误，当与别人发生误会而双方都又有责任时，最好先责己，然后再指出别人的错误；④提问而不是下命令，态度要诚恳，方式要委婉，比如问“你觉得这样做行吗？”⑤勇于接受批评，当别人善意批评自己时，要勇于接受才能进步。

（四）拒绝的艺术

在生活中，我们会遇到各种各样的请求，有积极的，有消极的，有道德的，有不道德的，有符合自己意愿的，也有不符合自己意愿的，有我们乐于接受的，也有我们需要拒绝的。有时候，我们本想拒绝，但碍于一时的情面，却点了头，而让自己非常困惑、紧张。不敢和不善于拒绝别人的人，实际往往得戴着“假面具”生活，活得很累，而又丢失了自我，事后常常后悔不迭；但又因为难于摆脱这种“无力拒绝症”，而自责、自卑。其实，学会拒绝的艺术并不困难，下面这些方法是常用的：①先顺其意说，后说明不能应答的理由；②换个说法，暗示对方，使对方知难而退；③不直接谈自己的看法，而讲其他人的看法；④拒绝对方的请求，但是给其提供替代方案。

四、提升自己的人际魅力

人际魅力是指在人际交往过程中形成的，个体对他人给予的积极和正面评价的倾向。

每个人都有自己喜欢的人，并愿意与之交往；每个人也都有自己讨厌的人，不愿意和这些人交往。这种现象反映的实际上就是人际吸引。那么，高职学生如何增强人际吸引力，做一个受欢迎的人呢？

（一）努力建立良好的第一印象

在人际交往中，我们首先关心的是如何才能给别人留下一个良好的第一印象，使自己与别人的人际关系中有一个良好的开端。有一句谚语是这样说的：第一印象永远不可能有第二次机会。那么我们怎样才能通过有意识的努力，给别人留下一个良好的第一印象呢？

社会心理学家艾根根据研究发现，在同陌生人相遇的开初，按 SOLER 模式来表现自己，可以明显增加别人对我们的接纳性，使我们在别人心目中建立起良好的第一印象。SOLER 是由五个英文单词的词头字母拼写起来的专业术语，其中：S 表示“坐（或站）要面对别人”，O 表示“姿势要自然开放”，L 表示“身体微微前倾”，E 表示“目光接触”，R 表示“放松”。

从上面的描述中我们可以看到，当我们按照 SOLER 方法来表现自己时，会给人一个“我很尊重你；对你很有兴趣；我内心是接纳你的；请放轻松”的良好的印象。

（二）培养成功交往的心理品质

人际关系的好坏不是一个简单的技巧问题，它反映了人的性格特点和对别人的评价。常言道“生活的磨炼可以改变一个人”，主要指性格的改变。建立良好人际关系的秘诀在于：培养成功交往的心理品质，提高自身人格魅力，如真诚、大方、热情、自信、谦虚、善解人意等。自卑感往往是人际摩擦和矛盾的原因，而自信则是健康的人际交往灵魂。要让别人喜欢你，你就得先学会喜欢自己，悦纳自己。发现自己的优点，强化自己的内在价值，使自己快乐起来、自信起来，不断完善自我，这是建立人际交往的根本途径。

（三）加强交往，密切关系

心理学研究表明，人与人之间空间距离上的接近，是促进人际吸引的重要因素，因为人与人之间空间位置上越接近，彼此交往的频率就越高，越有助于相互了解、沟通情感、密切关系。即使两个人的人际关系比较紧张，通过交往，也有可能逐步消除猜疑、误会。反之，即使两人关系很好，但如果长期不交往，彼此了解减少，其关系也可能逐渐淡薄。高职学生同住在一起，接触密切，这是建立友情的良好的客观条件，应充分利用这一条件，与朋友保持适度的接触频率，才使人际关系不至于淡化甚至消失。切忌“有事有人，无事无人”。

◆拓展训练

【越测越乐】

人际关系综合诊断量表

指导语：这是一份人际关系困扰的诊断表，共 28 个问题，每个问题“是”就打“√”，“否”就打“×”。请根据自己的实际情况如实回答，答案没有对错之分。

（1）关于自己的烦恼有苦难言。

（2）和生人见面时感觉不自然。

(3) 过分羡慕和嫉妒别人。

(4) 与异性交往太少。

(5) 对连续不断的会谈感到困难。

(6) 在社交场合感到紧张。

(7) 时常伤害别人。

(8) 与异性交往感觉不自然。

(9) 与一大群朋友在一起，常感到孤寂或失落。

(10) 极易受窘。

(11) 与别人不能和睦相处。

(12) 不知道与异性相处如何适可而止。

(13) 当不熟悉的人对自己倾诉他的生平遭遇以求同情时，自己常感到不自在。

(14) 担心别人对自己有什么坏印象。

(15) 总是尽力使别人欣赏自己。

(16) 暗自思慕异性。

(17) 时常避免表达自己的感受。

(18) 对自己的仪表（容貌）缺乏信心。

(19) 讨厌某人或被某人所讨厌。

(20) 瞧不起异性。

(21) 不能专注地倾听。

(22) 自己的烦恼无人可申诉。

(23) 受别人排斥与冷漠。

(24) 异性瞧不起。

(25) 不能广泛地听取各种意见、看法。

(26) 自己常因受伤害而暗自伤心。

(27) 常被别人谈论、愚弄。

(28) 与异性交往不知如何更好地相处。

结果分析：

凡是选“是”的题目得1分，凡选“否”的题目得0分。

如果你得到的总分是0～8分，那么说明你在与朋友相处上的困扰较少。你善于交谈，性格比较开朗，主动，关心别人，你对周围的朋友都比较少，愿意和他们在一起，他们也都喜欢你，你们相处得不错。而且，你能够从与朋友相处中，得到许多乐趣。你的生活是比较充实而且丰富多彩的，你与异性朋友也相处得很好。一句话，你不存在或较少存在交友方面的困扰，你善于与朋友相处，人缘很好，获得许多人的好感与赞同。

如果你得到的总分是9～14分，那么，你与朋友相处存在一定程度的困扰。你的人缘很一般，换句话说，你和朋友的关系并不牢固，时好时坏，经常处在一种起伏波动之中。

如果你得到的总分是15～20分之间，那就表明你在同朋友相处上的行为困扰较严重，分数超过20分，则表明你的人际关系行为困扰程序很严重，而且在心理上出现较为明显的障碍。你可能不善于交谈，也可能是一个性格孤僻的人，不开朗，或者有明显的自高自大、讨人嫌的行为。

【越玩越乐】

戴高帽

目的：学习发现别人优点并欣赏，促进相互肯定与接纳。

操作步骤：

(1) 5～8人一组围圈而坐。请一位成员坐在或站在团体中央，戴上纸糊的高帽子。其他人轮流说出他的优点及欣赏之处（如性格、相貌、处事……），每个成员到中央戴高帽一次。

(2) 被称赞的成员说明哪些优点是自己以前觉察的，哪些是不知道的。

(3) 游戏规则是必须说优点，态度要真诚，努力去发现他人的长处，不能毫无根据地吹捧。参加者要注意体验被人称赞时的感受如何？怎样用心去发现他人的长处？怎样做一个乐于欣赏他人的人?

(4) 小组交流体会并派代表在团体进行交流。

【越读越乐】

遇到可相信的朋友时：要好好和他相处下去，因为人的一生中，可遇到知己真不易……遇到人生中的贵人时：要记得好好感激，因为他是你人生的转折。

遇到曾经爱过的人时：记得微笑向他感激，因为他是让你更懂爱的人。

遇到曾经恨过的人时：要微笑向他打招呼，因为他让你更加坚强。

遇到曾经背叛你的认识：要跟他好好聊一聊，因为若不是他今天你不会懂这世界。

遇到曾经偷偷喜欢的人时：要祝他幸福！因为喜欢他时，不就是希望他幸福快乐。

遇到匆匆离开你人生的人时：要谢谢他走过你的人生，因为他是你精彩回忆的一部分。遇到曾经和你有误会的人时：要趁现在解清误会，因为你可能只有这一次机会解释清楚。

【越看越乐】

肖申克的救赎

这是一部讲述友情、困顿、希望与梦想的电影。电影中的男主人公安迪无故被判刑，开始了被肖申克监狱囚禁的生活。但他的内心一直怀有对自由的向往，一直充满了希望，并感染了监狱里的人们。在自我拯救的同时，也拯救了其他的人。最终，他通过自己的不懈努力，而重新获得了自由。

项目九

认识高职学生的恋爱与性

◆心有灵犀

关关雎鸠，在河之洲。窈窕淑女，君子好逑。 ——出自先秦《关雎》

性教育也正应该是爱的教育，即由生活，志趣和希望的一致所组成的那种重大的深刻的感情教育。

——马卡连柯

◆心海导航

爱情是个亘古而又常新的话题，不同的时代，不同的人都会对爱情有不同的认识和理解。当前高职学生对这个话题也早已不再是“犹抱琵琶半遮面”了。爱情是人类情感中最复杂，最微妙的理智情感，是性与爱的和谐，是欲与爱的统一。高职学生生理发展已完全成熟，心理发展已走过性疏远期和性接近期，进入恋爱期。因此高职学生的恋爱是自然的正常生理和心理发展的表现，但部分高职学生还未能深刻理解恋爱的意义和爱情的真谛，对待恋爱和性的问题尚存有各种各样的困惑。对于当代高职学生来说，树立正确的恋爱观，学会处理恋爱和性心理矛盾冲突与挫折，是高职学生课程教学中必不可少的一门课程。

◆学习目标

【知识目标】

1. 了解爱情的特点与实质。
2. 理解大学生恋爱心理发展的规律特点和常见问题。
3. 了解大学生性心理问题及调适。

【能力目标】

1. 具有健康的恋爱观和性情感的能力。
2. 能建立健康恋爱观和择偶观。
3. 具备爱的能力与纠正性心理偏差的能力。

【素质目标】

1. 具备正确处理与异性交往的关系的能力。
2. 具备正确的爱情观。

◆青春故事

有一种爱情叫作丁一舟和赖敏

27岁的广西柳州小伙丁一舟从事理发行业，比丁一舟大1岁的赖敏则当过导游、干过销售，工作上进，但厄运并没远离这个爱笑的姑娘，家族遗传性疾病“小脑共济失调症”几年前夺走了她母亲的生命，而赖敏也难逃这个病魔。赖敏父母相继离世，男友离她而去。2014年，经历过丧父之痛的丁一舟和赖敏取得联系，两人相爱，赖敏从南宁来到柳州。随着赖敏病情加重，二人出去“走一走”的想法油然而生。为了不让饱受患有遗传性小脑共济失调症折磨的女友赖敏带着遗憾离开，二人从2015年1月开始从柳州出发，希望在中国版图上走出一个“心形”，一路上，资金不足的时候，丁一舟路边摆过摊，给人理过发，做过泥水工瓦工，给人家放过牛和羊，攒个三五千，就继续上路。因此，丁一舟在网上被众多网友推崇，并冠之“中国好男友”“男神”的称谓。而对此，丁一舟显得很淡定，“网上很多人把我树立成‘男神’形象，真实的我是一个很普通的人。”丁一舟说：“我只是用我一生中的一段，二十分之一甚至是十分之一去陪她，她却用她剩下的所有的余生来陪我，对于我来讲是不可辜负的一件事。”

分析：丁一舟和赖敏的爱情故事告诉我们，爱情不只是我们通常理解的执子之手，与子偕老，而是相爱无悔，活在当下珍惜每一天！他许她一路不离不弃，她许他一段生死相依。

任务一　认识爱情

◆心理知识

一、爱情的定义

马克思主义的爱情观认为，男女之间建立于性爱基础上的情感之所以成为爱情，是由人的社会属性决定的，因此男女之间真挚的爱情，不仅是自然生理需求的冲动和相互需要，更是志趣的相投和心灵的相通，而这一切，都是以一定的社会历史条件为背景的，受制于特定的社会关系、经济地位和文化背景等等。因此从本质上讲，爱情是一对男女基于一定的客观物质基础和共同的生活理想，在各自内心形成对对方的最真挚的仰慕，并渴望对方成为自己终身伴侣的最强烈的、稳定的、专一的情感，是人的社会属性与自然属性相结合的性间的崇高感情。

爱情检验了人格，也促进发展了人格。恋爱中双方关系的协调，各种矛盾的解决都会丰富人的生活经验，促进双方在心理上更加成熟。恋爱中为了获得对方的爱，提高自己在恋人心目中的地位，给对方良好的形象，每个人都会不断地完善自己，爱此时已经成为一种强大的内在动力。爱改变了人的趣味，升华了双方的人格，促进了人的新生，正如莫里哀说：“爱情是一位伟大的导师，教会我们重新做人。”

二、爱情的特点

作为人与人之间特定的社会关系，爱情具有以下一些基本特点。

（一）爱情具有自主性和互爱性

爱情是一种复杂、圣洁、崇高的感情活动，她是由两颗心灵弹拨出来的和弦，彼此互相倾慕，情投意合，真正的爱情是不可能强求的，只能以当事人双方互爱为前提，当事人既是爱者又是被爱者。在爱情发展中，男女双方必须始终处于平等互爱的地位。单恋虽然也是一种强烈的情感，但它却不是互爱意义上的爱情，它只能从内部消耗一个人的精神力量，从而造成心灵创伤，因而是不可取的。

（二）爱情具有专一性和排他性

爱情是两颗心相撞发出的共鸣，男女一旦相爱，就会要求相互忠贞，并且排斥任何第三者亲近双方中的一方。伟大的教育家陶行知曾经形象地说过：爱情之酒甜而苦，两人喝是甘露，三人喝是酸醋，随便喝要中毒，这话是很有道理的。

（三）爱情具有持久性和阶段性

爱情是一棵苍松而不是一枝昙花，爱情所包含的感情因素和义务因素，不仅存在于婚前的整个恋爱过程之中，而且延续到婚后的夫妻生活和家庭生活。爱情的持久性表现在爱情的不断深化、充实和提高上，恰如莎士比亚所说：真正的爱，非环境所能改变；真正的爱，非时间所能磨灭；真正的爱，给我们带来欢乐和生命。事实上，爱情的持久性正是建立和保持婚姻关系的基础。真正的爱情不会随着年岁的增长而减弱，但人生的不同年龄阶段，爱情的表现会有所不同，具有阶段性。

（四）爱情具有社会性和道德性

爱情虽然是男女之间相互爱慕的私情，但具有丰富的社会内容。爱情的内涵、本质以及追求爱情的方式，必然要受到各种社会关系及社会因素的影响，爱情的道德性是指爱情中蕴涵着对对方强烈的义务感和责任心。

三、爱情的三因素理论

20 世纪 90 年代，美国耶鲁大学的心理学教授斯滕伯格提出了爱情三因素理论的见解，成为目前解释人类爱情最有影响的观点。“爱情三因素理论”认为：人类的爱情虽然复杂多变，但基本成分都是三个，即亲密、热情、承诺。所谓亲密是指与伴侣间心灵相近、互相契合、互相归属的感觉，属于爱情的情感成分；激情是指强烈的渴望与伴侣结合，促使关系产生浪漫和外在吸引力的动机，也就是与性相关的动机趋力，属于爱情的动机成分；而承诺则包括短期和长期两个部分，短期的部分是指个体决定去爱一个人，长期的部分是指对两个人之间亲密关系所做的持久性承诺，属于爱情的认知成分。激情是爱情的发动机，没有激情，爱情就缺少了生存和发展的原动力，亲密是爱情的加油站，没有了亲密，爱情就容易枯竭，承诺是爱情的安全气囊，没有了承诺，爱情就多了几份危险，时刻有崩溃的可能。激情、亲密和承诺共同构成了爱情，缺少其中任何一个要素都不能称其为爱情，正如三点确立一个平面，缺少任何一个点，这个唯一的平面就不存在。爱情的三因素理论如图 9－1 所示。

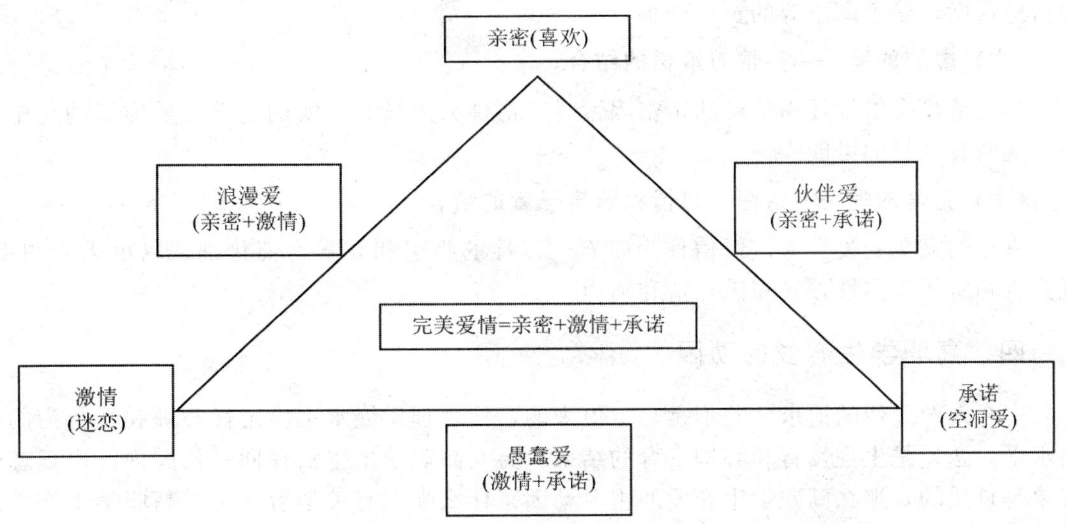

图 9－1 斯滕伯格爱情的三因素图

斯滕伯格将爱情的三种基本因素，将人类的两性关系划分为以下七种类型。

（一）喜欢——亲密因素

当两性之间的关系在爱情的三因素中，只有亲密因素时，相处的双方在交往中会感觉亲切、轻松，有很强的依赖感，表现在生活中就是两性之间真诚的友谊。严格地说，此种关系还不能纳入到爱情之中。喜欢和爱的区别被现代男女严格区分，所以他们常常固执地要求明确的答复：你究竟是喜欢我还是爱我？当然这种关系的稳定会因为二者间任何一方情感因素的微妙变化而发生改变，这也是人们常常怀疑男女之间是否有真正友谊的原因。

（二）迷恋——热情因素

当两性之间的关系，在爱情的三因素中，只有热情因素时，双方有强烈的性的吸引，但缺乏彼此的了解，彼此的信任，当然，更没有发展到承诺的阶段：处于迷恋中的个体相信：爱不需要理由。迷恋开始于生活中的一见钟情，这种刹那间绚烂如夏花的情绪是否有生命力，能否发展为稳定的情感，取决于是否会有亲密和承诺因素的形成。

（三）空洞的爱——承诺因素

当两性之间的关系只有承诺，没有亲密和热情时，表明二者只有责任和义务，是高度道德化和价值高度异化的两性伙伴关系。就爱情而言，是没有爱情成分的空洞的爱。

（四）浪漫的爱——亲密和热情的结合

当两性之间的关系只有亲密和热情两个因素时，双方的关系不需要承诺来维系时，被认为是一种最轻松最享受最唯美的浪漫之爱，所谓“没有承诺，却被你抓得更紧”。浪漫之爱，若是缺乏承诺的意愿或能力，则与婚姻无缘，所谓“相爱容易相处难”。

（五）伴侣的爱——亲密与承诺的结合

当两性之间的关系有亲密也有承诺，而缺乏性爱吸引时，彼此的关系升华为亲情式的信任和依赖，仿佛携手走过漫漫人生的银发夫妇，虽没有青春时的激情，却具有难以描述的情感深度，是不离不弃的黄金伴侣。

（六）虚幻的爱——热情与承诺的结合

当爱情没有以信任为基础的亲密因素时，仿佛大厦没有坚实的地基，是虚幻的空中楼阁，随时有变异的可能。

（七）完美的爱——亲密、热情和承诺三者的结合

真正的完美的爱情应该以信任为基石，以性的吸引和欣赏为催化剂，以承诺为约束。既具有相对的稳定性，又充满热情和活力。

四、高职学生恋爱的动因

一个人对爱情的追求，并不是与生俱来的，性生理发展水平决定性心理和性行为的发展水平，恋爱是生理发育和心理发育的结果。男女高职学生生活在同一校园内，出现恋爱现象是自然的，那么高职学生恋爱的主要动因是什么呢？有关学者认为，高职学生恋爱的动因主要由以下几个方面组成。

（一）性生理发育成熟

高职学生的性生理发育已经完全成熟，性意识增强，渴望与异性朋友交往，恋爱欲望强烈，他们积极构思恋爱对象的立项形象，并且尝试付诸实践。当遇到接近理想的异性同学时，便常常寻找各种机会进行试探和追求，性生理的成熟为高职学生恋爱提供了生理基础。

（二）性心理日臻完善

科学研究表明，性心理的发展是伴随着第二性征的出现，性意识的觉醒而发展的，经历了四个阶段。

（1）异性疏远期。青少年在第二性征出现的第1～2年内，朦胧的意识到两性差别，开始有了不安羞涩心理，也开始有了对性的好奇心和求知欲。

（2）异性吸引期。对异性产生好感与爱慕，少男少女开始表现自己，以引起对方的注意和喜欢。

（3）异性向往期。青少年向成人过渡加快，在男女生交往中逐渐由对群体异性的好感转向对个别异性的依恋，有的甚至萌生恋情。

（4）择偶尝试期。进入高职的大学生对异性的爱慕和向往有了比较严肃的选择和排他性，自然进入恋爱择偶尝试期。

（三）从众心理

在高职院校中经常可以发现一种现象，就是同宿舍里的几个同学，一旦有人谈恋爱，其他人很快就开始谈恋爱，这是从众心理的表现，可能有些同学本来暂时没有谈恋爱的想法，如果没有其他同学的影响，可能不会那么快就萌发谈恋爱的念头，但是当看到身边的同学在谈恋爱，就激发起谈恋爱的意识和行为。

（四）社会和家庭的影响

高职学生入学前后环境的变化，对高职学生有着特别的影响。入学前，男女生虽然有

对异性的向往，但由于学业的压力、学校和家庭等因素的干涉，青春的骚动被压抑着不敢释放。入学后，学校没有禁令，家长无法直接干涉，处在自由状态下的异性，在共同的学习生活中频繁交往，相互了解，为高职学生的恋爱提供了客观环境。

（五）价值观念的变化

社会的变革和发展引起了人们价值观念的变化，部分高职学生价值取向中的消极因素反过来影响了他们对生活的态度。例如淡化政治意识，回避社会责任感，学习动力不足，甚至玩世不恭，一味追求享乐等，于是试图用谈情说爱来弥补精神上的空虚。

（六）外来文化的影响

在中西方文化交流中，受影视、书籍和网络的影响，现在的大众传媒中不乏男女拥抱，接吻，性挑逗等镜头，它们猛烈地冲击着民族传统的伦理道德。一些高职学生受西方性文化自由观念的影响，视谈情说爱为生活的主要内容。

任务二　高职学生恋爱特点和常见问题

◆**心理知识**

一、高职学生恋爱的特点

高职学生谈恋爱已经是一件非常平常的事，而由此带来的高职学生恋爱心理问题也开始频频出现。高职生恋爱已经从现象转变成了潮流，就像许多同学说的那样，在高职恋爱是正常的，不恋爱才是不正常的，因此，高职学生恋爱是个值得社会关注的热门话题。高职学生恋爱，除具有一般青年恋爱的特性外，还具有自己独有的特点：

（一）注重恋爱过程，轻视恋爱结果

恋爱向来被看作是为了寻觅生活伴侣，是婚姻的前奏。当代高职学生注重的是恋爱过程本身，至于恋爱的结果已经不太在意。注重恋爱过程，有利于双方相互了解，加深认识，也有利于培养感情，增加心理相容度，同时也反映出高职学生不愿落入世俗，着意追求爱的真谛。但是，只注重恋爱过程，强调爱的“现在进行时”，把恋爱与婚姻相分离，不考虑恋爱的“将来完成时”，未免失之偏颇。现在高职学生中流传着一句顺口溜“不求天长地久，只求曾经拥有”。有的高职学生把恋爱当作一种感情体验，及时行乐，借以寻求刺激，满足精神享受，还有的高职学生则是为了充实课余生活，解除寂寞，填补空虚，把恋爱当作一种消遣文化。只注重恋爱过程，轻视恋爱结果，实质上是只强调爱的权利，而否认了爱的责任。

（二）主观学业第一，客观爱情至上

绝大多数高职学生能够正确看待学业与爱情的关系，他们赞成大学阶段应以学习为主，爱情应当服从学业；或者希望学业和爱情双丰收，既渴求学业有成，又向往爱情幸福。总之，大都没有忘记学业，总想把学业放在首要的位置，但是，上述这些仅仅是高职学生主观上、思想上的愿望而已。真正在客观上，行为上能够正确处理好学业与爱情关系的高职学生，虽然也有，但为数不多。更多是一旦坠入情网就不能自拔，强烈的感情冲击一切，学习同样受到严重影响。有的高职学生整天如痴如醉，想入非非，沉浸在卿卿我我的甜言蜜语中；有的高职学生中午，晚上不休息，加班加点谈恋爱，致使上课时倦意甚浓，无精打采；有的高职学生干脆逃课，一心一意谈恋爱，成为恋爱“专业户”。很多高职学生在不知不觉中变得“儿女情长，英雄气短”，成就事业的热情一天天冷却，爱情逐渐成为生活的唯一追求。可见，摆正学业与爱情的关系，是高职学生难以控制而又必须正确处理的问题。

（三）恋爱观念开放，传统道德淡化

随着时代的发展，当代高职学生的恋爱观念日益开放，传统道德逐渐淡化。中国传统文化及伦理道德观虽对高职学生影响较深，但随着对外开放的范围不断扩大，国外近一些年的“试婚”“一人连续多配偶制”等婚姻观逐渐影响到高职学生，使得学生常常处于理智与感情矛盾的漩涡中，在理性认识上觉得应该保持贞操，应该遵守传统的伦理道德观，但在爱的激情下，又不愿再受传统观念的束缚，恋爱方式公开化，光明正大，洒脱热烈，不再搞“地下工作”，甚至一些高职学生在公共场所，大庭广众之下，竟旁若无人，做出过分亲密的举动。

（四）失恋态度宽容，承受能力较弱

高职学生中“有情人”虽多，但“终成眷属”者少，这样就产生了一批失恋大军。感情挫折后出现一个时期的心理阴暗期是正常的，绝大多数高职学生通过找朋友诉说，或理性思考，对自已和对方采取宽容的态度，尊重对方的选择。但仍有一部分学生摆脱不了情感危机，有的失去信心，放弃对爱情的追求，立下誓言横眉冷对秋波，俯首甘为光棍；有的一蹶不振，沉沦自弃，认为一切都失去了意义，以至于悲观厌世；有的视对方如仇人，肆意诽谤，甚至做出极端行为伤害对方。因失恋而失志、失德者，虽属少数，但影响很大。

二、高职学生恋爱发展的阶段

恋爱是一个复杂的渐进的过程，是一对恋人相互理解、相互包容的过程。恋爱过程是高级情感的培养过程，完整的爱情发展都具有一定的发展规律与特点，高职学生恋爱心理发展包括以下四个阶段。

（1）感受阶段。这是爱情的萌芽阶段，即男女在交往中，产生了对对方的爱慕之情的阶段。在这一时期，异性的外貌将起着关键性的作用，它能够激起感官快乐。一些人可以凭着这短暂的感受就一下子坠入“情网”，导致盲目恋爱。这是一种相当原始的感受，因此它是经不起风吹雨打的，也容易使人见异思迁。

（2）注意阶段。一旦被某个异性所吸引，就会自觉地将注意力集中指向这位异性所从事的一切活动，兴趣爱好以及家庭情况等。进而考虑自已如何和他（她）接近，怎样表露真情，并时而设想一些相会的情景。此阶段多表现为“单相思”“白日梦”，如果没有适当的时机，爱慕之情就会随之消失或埋在心底。

（3）求爱阶段。对于求爱者来说，这是重要而且困难的阶段。在这一时期，求爱者心

理比较复杂，各种担忧不断涌现：怕向对方表白后遭拒绝；怕表白时太紧张而张口结舌；担心求爱不成反被讥笑等，这一阶段容易出现求爱挫折，产生心理困扰。

（4）阶段。一方表白，一方接受，双方的恋爱关系就确定了。求爱成功后，爱情的扁舟就驶入了爱情的海洋，两个人之间就开始了共同的情感交流活动。在这个阶段中，成熟起来的人能够正确看待爱情和事业的关系，同时考虑到爱情的前途和未来。

三、高职学生恋爱过程中常见问题与调适

【案例】

小青（化名），女，21 岁。某高职学院大二学生，失恋后不能自拔，失恋之前一切看上去都非常完美，但一夜之间却是无可奈何花落去。男朋友和她分手后的一年多，她只要看到和爱情有关的杂志、电视剧和电影，就会想到他，想到自己恋爱时的美好岁月。朋友们后来给她介绍了新的男朋友，在交往的过程中，她始终无法忘了前男友。为了减轻痛苦，暑假时和妈妈一起去罗马旅游，但旅游并没使她心情舒缓下来，罗马的浪漫气氛反而勾起了她更深地痛苦。她感到自己很没用，很无助。2012 年春天，小青在家人的陪同下，来到当地心理门诊就诊。

分析：小青的心理状况属于典型的失恋后情绪抑郁心理。就小青的具体个体特质而言，小青属于性格脆弱，心理承受能力低，自卑感强的孩子。前男朋友突如其来的不道德行为后，小青一直沉浸在失败、自卑、自责的心理阴影中。长期处在这种状态下的人大脑皮层中的抑制大于兴奋，时间长了则令大脑神经系统被打乱，从而可能因绝望而导致自杀。小青要正确对待失恋，通过自我暗示，升华法，转移注意力等逐渐平复由失恋而造成的心理创伤。

当前高职学生恋爱现象相当普遍且公开化，在大学校园里，随处可见亲密的情侣，但也出现了各种问题。恋爱问题如果处理不好，不仅会妨碍高职学生的学习、生活，而且对高职学生人格的健康发展也有重要的影响。因此，关注高职学生恋爱心理，培养高职学生正确的恋爱行为意识，成为高职学生心理健康教育工作的一项重要内容。高职学生恋爱心理发展中常见问题有哪些呢？

（一）选择的困惑与调适

选择的困惑是高职学生恋爱中最常见的问题之一。其中较常见的有下列几种情形。

（1）不知道该不该谈恋爱。这部分高职学生应首先树立对爱情的正确态度，如果自己还不知道该不该谈恋爱，那说明在你的心里还没有自己喜欢的异性，只是因为看到其他同学在谈恋爱，才产生了自己是否谈恋爱的想法。至于什么是真正的爱情，在此刻应有明确的态度，当真正的爱情还没有到来的情况下，不要盲目去寻找爱情，寻找的爱情并不一定是真正的爱情。

（2）自己爱上了别人，想表白心迹，害怕遭到拒绝。对于这样的困境，首先要学会正确认识对方对自己的情感，如果经过观察甚至巧妙的考验，发现对方根本就对自己没有那个“意思”，就没有必要向对方表白自己的心迹。因为你的表白不但得不到回报，而且会使对方为难；如果两人是同班同学，还会影响两个人之间的关系。如果经过观察，发现对方也对自己有一定的好感，就可以大胆的向对方表白自己的心迹了。

（3）不知道如何拒绝对方的求爱。面对对方的求爱，当你不准备接受时，一般应当在不伤害对方自尊心的情况下，委婉的拒绝，如果对方进一步追求，而你无论如何也不可能接受对方的爱情，那就应该明确的拒绝。另外，高职学生也应当注意，不要为了害怕伤害对方的自尊心，或者为了自己的虚荣心，在自己没有产生爱情的情况下，盲目接受对方的爱，因为这不但会伤害对方，而且对自己也是一种伤害。

（4）恋爱过程中发现对方不是自己的恋爱对象，而对方依然爱自己，不知道如何提出分手。在这种情况下，要明确爱情是不能强求的，如果一方发现对方不适合自己而准备结束恋爱关系，也无可厚非。当然，最好是让对方有一定的思想准备，比如，用一些暗示性的语言表明两个人不合适。在对方有思想准备的情况下，再提出分手，对方可能好受一些，感觉到的伤害也会少一些。

（5）能做恋人的异性朋友难寻。这种恋爱心理困境的原因主要在于对友情和恋情的认识还很肤浅，并缺乏对社会中的人际关系中的科学认识。正确的做法是：认真审视，调整自己的择偶标准，在寻求爱情的过程中，既要有主观上的用心，又要顺其自然，不可强求。

（二）单相思的苦恼及其调适

单相思是指异性关系中的一方倾心于另一方，却得不到对方回报的单方面的爱情。爱情错觉是单相思的另一种形式，是指在异性间的接触往来关系中，一方错误的认为对方对自己“有意”，或者把双方正常的交往和友谊误认为是爱情的来临。

单相思是恋爱心理的一种认知和情感的失误，其中主要因素为爱情幻想，信念误区和认知偏差，使某些学生陷入痛苦的境地，处于空虚、烦恼，甚至绝望之中。持久的单相思会给个人生活带来很大的负面影响，应当学会尽快地从单相思中解脱出来。单相思的调适方法主要是认知领悟和心理分析，在具体的心理调适过程中，应根据不同的情况采用不同的方法。

（1）选择合适时机大胆向对方表白。如果是自己有意而对方并不知情，而且觉得对方有很大的可能也爱自己，就可以大胆地向对方表白自己的感情，当然，也应做好对方不接受自己情感的心理准备。

（2）适当压抑自己的感情。如果觉得对方有可能不爱自己，就没有必要表白自己的情感，因为这种表白既可能给对方造成心理压力，也会使两个人的关系显得不自然，适当压抑一下自己的感情还是必要的。

（三）失恋及其调适

失恋是指恋爱过程的中断，失恋带来的悲伤、痛苦、绝望、忧郁、焦虑、虚无等情绪使当事人受到伤害。失恋所引发的消极情绪若不及时化解，会导致身心疾病，失恋者可以尝试运用以下的方法进行自我调适。

（1）适当运用酸葡萄心理效应。当一个人失恋之后，如果总是回想过去恋人的种种优点，就会越发怀念过去的恋人，同时也就越发否定自己，觉得自己一无是处。结果形成恶性循环，使情绪越来越消沉，心理越来越压抑。当一个人失恋之后，如果难以从失恋的阴影中摆脱出来，不妨运用酸葡萄心理机制。所谓酸葡萄心理机制，就是对自己无法得到的东西降低好感和对自己的重要性，吃不到葡萄就说葡萄是酸的。也就是说，当一个人失恋之后，可以尽量多想想过去恋人的缺点，少想或者不想过去恋人的优点，心理就容易平衡。

（2）学会积极的自我暗示。当一个人失恋之后，如果总是责备自己，觉得自己不好才导致分手，就只会使自己越来越压抑。这时应学会积极的自我暗示，如用“幸亏他（她）现在提出分手，如果他（她）结婚后才提出分手，岂不更糟”；“他（她）不爱我，并不说明我不可爱，只是说明两人的性格和观念不合”以及“天涯何处无芳草”等。

（3）转移注意力。失恋后如果总是想着失恋这个沉重的打击，那就很难尽快地从失恋的阴影中走出来。这时，就应当设法把自己的注意力从失恋这件事情转移到自己比较感兴趣，能够分散自己注意力的事情上去，例如：听听音乐、看看电影、跳跳舞、打打球等，以冲淡内心因失恋而造成的挫折感和压抑感。

（4）升华法。古今中外，有不少著名的历史人物恰恰是受到失恋的打击后而发奋追求事业，从而流芳百世、名垂青史的。大文豪歌德如果不是失恋，也许就写不出《少年维特之烦恼》。因此，把因失恋而产生的挫折感、压抑感升华为奋斗的动力是十分有益的。一旦你全身心地投入到一项更有意义的事业中去的时候，你定会觉得因失恋而痛苦不堪的往事之好笑和不值一提。

（5）失恋不失德，失恋不失命，失恋不失志。失恋不失德，是一个高职学生应当有的态度和人格，也是恋爱的重要原则。要做到：不报复、不打击、不伤害、不破坏对方的名誉和人格，不破坏对方重新建立生活的努力。失恋不失命，爱情是人生的重要内容而非全部，因为失恋而毁掉自己的生命是愚蠢的行为。人生除了爱情之外，还有其他一些美好的东西，爱情虽离你而去，事业却永远伴随着你，只要你有追求精神，爱情之花迟早还要为你开放。失恋不失志，不能因为失恋而丢掉自己的理想和志向。理想是个人进步的动力目标，在为理想而奋斗的过程中，逐渐平复由失恋而造成的心理创伤，就会重新获得幸福的爱情。

（四）多角恋及其调适

多角恋是一个人同时被两个及其以上的异性所追求或自己同时追求两个或以上的异性并建立了恋爱关系。多角恋是爱情纠纷的主要原因之一，任何一种多角恋都潜伏着极大的危险性，一旦理智失控，就会给对方及社会带来恶果。导致多角恋的原因主要可以归纳为以下四种。

（1）择偶动机不正确。为了满足自己不同的欲求，只好在不同的角色中周旋，以寻找快乐，有的甚至仅仅玩弄异性。

（2）择偶标准不明确。由于生活经验不足，缺少明确的择偶标准，从而出现多头追逐，选择性多元化的情况。

（3）择偶方法不正确。有的人对对象不太满意，又怕失去机会，采取“骑驴找马”的不正确做法。

（4）虚荣心强。总以为追求者越多，其自身价值就越高。

多角恋是一种不正常，不道德的恋爱现象，必须坚决反对和克服，具体从以下三方面进行调适。其一，正确认识多角恋的危害。要清楚多角恋不会有一个完美的结果，只会带来多方的痛苦和悲剧。其二，树立正确的恋爱观。要清楚爱情是一个男性和一个女性之间的爱慕关系。这种关系包括自己特有的感情和义务，它只给存在于恋爱者两人之间，不容许第三者介入。任何搞多角恋爱的行为都是不道德的。其三，迅速做出选择。高职学生要明确恋爱是一件非常严肃的事，必须以正确严肃的态度来对待，清楚自己需要的是什么样的爱情，果断做出选择，免得伤人伤己。

【读一读】

喜欢你

如果让我说我喜欢上他的具体日期，我不知道，我回答不出，但是我知道那是很久很久以前的事了，以至于我感觉已经和他在一起了很久很久。

曾经不止一个人说过，我的表达能力很好，可是我从来没有这样认为过，因为对于表达喜欢他这件事，我从来都不擅长。很遗憾，喜欢了那么久，却隔了那么久的光阴才让他知道。

他不在的日子里，我非常想念他，有的时候会因为这份想念而感到无所适从，提不起精神做任何事。今天，依然是非常想念他的一天，每个周六对于我来说都十分难熬，因为不知道明天是否能接到他的电话。自从 2013 年 2 月 25 日后，我很少再看那种美好爱情的电影了，因为已经不再相信自己能够遇到真爱了，偶尔看看也不过当成搞笑的视频看看，今天却忽然很想重新看一次《恋恋笔记本》，是啊，其实我可以干点其他的事，但我太想他了，我也不知道为什么想到这个电影，但是事情就是这样。诺亚和艾莉的故事，让我忍不住泪流满面。是啊，不是第一次看了，却比第一次看哭得还要凶。第一次看他们的故事，自己还没有谈过恋爱，那时的流泪是因为感动，而今天的我，已经完全不同，不仅经历过失恋，也经历过失而复得的喜悦，不禁想到自己。我想他一定不会理解我这一刻的心情的，因为他不会理解当初我知道他谈恋爱的消息是怎么样的心情，那种心情，连我自己都很难言表，是一种比忧伤更绝望的事情。就像满怀期待的诺亚给艾莉写了 365 封信都没有收到回复一样，就像是服役归来的诺亚看到了艾莉与另一个男子亲吻的画面一样，以前的我总是不知道该如何称呼那个时候的那种心情，原来，那种感觉，就叫做失去。

当两个人再一次重逢，而艾莉还是选择离开的时候，诺亚的手是捂着胸口的，我知道那种感觉，叫心痛，因为心真的是会痛的，那种要揪在一起的感觉，就像是他用不确定的口气说两年后不敢保证能在一起一样，我很害怕再一次失去他，可是就像诺亚只能用手捂着胸口看着她开车离去而无可奈何一样，我也没有办法，我不知道两年后的他是否会像艾莉离去后又回来一样的回到我身边，我不知道我们能否像诺亚和艾莉一样直到生命的尽头依然在一起。可是我好想他，没有人会知道刚刚我哭泣的样子，没有人知道那种因为想念而痛哭的感觉。过去的日子，我曾经因为别人的辜负而躲在被子里哭泣，直到睡着，可是从来没有哪一个人可以像他一样，让我因为想念而哭泣。

我好希望此刻他能在我的身边，可惜他不在，或许，未来的日子里，他还是会错过很多像今天这样的日子，他也许永远也不会知道喜欢他的我，在想他的时候会是这样的难以忍受。

或许他会懂，或许他会感受到我的思念。希望有一天，可以和他一起再看一次这个故事，能够亲口告诉他他不在的日子里是多么的想念，我很想告诉他，我好想他。

（资料来自：必读社 www.didushe.cn《情感故事》作者：小猴子傻笑，2016 年 01 月 17 日）

任务三　学会在爱情中成长

【案例】

小王是某高职院校的大二学生。开学两个月，宿舍里6个男生有4个谈恋爱了，经常跟女朋友出去约会。“还好，宿舍里还有一个人没有谈恋爱，可以和自己一起读书、吃饭”。到了第三个月，那个同学也不跟他一起吃饭了，后来小王知道，那个哥们也在追求女生了。

有一次，他在宿舍里睡觉，其他舍友不知道他在，就各自讲起了恋爱过程，说着说着，就说到了小王，舍友们都说他连恋爱都不会谈，一点用都没有。于是，他也开始追求女孩子，可是追求了好几次，都被拒绝了，于是，小王变得很自卑，强迫自己去追求女孩，可是总是被拒绝。这样恶性循环后，小王的成绩下降，更加不合群，于是来到学校心理咨询室。

分析：小王的表现属于一种从众心理和强迫意识导致无法承受的爱情挫败感，在追求女友时要学会掌握如何给予爱，表达爱，认识拒绝爱，这样在恋爱过程中才能经得起爱情挫折带来的考验。同时大胆地与异性同学交往，多参加有异性同学的集体活动，挖掘自己的闪光点，同时矫正恋爱动机和恋爱价值定向。

◆心理知识

一、认识恋爱的意义

当爱情伴随着校园的青枝绿叶悄悄降临时，绝大多数高职学生会毫不犹豫地抓住并享用它的美好。谈恋爱在高职院校是十分普遍的现象，作为高职学生要清醒地认识恋爱带给自己的双重影响。

（一）恋爱对高职学生心理发展的积极意义

首先，恋爱是青年释放日益强烈的性冲动的重要途径。通过恋爱接触异性，使青年不再感觉到性的压抑与紧张。其次，性意识的发展必须经过恋爱阶段才能完善。性同一性的建立也要通过恋爱，因为恋爱是两个人人格的深层接触，在此过程中，青年的自我概念受到对方的影响而发展，真正懂得了如何在保持自身独立性的前提下调整自身缺陷以适应对方。也就是说，经过了恋爱，对一些个性因素和社会情感的发展有重大意义，恋爱中两人的深层交往为提高青年交际能力，适应以后的社会打下了基础。难怪有些心理学家认为，恋爱是青春晚期和成年早期最重要的事件，只有经过了恋爱，人才会真正成熟起来。

高职学院环境有它的独特性：对于高职学生来说，它在青年走入社会的过程中提供了一个缓冲环境。有了这个缓冲，青年能更从容地完成社会化，更完善地发展自我概念，而不至于感受到从青春中期直接下来落入社会的强大反差和心理不适。由此看来，高职学生的恋爱并不是件坏事，它对青年的成熟很有帮助。再加上高职学生普遍认为自己已不再是幼稚的少年，文学艺术中歌咏的爱情当然是他们追求的目标。

（二）恋爱对高职学生心理发展的消极意义

恋爱的意义虽有积极的一面，有时也会危害青年的心理健康。首先，热恋与婚姻失去配偶等生活大事是在心理紧张量表上分值很高的事件，过度的兴奋和悲痛都会加剧心理紧张。处在热恋中的青年会为一些小事而高兴或烦恼，因此恋爱带来高度的心理紧张。恋爱的进一步发展还会带来社会问题，这也是产生心理失调的重要因素，如婚前性行为的增加等，造成青年心理负担加重。

热恋中的男女虽然感觉到强烈的心理紧张，但双方的共处和抚慰，爱情的甜蜜又会降低他们的焦虑感。那些遭受恋爱挫折的人就没这么幸运了，失恋的青年会失魂落魄，觉得人生意义不复存在，生活下去只有苦难和折磨，有人甚至走向了绝路。如果没有恰当的心理指导或较强的自我调控能力，失恋对青年的心理打击是很大的。

可见，恋爱对青年来说是一把双刃剑，一方面它帮助青年心理发展走向成熟，另一方面它又带来各种心理问题。这也许是人生的哲理，你要得到甜蜜的报偿就必须经受得住考验。

二、培养恋爱的能力

高职校园里的爱情是单纯而美好的，每个人都渴望拥有一份甜蜜爱情，但如果处理不好，也是脆弱易碎的，所以我们要在爱情还没有开始的时候就做好准备，培养自己爱的能力，这样等爱情随缘分到来时，才能牵着对方的手，共同浇灌爱的花朵，使之芬芳永久。在现实生活中，人们祈求爱、渴望爱、歌唱爱，却仍然有相当多的人得不到爱，因为愿意学习爱的能力和艺术的人却很少。要拥有爱的能力，掌握爱的艺术，不仅要学习和掌握爱的理论，更要用这种理论去指导爱的实践，高职学生要不断培养自己拥有以下四种爱的能力。

（一）给予他人爱的能力

要具有爱的能力，首先要懂得爱是什么，什么是健康的爱。先要了解自我，知道自己喜欢什么，需要什么，适合什么，也要了解他人的兴趣与爱好；要学会如何主动关爱他人、帮助他人，具备给予他人爱的条件。其次，要培养爱的表达艺术，掌握施爱的技巧。许多恋人之间矛盾不断，并非缺乏爱，而是缺乏爱的表达艺术。在追求爱时，给予他人爱时，要勇于、善于表达爱，使自己的爱得到真正的体现。

（二）表达爱的能力

当爱意在内心萌发的时候，是人性最美好的时刻，如何在合适的时间、地点，以对方比较容易接受的方式去表达这样一份美好的感情，是我们每个人都要具备的一种能力。表达爱需要勇气，需要信心，表达爱也是幸福的，即使得不到回报，你让对方知道被一个人爱着，也是一种崇高的境界。

（三）接受爱的能力

不仅要勇于、善于追求爱，掌握表达自己爱的能力，还要学会如何接受他人给予的爱。很多人没有充分的心理准备，当爱突然来临时，显得惊慌、不知所措，不敢接受属于自己的爱，以致造成终生的悔恨，因此也要勇敢的接纳他人的爱。爱是双向的，不仅仅是付出，同时也是收获。一个人只有领悟到了他人的爱，才有可能给予他人以更大的爱。

（四）拒绝爱的能力

拒绝爱的能力包括两个方面：一是敢于果断地、理智地拒绝自己所不希望得到的爱情。在自己不希望得到的爱情来临时，一定要勇敢的说“不”，优柔寡断或屈于对方的穷追不舍而接受是极其有害的。爱情关系到一个人一生的幸福，来不得半点的勉强和将就，所谓“强扭的瓜不甜”，不要因一时的勉强和将就，错爱一生，造成终生遗憾。二是要掌握适当的拒绝方式。每个人都有爱与被爱的权利，有接受爱与拒绝爱的权利，要尊重每一份真挚的感情，珍重真挚的感情是对他人的尊重，也是对自己的尊重，要学会用充满关切，尊重和机智的方式来维护他人和自己的尊严。

三、微笑面对爱的挫折

恋爱是幸福的，是艰辛的，同时也是曲折的。面临爱情挫折时，我们应正确认识恋爱带给自身的成长和快乐，同时要正确面对在恋爱过程中经历的失败和教训，面对失恋我们要努力寻求有效的帮助，学会自我保护，才能微笑面对学习和生活。

（一）寻求社会支持

高职学生遇到爱的挫折难以化解时，可第一时间向朝夕相处的好友，同伴求助，他们能倾听自己的爱情烦恼，能为解除自己的爱情误会而出谋划策，更可安抚自己被爱灼伤的心灵，陪伴自己走出失恋的阴霾。家庭是每个人永远的大后方，它不仅为每个学子提供经济帮助，更是一辈子的精神家园，所以遇到爱情困难和家人一起，既可做疗伤的基地，也可探讨问题的症结，寻找解决问题的方法。

爱的挫折中有些问题是家庭和好友无法帮助解决的，如非意愿怀孕，性病，心身伤害等，要向医院，法院，妇联，慈善机构等专业机构寻求帮助，它们能提供专业知识、程序、技术的帮助。如果是情感上的困惑或伤害不希望他人知道，或者好友，同伴的帮助没有效果，则应向专业的心理咨询师求助。他们会运用专业的心理学知识，技术，原则来提供心理援助，帮助求助者顺利度过心灵危机，恢复自信，走向希望的未来，还可以通过媒体报道真相和媒体呼吁，获得声援，得到更多社会力量的帮助，包括社会舆论，专业人士，专门机构，甚至政府干预等方面的帮助。

（二）学会自我保护

（1）防范性骚扰。性骚扰一般是指一个人以某种引诱或威胁为要挟，将自己的性欲强加于他人，迫使他人服从自己的性意志。防范性骚扰要做到以下两点：第一，不要贪财、授人以柄、贪图享乐、衣着暴露、举止轻浮、情感直露。第二，要掌握具体的应对方法，包括无声反击法，大声传扬法，先礼后兵法，恭维自律法，委婉暗示法，要挟制止法，机巧躲避法，借助外力法。

（2）预防性强暴。性强暴是指强奸，即依靠暴力或暴力威胁，违背对方意愿，强迫进行的性行为。防范性行为要注意三点：①做好外出时的预防，要有防范意识，外出要留言，在外逗留时间要短，走人多灯亮的大路；②强暴时设法自卫，要大声呼救，抓住要害，趁势攻击，虚实结合，真真假假，利用地形，就地取材，政策攻心，以理取胜；③注意被强暴后的对策，要防止受孕，注意性病，及时报案。

（三）遵守性道德，维护性心理健康

高职学生在校园内的亲昵行为屡见不鲜，高职女学生的人流，甚至宿舍生子也时有耳闻。这种性道德的危机主要体现在性与爱的分离，性责任的缺失，婚姻与性的背离，性贞洁观的迷失。这种性道德危机不仅成为高职校园刑事案件的隐患，而且十分不利于高职学生的成长成才，所以高职学生要注重遵守异性交往的性道德规范，做到真诚和文明交往。遵守恋爱的性道德规范，做到忠贞专一，克制婚前性行为，互相尊重，恋爱行为文明，失恋不失志，适度的性控制是性心理健康的体现。

高职学生步入爱河后，性冲动表现非常强烈，为了避免造成彼此身心伤害，要及时化解性冲动，可以采取以下三种方法。

（1）升华性冲动。将生理冲动转向精神追求，如提高学习成绩，促进人际关系，参加实践调查，完成生涯规划，提高综合素质等。

（2）转移性冲动。通过转移环境来缓解性冲动，比如转移到人多的场合，公众活动的场所等。

（3）克制性冲动。通过体育活动，自慰等方式来释放，补偿，化解性冲动，同时要用意志来控制性冲动，因为在恋人的性活动中男高职学生是主导，能控制性冲动是男人有毅力，担责任，思想成熟的表现。

【读一读】

如何拒绝一个自己不爱的人？

（1）态度要坚决。拒绝难免是一种伤害，但不能因此而犹豫不决。既然是爱上你的人，对你的言行都非常敏感，如果你拒爱的态度不够坚决，很容易造成对方的误会，尤其是对方处在深爱你的状况，你所采用的出于礼貌或者是顾全的思想，会让对方觉得你也是爱他的，至少是让他觉得还有希望，最后往往带来比拒爱更大的伤害。

（2）尽力维护对方的自尊。为了减少拒爱给对方的心理伤害，也使对方更易于接受，就必须设法维护对方的心理平衡，尽量减少对方的内心挫折。具体说来，你不妨先对对方的人品和才华等加以赞许，然后说明你为什么不能接受求爱的理由，说出的理由要合乎情理，最好从对方的角度提出有利的方面，让对方觉得拒绝也是为了他（她）好，如果必须向旁人做出解释，你不妨把消极原因归因于自己，避免给人单向造成一个你拒绝了他的印象。这种方法尤其适用于对那些心理比较脆弱的人，可以避免一些极端现象的出现。

（3）选择恰当的方式。应该考虑到你们平素的关系和对方的个性特点，选择或面谈、或书信等方式，但建议你最好不要采用托人转告的方式，因为这显得对对方不够尊重，还可能带来不必要的麻烦。这种方法的采用，也可以结合到第二点，也就是在和他面谈或者是书信说明时，可以对他进行肯定的评价，但是，同时也要结合第一点，也就是肯定对方的同时，让对方知道你拒绝他的态度，不然的话会让对方觉得你也在爱他。

（4）选择合适的时机。一般来说，不要在对方刚表白了爱情时立即加以拒绝，因为此时对方很难接受，但也不可拖延太久，给对方造成误会。当然，具体选择什么时机，要视具体情况而定，最好是在对方表白后的三四天时间内，这样对方的情绪也比较稳定了，你的拒绝不会让对方感到太受伤害，同时，也让对方明白了你的态度。

任务四　高职学生性心理发展特点及自我调整

◆心理知识

高职学生正处于人生旅程中生理上最旺盛的时期，也是性心理活动最频繁、最活跃的时期。特别是作为当代高职院校的主力群体是90后高职学生，其性观念随着社会经济的发展和文化的转型而发生了深刻的变化。因此，加强高职学生的性观念、性知识及性行为的现状与特点的研究，有助于高职学生正确认识性知识，了解性文化。

一、高职学生性心理发展特点

（一）性生理成熟与性心理不成熟之间的矛盾

目前，我国高职学生普遍年龄在18～24岁之间，也就是说，高职学生已经是成人社会的一分子，虽然在法律上和生理上已经成人，但是在心理上，他们对于性仍然是懵懂的。由于受中国传统伦理观念的影响，性的问题一直被蒙上神秘的面纱，再加上我国很少在高职学生中开展系统的性教育，高职学生一直难以获得系统、完整、科学的性生理、性心理、性道德等方面的知识。

（二）性意识的不断强烈和羞愧感之间的矛盾

由于一些影视作品和非法光碟的影响，当前高职学生对于性的渴望日益增强，但是由于传统思想和社会道德和法律的约束，许多高职学生羞于表达自己的性意识，同时他们的性欲望也无从得到满足，性的道德性与性的压抑性之间的矛盾日益加深，这时的高职学生极度需要正确的引导。

（三）男女性心理存在差异

男生与女生的性心理往往是不同的，一般来说，男生对异性的追求与渴望通常表现直接而且热烈，而女生对异性的爱慕往往是比较含蓄，羞涩的。

二、高职学生性行为的特点

（一）性行为的低龄化

当前高职学生性行为普遍出现低龄化现象，由于性生理的成熟，使得高职学生具备了进行性行为的生理条件。这就使得以前大三才发生的事情，现在大一、大二发生显得很平常。再者，由于对于婚前性行为的接受程度在加深，对于性的随意性的观念在高职学生中普遍流传，使得性行为的低龄化在加剧。

（二）性行为的不顾后果

当前高职学生思想在逐步开放，尤其在当代西方欧美文化的冲击下，高职学生性心理的开放程度也在改变，由于生理上的冲动和性心理的不成熟，高职学生性行为常常表现出不顾后果的心理状态。节假日医院妇产科人流和堕胎的现象中，高职女大学生的比例不乏其人，这一点便反映了高职学生性行为的不顾后果，不负责任性。

（三）男女发生性行为对象要求的不同一性

男生发生性行为对象的要求一般在于是否愿意与自己发生性行为，以解决自己的性欲望，而女生则要求性行为的对象爱慕自己，怜惜自己。男生受生理的影响程度较大，这使得男女生发生性行为时往往出现矛盾。

三、高职学生常见的性心理困扰及调适

（一）性心理困扰

1. 性冲动

性冲动是男女大学生生理、心理的正常反应。研究表明，引起性冲动的原因有内部和外部两种。性学家发现，激素（荷尔蒙）是造成性冲动的内部因素，外部因素而言，心理因素和社会因素起着较大的作用。

2. 性梦

性梦是指人在睡梦中梦见与性对象发生性接触而出现性冲动或性高潮的现象。异性间的性吸引，有时会导致性冲动，但在清醒的意识状态下，理智和道德可以抑制这种冲动。然而在进入梦乡后，这种被压抑的性冲动就像弗洛伊德说的，按照“本我”的享乐原则行事，可以不受理智道德的约束了。弗洛伊德认为，梦是愿望的满足，在清醒状态下不敢想不敢做的性心理、性行为都可以在梦中现出，使大脑皮层出现非常活跃的兴奋灶。这种性梦的自然宣泄，类似一种安全阀的作用，可以缓和累积的张力，有利于性器官功能的完善和成熟，是性生理、性心理发育正常的标志。

3. 性幻想

性幻想也称性想象，是一种介于意识和潜意识之间的，带有性色彩的精神自慰行为，是在没有异性参与的情况下，在大脑中进行的自我满足的性欲活动，故又称“意淫”。性幻想一般分为三种：第一种是不伴有性行为的性幻想，又称“白日梦”；第二种伴随性自慰的性幻想；第三种是伴随性生活的性幻想。

4. 性自慰

性自慰俗称手淫。我国青少年性自慰焦虑的发病率普遍高于西方国家，除了性教育的普及程度低外，还与“手淫”这种习惯性称呼的明显贬义也有很大的关系。因此，近年来我国已经将手淫更名为性自慰，它界定了性行为的对象为个体自身，其功能在于心理缓释，从而有助于人们正确看待这种行为，克服偏见，缓解心理压力。

（二）调适的方法

1. 及时排解性需求

高职学生正处在人的性欲最强烈时期，排解的方法最好是采取积极的舒缓。如积极参加集体活动和体育运动，培养广泛的兴趣爱好，或者追求其他与前途相关的目标来转移注意力，或者真心地交一个异性朋友，将自己的性冲动转化为对恋人的追求。同时注意养成一些好的卫生习惯，不要给自己留下太多的空闲时间，还应保持一种振作的精神状态，睡觉前不看刺激性的电视或书刊，穿衣要宽松等，这样可以防止性的刺激占领大脑。

2. 有效控制性冲动

一般可以采取适当的方法来控制性冲动，如丰富爱情的形式和内容，与恋人一起从事某项活动，培养一些共同爱好，避免在人少和黑暗的场所约会；和恋人不要有过多的身体接触；用理智和道德来进行约束。应该说在大学阶段只有性幻想而没有性行为的恋情才是最美好的恋情，适当的约束能够让爱情保持更多的神秘感。

3. 正确看待婚前性行为

随着东西方文化的撞击和青春期性与情的躁动，高职学生婚前性行为已经不是个别现象，而是成为一种普遍的现象。高职学生性行为的发生往往会造成个人内疚和恐惧心理，对此，首先要原谅自己的冲动，冷静地思考这种行为能给自己带来什么，然后主动和自己的恋人沟通，两人尝试延迟满足，把握交往的分寸和热度。了解一些必要的性知识，学会把这种关系建立在爱情和事业的基础上，调整心态，与恋人一起发奋学习，共同努力，使两人感情更加巩固发展。

四、维护性健康的途径

（一）掌握科学的性知识

作为高职学生应该对“性”有一个科学的认识，性是一门综合性的科学，它包括性生理学，性心理学，性社会学，性伦理学，性美学等。高职学生应当努力学习和掌握性科学知识，避免性无知，消除把性仅仅看作是生物本能的片面认识。

（二）培养健康的人格

性是人格的完成，性不仅仅决定生物本能。一个人对性的态度，反映了一个人人格的成熟，人自身的尊严感和对他人是否尊重，都会在两性关系中充分体现出来。培养健康的人格可从以下三方面入手。

1. 要自爱自信

认同自己的性别角色。性别角色意识是一个人社会化成熟与否的重要体现，是心理健康的重要标志。世界是两性的和谐统一，男性和女性在生理上和心理上各有自己的特点，各有自己的性别魅力。现代社会的高职学生应当在生物生理，社会心理和文化，经济，社会参与以及政治上，进行合乎科学，合乎道德和时代要求的全面角色认同。尽管现在社会上对同性恋存在着各种不同的看法，但人们对同性恋所引起的社会适应困难的看法是相当一致的。因此高职学生应当接纳和欣赏自己的性别角色，发展出适应时代要求的优秀个性特点。性别角色的认同和胜任是现代人成功适应和发展的重要心理基础。

2. 要对性行为负有社会责任感

如果性行为只停留在手淫，性梦等方式的自我宣泄上，虽说它不会影响他人，但是如果性行为涉及到另一个人，那么便涉及许多社会责任。性行为可以给另一方造成心理肉体上伤害，可以产生第三个生命，这将意味着影响另一个人的生活，为社会带来后果。尊重他人，尊重自我，对自我的行为负起责任，高职学生要增强自己的性道德和性法律意识，用道德和法律规范自己的性行为。

3. 培养良好的意志品质

高职学生控制性心理能力的大小，在一定意义上是由个人意志品质的强弱决定的。意志作为达到既定目的而自觉努力的一种心理状态，具有发动和抑制行为的作用。尽管有的青年人有很强的性冲动，再加上在外界性刺激的影响下，会急于寻求性的满足。但是人不同于动物，人有意志力，人可以抑制和调整自我的冲动。那些放纵自己的人往往缺乏坚强的意志品质，为了自己长远的幸福和个人成功的发展，应当努力培养自己良好的意志品质。

（三）学会正常的异性交往

1. 异性交往的功能

异性同学的正常交往，有利于破除对异性的无知和好奇，增进对异性的了解，有利于丰富情感体验，有利于社交能力的培养。在异性交往中，无论男同学还是女同学，都更注重仪表整洁，举止得体，更注重谈吐的机智，风趣与文雅，这些无疑都促进了高职学生健康人格的完善。异性交往的重要作用即是可以使性能量在合适的人际渠道中以升华的方式得以合理宣泄，保持心理的平衡。

2. 异性交往的原则

在异性交往中应遵循一定的原则，主要包括以下三点：第一，相互尊重的原则。尊重对方的人格也尊重对方的性别，在与自己有好感的异性交往中，要尊重别人的感情，不可将自己的情感体验强加于人。第二，自尊的原则。一个人如果有了自尊心就能严格要求自己，维护自己良好的个人形象。异性交往中，男同学要举止文明，女同学要稳重大方，最忌轻浮与娇柔造作。第三，心态自然的原则。在异性交往中，言谈举止，情感流露自然而流畅。

3. 异性正常交往的艺术

在异性交往中要把握好正常的交往艺术，具体如下：第一，不能带有实用主义，功利主义的目的，或带有性攻击的强制性。第二，要保持一定的距离，有了分寸感才能使异性间的交往安全可靠。第三，交往应自信而坦诚，坦诚的自我表露是建立友谊的重要品质，虚伪则会伤害对方而最终只能断送友谊。第四，讲究礼仪和注意小节，要谈吐文明，行为良好，举止优雅。

（四）培养良好卫生与生活习惯

良好的卫生与生活习惯有利于保持高职学生健康的心理状态，尽量避开各种性刺激的干扰，这些卫生和生活习惯包括：其一，把主要时间和精力集中在学习和工作中，不要给自己留下太多空闲，以免让性意念和性幻想占据头脑；其二，按时作息，起居有时，不睡懒觉，保持振作的精神状态，有利清除各种性的杂念；其三，休闲时间从事各种健康的文化娱乐和体育活动，避开有性诱惑的娱乐环境；其四，睡觉前不看有性刺激的影像和书刊，不做涉及性内容的闲聊；其五，穿衣要宽松，不要紧缩身体，秋冬夜晚睡眠时不要盖得太暖和。

◆拓展训练

【越测越乐】

大学生恋爱观心理自测表

[指导语]　每一个问题的下面，都有四种不同的选择，请你在符合自己想法的那一字母上打上“√”，每题只选一个。

1. 你想象中的爱情是（　　）。

A. 具有令人神往的浪漫色彩　　B. 能满足自己的情欲

C. 使人振奋向上　　D. 没想过

（A. 2　B. 1　C. 3　D. 0）

2. 你希望同你恋人的结识是这样开始的（　　）。

A. 在学习和工作中逐渐产生爱情　　B. 青梅竹马

C. 一见钟情也未尝不可　　D. 随便

（A. 3　B. 2　C. 1　D. 1）

3. 你对未来妻子的主要要求是（　　）。

A. 别人都称赞她的容貌　　B. 善于理家

C. 顺从你的意见　　D. 能在多方面帮助自己

（A. 1　B. 2　C. 1　D. 3）

4. 你对未来丈夫的主要要求是（　　）。

A. 有钱或有地位　　B. 为人正直有事业心

C. 不嗜烟酒，体贴自己　　D. 英俊有风度

（A. 0　B. 3　C. 2　D. 1）

5. 你认为完美的结合应是（　　）。

A. 门当户对　　B. 郎才女貌

C. 心心相印　　D. 情趣相投

（A. 1　B. 1　C. 3　D. 2）

6. 你认为巩固爱情的最好途径是（　　）。

A. 满足对方物质要求　　B. 柔情蜜意

C. 对爱人言听计从　　D. 完美自己

（A. 1　B. 0　C. 2　D. 3）

7. 在下列格言中，你最喜欢的是（　　）。

A. 生命诚可贵，爱情价更高

B. 爱情的意义在于帮助对方，同时也提高自己

C. 有福同享，有难同当

D. 为了爱，我什么都愿干

（A. 2　D. 3　C. 2　D. 1）

8. 你希望恋人同你在兴趣爱好上（　　）。

A. 完全一致　　B. 虽不一致，但能互相照应

C. 服从自己的兴趣　　D. 互不干涉

(A. 1　B. 2　C. 0　D. 3)

9. 当你发现恋人的缺点时，你的态度（　　）。

A. 无所谓　　B. 嫌弃对方

C. 内心十分痛苦　　D. 帮他（她）改进

(A. 1　B. 0　C. 2　D. 3)

10. 你对恋爱中的曲折怎么看（　　）。

A. 最好不要出现　　B. 自认倒霉

C. 想办法分手　　D. 把它作为对爱情的考验

(A. 1　B. 2　C. 0　D. 3)

11. 你对家庭的向往是（　　）。

A. 能同爱人天天在一起　　B. 人生归宿

C. 能享天伦之乐　　D. 激励对生活的新追求

(A. 2　B. 1　C. 1　D. 3)

12. 自己有一位异性朋友时，你将（　　）。

A. 告诉恋人，在其同意下继续交往　　B. 让恋人知道，不能干涉

C. 不告诉　　D. 告诉与否看恋人的气量而定

(A. 3　B. 2　C. 1　D. 1)

13. 另一位异性比恋人条件更好，且对自己有好感（　　）。

A. 讨好对方，想法接近　　B. 保持友谊，说明情况

C. 持冷淡态度　　D. 听之任之

(A. 0　B. 3　C. 2　D. 1)

14. 当你迟迟找不到理想的恋人时（　　）。

A. 反省自己的择偶标准是否实际　　B. 一如既往

C. 心灰意冷，甚至绝望　　D. 随便找一个

(A. 3　B. 1　C. 0　D. 1)

15. 当你所爱的人不爱你时（　　）。

A. 愉快的同他（她）分手　　B. 毁坏对方名誉

C. 千方百计缠住对方　　D. 不知所措

(A. 3　B. 0　C. 1　D. 1)

16. 你的恋人以不道德的理由变心时，你会（　　）。

A. 报复　　B. 散布对方的缺点

C. 只当自己没看准　　D. 吸取教训

(A. 0　B. 1　C. 2　D. 3)

17. 当发现恋人另有所爱时（　　）。

A. 更加热烈地求爱　　B. 想法拆散他们

C. 若他（她）们尚未确定关系就竞争　　D. 主动退出

(A. 1　B. 0　C. 3　D. 2)

结果分析：

将每一个打“√”字母下的得分相加。总分在46分以上，说明恋爱观正确；42～46分，基本正确；42分以下，说明恋爱观需要调整。

【越读越乐】

学会爱的表达

向心上人表达爱情，是一种最甜蜜，最伤神，最微妙的情感活动，在表达爱情的过程中，把握好性别角色，情感浓度，发扬大胆主动，锲而不舍的精神，一定能拥有甜蜜永久的爱情。下面介绍7种爱的表达方式。

(1) 制造悬念。当青年男女由自愿的感情发展到目标确定、情意执着的时候，先制造一个悬念，有意在对方的心中树立一个无形的“横刀夺爱”的“第三者”，造成一种欲爱不成，欲割难舍的紧张、矛盾心态，然后，突然使对方恍然大悟，实现爱的转折，将爱情推向一个新的深度。

(2) 寓物言情。双方心迹都已清楚，但怯于直言不讳地向对方表达，可以选择一件寓意深长的小礼物送给对方，表达自己的爱慕，这会在含蓄的基础上，平添一种浪漫情调。当心上人的小礼物忽然而至，接受者的想象力便纵横驰骋，于是“奇迹”就会出现。

(3) 曲折含蓄。如果你的心上人的文化素质与领悟能力比较强，可以不显山不露水，把你的情感若隐若现地包孕在彼此的谈话中，使他（她）有曲径通幽之感，倍觉爱情有神秘与甜蜜，很有意境。

(4) 直抒胸臆。有些人表达爱情十分简明、直率、不虚伪造作，大胆而毫无保留地向对方倾吐自己的感情，宛如那潺潺的小溪，汩汩而流。一般而言，对性情直率，表达思想感情喜欢开门见山的人宜采用此法。显然，对于交往比较深，有一定的感情基础，或者两人已经暗地互相倾慕，只需“捅破那层纸”的双方来说，直抒胸臆表达爱情很省力，也别有一番趣味。

(5) 诙谐幽默。将神圣的爱情寓于俏皮逗趣的说笑中，让对方不知不觉地体会你的心思，你在“幽默”他的情态中完成一次“试探”，既不显得羞怯，又不会出现难堪的场面。

(6) 画龙点睛。彼此心有期许，往往又飘忽不定，犹豫不决，爱恋的一方借助某种氛围和物质的烘托，将爱情推向“白热化”。

(7) 借题发挥。巧妙地将情感蕴含在并不直露的言语中，借用某一事物或人物等形式，小题大做，把绵绵之情传递给对方，发展彼此的关系，就利用双方的共同爱好，经常交换、推荐好书读，在这一借一还，借借还还之中，爱情的种子发芽了。

【越看越乐】

失恋33天

该影片讲述27岁的“大龄少女”黄小仙儿，姿色平平，家境一般，恋爱谈了七年，没修成正果，却偶然发现男友和自己的闺蜜走到了一起。失恋后黄小仙儿很痛苦，但是身为高端婚庆策划师的自己却只能强装笑脸面对各色客户，度过难熬的失恋时光……主角黄小仙失恋之后在王小贱的帮助下重新找到真正的自己。

项目十

高职学生的生命教育

◆心有灵犀

生命就是一切。生命就是上帝。一切都在变化、都在运动，这种运动就是上帝。在有生命的时候，就有那种感知神灵的快乐。爱生命就是爱上帝。最困难而又最幸福的事，就是在自己遭受痛苦时，在遭受无辜的痛苦时，爱这个生命。——列夫·托尔斯泰

我总觉得，生命本身应该有一种意义，我们绝不是白白来一场的。——席慕蓉

◆心海导航

生命是珍贵的，也是脆弱的，在每一个人的人生旅途中，都会碰到许许多多威胁我们生命的因素，这些因素就像一个个青面獠牙的魔鬼，可能会让我们的生命面临艰难的抉择或是严峻的考验。不论你处在怎样一个多变的世界，经历怎样的人生，生命中还是有一些极其可贵的珍宝，需要我们终身护守、珍惜，不容它轻易失去。学会珍惜时间，学习丰富生命的内涵，学会对自己的人生负责，让生命更有价值，让生命更有意义。

◆学习目标

【知识目标】

1. 理解生命教育的意义。
2. 了解高职学生心理危机的表现。
3. 了解高职学生心理危机的预防与干预。

【能力目标】

1. 感受生命的价值和意义。
2. 学会应对心理危机。

【素质目标】

1. 学会如何对自己的生命负责，如何爱护他人的生命。
2. 加强对生命的尊敬和责任感，培育同危害生命健康行为做斗争的意识。

◆**青春故事**

种子的力量

有人问：世界上什么东西的气力最大？回答纷纭得很，有的说象，有的说狮子，有人开玩笑似的说，是金刚。金刚有多少气力，当然大家全不知道。结果，这一切答案完全不对，世界上气力最大的是植物的种子。一粒种子可以显现出来的力，简直是超越一切的。

人的头盖骨结合得非常缜密，坚固。生理学家和解剖学家用尽了一切的方法，要把它完整地分开来，都没有成功。后来忽然有人发明了一个方法，就是把一些植物的种子放在要剖析的头盖骨里，给予温度和湿度，使种子发芽。一发芽，这些种子便以可怕的力量，将一切机械力所不能分开的骨骼，完整地分开了。植物种子力量之大如此。

这也许特殊了一点，常人不容易理解。那么，你见过被压在瓦砾和石块下面的一棵小草的生成吗？它为着向往阳光，为着达成它的生之意志，不管上面的石块如何重，石块与石块之间如何狭，它总要曲曲折折地，但是顽强不屈地透到地面上来。它的根往土里钻，它的芽往上面挺，这是一种不可抗的力，阻止它的石块结果也被它掀翻。一粒种子力量之大如此。

没有一个人将小草叫做大力士，但是它的力量之大，的确世界无比。这种力是一般人看不见的生命力。只要生命存在，这种力量就要显现，上面的石块丝毫不足以阻挡它，因为这是一种“长期抗战”的力，有弹性，能屈能伸的力，有韧性，不达目的不止的力。

如果不落在肥土中而落在瓦砾中，有生命的种子决不会悲观，叹气，它相信有了阻力才有磨炼。生命开始的一瞬间就带着斗志而来的草才是坚韧的草，也只有这种草，才可以对那些玻璃棚中养育的盆花嗤笑。

分析：我们从这一颗颗小小的种子身上所看到的正是生命的力量。正如席慕蓉所说，我们绝不是白白来这世间一场的。生命的意义恰恰就是无论是在顺境中，还是不幸遭遇逆境，都顽强、执着、耀眼地把生命的力量展现出来。

任务一　生命的内涵与本质

◆**心理知识**

一、生命是什么

生命是如何诞生的？从古至今，人们一直想方设法弄清楚生命的起源、生命的存在、生命的未来等等事情。生机论者认为生命是由非物理、非化学性质的超自然力量操纵的，因而才能产生非物体所没有的合目的性的行为；恩格斯认为，生命是蛋白质的存在方式，这种存在方式本质上就在于这些蛋白质的化学组成部分的不断自我更新。

我国著名社会学家李银河说：“生命是一个奇迹。在热力学第二定律中，它是一个减熵的现象。能生而为人本身就是一个太多偶然因素构成的奇迹，从这个意义上说，每个人都是宇宙的幸运儿。我们太应珍惜这几乎不可能的奇迹，珍爱生命，善待生命。它的存在应是狂欢，应是快乐，应是难以压抑的歌唱。”（出处李银河的博客，http：//blog. sinA. com. cn/s/blog_473d5336010001xw. html）

归根结底，生命是神奇的，作为所有生命中最具有智慧的人的生命，更是一个奇迹，人的生命的神奇性表现在以下几方面。

（一）个体生命的独特性

生命的个体形式是具体的、独特的、丰富的。在这个世界上，每个生命个体都是绝无仅有、独一无二的，都有别于其他生命个体的天赋、兴趣和爱好。你的外表、动作、个性和思想都是唯一的，过去没有，现在没有，将来也不会有其他的人跟你一模一样。你的生命在总体上具有多样性，对个体生命来说，都是独一无二的，都是生而平等的，在这天地之中，你就是你，无人可以取代！我们每一个人都是地地道道的“天生赢家”，我们自己所存在的生命就是一个奇迹。当我们面对浩瀚星空时，感受到自己竟然如此渺小，但我们能诞生在这个广袤的世界上，其难度之大，概率之小，实在是无法想象。有谁知道，有多少的几率让茫茫人海里的你的父母相识？又有多少几率让你诞生？把所有的几率统计起来，你出生的概率微乎其微，然而你就这样奇迹般地诞生了。

每一个生命个体莫过如此，尊重生命体现在尊重个体生命的独特性、差异性，尊重生命的多样性及其共在的生命世界。任何人都没有理由和权力轻视、无视、蔑视任何一个个体生命。所以，我们要热爱生命，享受生命，不断去创造奇迹，这样才能验证我们生命的存在本身就是令人惊异而伟大的奇迹。

（二）个体生命的不可逆性

人的个体生命是独特而唯一的，原因在于它的不可重复性。生命对于一切事物来说都只有一次，生命对于每个人来说也只有一次，失去了就不可复得。从胚胎起，生命便一直生成、发育，以至衰亡。它绝不会“倒行逆施”，返老还童，在我们毫无预料的情况下也许就消逝了。世人常说，“人死不能复生”，便道出了这个道理。使人来世一遭，是上天赐予人的最美好礼物，正因为它的不复返，生命才成了无价之宝。

时间是生命的存在方式，谁也留不住时间，意味着生命是不可逆的。它在一点一滴凝聚的同时，也在一分一秒地失去，珍贵而短暂，因此在生命高潮的浪峰，我们应该学会享受它；在生命低潮的谷底，我们应该学会忍受它，只有这样，我们才会发现生命的绚丽。

（三）个体生命的统一性

人的生命体征在成长中不断地变化着，从而使人由少年走向衰微的老年。然而，在人体的不断变化中，却有着人的自我不可变易的东西。人的生命的存在，正是变与不变的统一。如人类虽然每天吸收动植矿物的滋养成分，以促进身体上新陈代谢的变化，但是生命当中所包含的真理，绝不因生理上的变化而转移，这种生命的一贯性和统一性，就是人格。人格的一贯，可以使生命经得起困苦艰难，在变化的环境中合理的定位；人格的完整，可以促使生命美满和谐，培养丰富纯正的感情，使个人与外界环境相协调。

二、生命的意义

人活着到底是为了什么？这是一个非常重要而又难以回答的问题。千百年来，人们无数次地问自己也在问着别人，直到今天，对人生意义的探讨仍然没有停止，而且还将继续探讨下去。

生命的意义不会先于生命历程而存在。生命意义的寻找应当到现实世界中去，也就是说生命的意义是具体的，并不是抽象的。当我们吃上一顿自己非常喜欢的食物时，会感觉到幸福；当我们给父母打个电话，跟他们聊天时，会感觉到幸福；当我们给心爱的人买了件礼物，看到她们开心地笑了时，会感觉到幸福。一个人通过自己的行动能够使很多人感到其存在的价值，那生命的存在已经有了实质的意义。

生命的意义因人而异，没有“标准答案”，最可行的办法，只有靠自己的责任感去认真而智慧的品味生活，归根结底，要靠你自己的心灵。我们应该从以下几个方面来努力。

（一）从平凡而真实的人生中寻找生命的价值和意义

著名雕塑家罗丹说，世间的活动缺点虽多，但仍然是美好的。所以我们对生活心存向往，虽然只有部分能如愿以偿，有的也许只能埋藏在记忆深处，但我们仍然渴望梦想成真的惊喜。因为一个人的生命长短并不是最重要的，重要的是我们怎样度过这些日子，也许我们一生都将平凡度过，但能够做到坚守平凡也是一种伟大。

活在真实中，这是人生的最高境界。什么是真实？真就是不假、不虚伪；实就是实在、不做非分之想。换句话说：这是一种不撒谎、不做作、不违背良心，纯乎心性而行的境界。我们没有必要羡慕别人，也没有必要自艾自怨，更没有必要矫揉造作。幸福是一种真实生活的感受，我们只要对明天的生活心怀向往，对今天的生活珍惜拥有，生活的意义自在其中。

（二）从爱自己和爱他人中寻找生命的价值和意义

爱是高尚的，从纯真的友情到质朴的亲情，从对家人的爱到对他人的爱；从对生活的热爱，到对国家人民的热爱；爱亦是博大的，人不但要爱自己、爱生活，更重要的是爱他人、爱国家；爱也是平等的、相互的，生命给你的是一种回声，你送出什么它就送回什么，你播种什么就收获什么。有一个小男孩因一时气愤对母亲说：我恨你，我恨你……，山谷传来回音：我恨你，我恨你……，小孩很害怕，跑回家对母亲说，山谷里有个很坏的小孩说他恨他。母亲带他到山边并要他喊：我爱你，我爱你……，小孩照母亲说的做了，这次他发现，有一个很好的小孩在山谷里对他说：我爱你，我爱你……。世界因为有爱而变得美丽，爱本身就是一种快乐，只有懂爱的人才能真正享受生活，才能领悟生命的意义。

（三）从自我价值的实现和创造中寻找生命的价值和意义

人的价值的实现即是自我的实现，然而，一个人怎样实现和创造自我价值呢？生命的价值不在于生命的长短，而在于通过自己所从事的事业展现出来。不是每个人都能成为爱因斯坦，但是每个人都能在自己的岗位上脚踏实地、埋头苦干，发挥聪明才智，为社会作出贡献。劳动以及通过劳动对社会和他人作出的贡献，是社会评价一个人的生命价值的普遍标准。一个人对社会和他人所作的贡献越大，他在社会中获得的人生价值的评价就越高。生命虽然短暂，但以生命换来的事业是不会磨灭的，其事业的精神也永远会由后人继承和发扬光大，所以生命之易消逝并不足为忧，所忧者当在这有限的生命能否换来无限光荣的事业。

（四）从与他人相处中寻找生命的价值和意义

每个人在社会生活中都要与他人打交道，与他人结成各种各样的关系。个人与他人的关系是每个人都必须面对的，是人与社会关系的直接而具体的体现。明确个人在与他人关系中的地位，促进个人与他人的和谐，才能为人生价值的实现创造良好的人际环境。

在大学校园里，同学之间可能有这样那样的不同意见或矛盾，但没有根本的利益冲突。要自觉地维护同学之间的和睦团结，自觉地做到在名利面前让一步，在工作和困难面前抢一步，尊重他人利益和集体利益。只有这样，才能真正处理好个人与他人的关系，获得真正的友谊，为自己打造一个和谐的生活环境，使你的生命过程更丰富、更有意义。

生命其实是一次旅行，如果你为此准备得越充分，那么你就越得轻装上阵，领略人生旅途的风景，对生命过程的重视就是重视生命的质量，只有当生命有质量保证的时候，才能超越时间的锁链，完成生命赋予我们的存在的意义。

三、尊重与善待生命

（一）尊重生命

尊重生命作为一种朴素的道德观念，源远流长。在原始宗教、习俗、传统道德中就有尊重生命、关爱生命、敬畏生命的道德内容和训诫。在生命伦理学语境中，尊重生命是指尊重人的生命形式，尊重人类每一个个体的生物学意义上的生命存在和健康利益。尊重生命，包括尊重自己的生命和尊重别人的生命。

1. 尊重自己的生命

一个人首先要尊重自己的生命，如果不懂得尊重自己的生命，实际上就不可能懂得尊重别人的生命。在现代社会，我们看到许多类似的情景：酒后驾车，酿成人间惨剧，不仅使自己致伤致残，更伤害他人生命。倘若我们能尊重自己的生命，也比较能感受他人生命的可贵。尊重自己的生命，主要包含三层含义。

（1）要珍惜自己的生命，珍惜生命这个道理似乎很简单，其实真正做到并不容易。我们对于拥有生命这件事情实在是太习惯了，而习惯了的东西往往是不知珍惜的。具体来讲就是要养成健康的生活方式，不做损害生命的事，比如吸毒、过劳、沉迷网络等。

（2）要懂得享受生命。凡是自然赋予人的欲望都是无罪的，都有权利得到满足。但是，享受生命不应该停留在满足生理性的欲望上，这个层次还太低。我们应当经常倾听一下自己的生命在说什么，它的真正需要是什么，怎样的状态才是它感到最舒服的状态。中国道家强调“不失性命之情”“不以物累形”，这些哲人是生命真正的知音，他们的话值得我们好好思考。

（3）要对自己的生命负责。人生有很多责任需要我们去承担：作为家庭成员，子女要对父母负责，父母要对子女负责；作为社会成员，每个人都要对社会负责，但最根本的是一个人要对自己的人生负责，具体表现为对该做什么事、不做什么事一定会有严肃的考虑，这是一个人责任心的根源。

2. 尊重他人的生命

尊重生命，不但要尊重自己的生命，更要尊重他人的生命。爱惜自己的生命，这可以说是本能，但人还应该有另外一种本能，就是同情他人的生命，同情一切生命。中国古代思想想孟子认为，恻隐之心，人皆有之，是“仁之端”。同情被认为是人性中固有的因素，是人区别于动物的起点，是道德产生的基础。

英国古典经济学家亚当·斯密认为，由同情发展出了两类道德。一类是消极的道德，就是正义，为什么把正义称作消极的道德呢？因为它是从否定的角度来规定人的行为的，它讲的是人不能做什么，就是你觉得对你有害的事情，你也不能对别人做，不能损害别人的利益。在中国哲学里，正义就相当于孔子所说的“己所不欲，勿施于人”，也就是“恕”。另一类是积极的道德，就是仁慈，仁慈是从肯定的方面来规定人的行为的，就是你应该做什么。你不能损人，这是正义，但还不够，看见那些正在受苦的人，你仅仅不去损害当然是不够的，这时候，他需要你的帮助，所以你还应该去帮助他，这就是仁慈。

这样看来，人类有两种本能，一类是生命本能，即爱自己的生命，趋向对生命有利的东西；对自己生命有害的东西会厌恶、会避开，可以说是利己是人的本性。另一类是同情本能，即看见别人的生命有了危险，遭到了威胁或损害，会设身处地去感受。同情本能实际上是以生命本能也就是利己本能为基础的，所以一个人要能够对别人有同情心，必须具备两个条件：第一是要有健全的生命本能，即对自己的生命敏锐，爱自己的生命。如果对自己的生命是麻木的，那他对别人的生命必然是冷漠的。第二个条件是要能够推己及人，由爱自己的生命而体会到别人也是爱他自己的生命的，这样才能对别人的生命怀有一种同情。

（二）善待生命

生命是个人生活之本体，是人生其他一切价值的前提，没有了生命，金钱、财富、名誉、地位等都无从谈起；生命也是社会发展之本体，只有人的生命才能衍生出人类社会、个体的经济生活、人的欲望与需求。随着社会的不断发展，人们的价值观越来越多元，但终归有一个共识：善待生命，包括善待自己生命，善待他人的生命并珍惜所有的生命。

1. 善待自己的生命

古人云“身体发肤，受之父母，不敢毁伤，孝至始也。”一个人健康地活着，不但是为自己更好的生活具备条件，同时也是为亲人朋友带来安慰、带来快乐。如何善待自己的生命？

（1）要养成良好的生活习惯。良好的生活习惯包括三个方面：第一，良好的饮食习惯。民间经验和专家观点都认为：早晨要吃好，中午要吃饱，晚上饭要少。对于高职学生来讲，特别注意早餐一定要吃好，要有营养，不能凑合，更不能不吃早餐，而且在饮食上要切记不能偏食，偏食会导致人身体里一些必要的维生素等营养成分缺乏，远离烟酒。第二，良好的作息习惯。要科学安排时间、合理分配精力，该工作时工作，该学习时学习，该运动时运动，该休息时休息，长此以往，养成良好的作息习惯是能做到的。第三，良好的运动习惯。青年人总觉得自己年轻，身体特棒，死亡离自己远着呢，运动不运动、锻炼不锻炼无关紧要。实际上，从年轻的时候起就养成运动的习惯十分重要。从事脑力劳动的人除了要抽出专门的时间运动外，锻炼身体的机会可以说是无处不在。如上班地点离家不太远，你可以步行上下班；尽量少乘或不乘电梯，多爬楼梯也是锻炼等等。当然，一个人能否养成好的生活习惯，关键取决于人的意志，看你有没有控制能力。如同一个人要成就一番事业必须有坚强的意志和毅力一样，好的生活习惯养成也必须有坚强的意志和毅力。

(2) 要修身养性，形成豁达的心态。人生在世，每个人都渴望富裕幸福，都渴望平安快乐。但在实际生活中，人人都会遇到困难，人人都会体察到很多苦楚，生命就难免在现实的生活中磕磕碰碰，使人感受到肉体的困厄，灵魂的忧患。为受挫自伤，为失落惆怅，为落伍无奈，为失业忧虑，为病痛苦恼，为争吵生气，为死亡恐惧，但这不等于就有理由放弃生命来结束苦难。心灰意冷的时候，不应该沉溺于苦难，也不应该忘记自然赋予生命的种种美好。望望自然山水，望望树林小鸟，望望月亮星空，望望日落日出，生命就会收获一份恬静和热爱，生命就会多一些快乐。

人的生命是宝贵的，也是很脆弱的，既然老天赋予了我们生命，就应该好好珍惜，既能承受生命的苦难，又能享受生命的欢乐。只要敢于承担，就会有战胜困难的勇气和力量，生活就会痛并快乐着。

2. 善待别人的生命

善待自己的生命，总是与善待别人的生命联系在一起的。可在实际生活中，我们经常会看到另一番景象：交通肇事者扔下受害者逃逸，甚至故意反复辗轧受害人至死；有的医院不顾医德，恶性医疗事故频出；有的执法者滥用私刑，草菅人命。我们生活的社会是人类群体共生共荣的社会，个体不可能脱离群体而独自生存。人与人的生命之间没有高低贵贱之分，每个生命的存在都具有被尊重和善待的意义……你希望别人怎样对待你，你就应该怎样对待别人，因此我们有必要去反思一下我们的言行举止。要意识到并不是所有的杀戮都是刺刀见红，并不是所有的死亡都是当场毙命：舌头可以杀人，笔头可以杀人，甚至唾沫、冷眼、麻木，或者一个歹念，一个玩忽职守……不要等到生命已经消亡，才开始追究凶手是谁！不要轻易去否定或忽略一个人，任何一个生命都有别人不可超越的价值和特质。

任务二　高职学生心理危机的表现

◆心理知识

一、心理危机的概念内涵

心理危机这一概念由美国心理学家卡普兰首次提出。他认为，心理危机是当个体面临突然或重大生活事件（如亲人死亡、婚姻破裂或天灾人祸）时所出现的心理失衡状态。

卡普兰认为，每个人都在努力保持一种内心的稳定状态，使自身与环境稳定协调，当重大问题和剧烈变化使个体感到问题难以解决，平衡就会打破，正常的生活受到干扰，内心的紧张不断积累，继而出现无所适从甚至思维和行为的紊乱，进入一种失衡状态，这就是心理危机的状态。

可见，危机是个体无法用现有的资源和惯常应对机制加以处理的事件和遭遇。危机有两层含义：一是指突发事件，出乎人们意料发生的，如地震、水灾、空难、疾病爆发、亲人丧失、恐怖袭击、战争等；二是指人所处的紧急状态。心理危机发生后，如果得不到及时有效的帮助和支持，通过调动其自身的潜能重新建立和恢复其危机水平前的心理水平，则可导致精神崩溃，产生自杀或攻击他人的不良后果。

当一个人出现心理危机时，当事人可能及时察觉，也有可能“未知未觉”。无论何种情形，当个体面对危机时会产生一系列身心反应，一般危机反应会维持6～8周。一般来说，高职学生心理危机的发生会经历以下几个时期。

(1) 冲击期。在危机事件发生后不久或当时，感到震惊、恐慌、不知所措。

(2) 防御期。表现为想恢复心理上的平衡，控制焦虑和情绪紊乱，恢复受到损害的认知功能，但不知如何做，此时会出现否认、合理化等心理防御反应。

(3) 解决期。积极采取各种方法接受现实，寻求各种资源想方设法解决问题从而减轻焦虑，增加自信，恢复社会功能。

(4) 成长期。经历了危机后变得更成熟，获得应对危机的技巧。但也有人消极应对而出现种种心理不健康的行为。

从危机的后果来说，会有四种不同结局：第一种是顺利度过危机，产学会了处理危机的方法策略，提高了心理健康水平；第二种是度过了危机但留下了心理创伤，影响今后的社会适应；第三种是经不住强烈的刺激而自伤自毁；第四种是未能度过危机而出现严重心理障碍。

二、高职学生心理危机的诱因与影响因素

(一) 高职学生心理危机的诱因

社会竞争激烈，学习和就业压力增大，加上身心疾病、感情波折和经济困难等因素，高职学生心理危机时有发生，甚至出现自杀和违法犯罪等恶性事件。高职学生心理危机问题已经开始引起全社会的广泛关注。高职学生心理危机的诱因很多，大致可归为三类：

(1) 发展性危机，指高职学生在正常成长和发展过程中，急剧的变化或转变所导致的异常反应，如新生入学不适应、大学毕业没有找到工作、考试不及格、不喜欢所学的专业、理想与现实的冲突、人际关系问题等，其特点是持续时间较短，但变化急剧，这种危机在人生的每一发展阶段都可能遇到，是高职学生生命中必要和重大的转折点，每一次发展性危机的成功解决都是高职学生走向成熟和完善的阶梯。

(2) 境遇性危机，指当出现罕见或超常事件，且个人无法预测和控制时出现的危机。如交通意外、被绑架、被强奸、失恋，突然的疾病、亲人离去等突发性事件，其特点就是事发突然，难以接受。

(3) 存在性危机，指因对一些人生根本问题的认识而导致的心理冲突和焦虑，如关于人生的目的、责任、独立性、自由和承诺等。

(二) 心理危机的影响因素

【案例】

王某，高职院校女生。自大一下学期以来，情绪一直比较波动，第一周周三晚，她曾在公用电话亭给家里人打了一个多小时的电话，一直哭着要马上回家，不愿回寝室，后来是她的父母打电话给她的好朋友，才由她的好朋友把她劝回寝室。周四其母亲赶到学校陪她。第二周周一晚其母来到某咨询室咨询有关情况（因为该生不愿来咨询），但未告知咨

询师该生的院系及姓名，其母也不愿该生所在院系知道该生有关情况，第二天咨询师将有关情况告诉心理健康教育中心。复制经过一番周折找到其母，与其母交流，让她说服女儿到咨询室咨询，随后其母亲带该生来咨询。

经咨询了解到，该生的父母从小对她的学习要求非常严格，只要成绩考得不理想父亲就会打她。上小学时她的成绩不太好，父亲就经常打她，上中学后她的成绩有了很大的提高，父亲渐渐不再打骂她，但她已养成“非要考好不可”的思维习惯，当考取好成绩时她不开心，担心自己下次考不好别人会笑话；考试不好时更不开心，更担心别人会笑话自己。她从来没有感受到学习的乐趣，上大学后，在学习上也抓得非常紧，第一学期的成绩在班级前几名，第二学期来到学校后，发现周围同学都非常努力，她就担心自己保持不了学习上的优势，就想更刻苦地学习，但发现自己总进不了学习状态，感到非常着急，周三晚出现了情绪崩溃。此外，由于该生的性格较内向，喜欢安静，与寝室的同学格格不入，而且她总是很在乎别人对自己的态度，因此与同学的关系也相处不好，上学期就经常打电话回家不停地哭。

思考：究竟是哪些因素影响了个体应对危机的结果呢？

个体的人格特点、对事件的认知和解释、社会支持状况、以前的应对危机经历、个人的健康状况、干预危机的信息获得渠道和可信程度、个人适应能力、所处环境等都会影响危机的进程与应对效果。

1. 个体对事件的知觉

对某一事件的认知和主观感觉在个体决定应付行为的性质和程度中起着重要作用。认知方式限制了人们探索压力事件的信念，极大地影响了人们对他人的知觉、人际关系以及对采取不同类型的心理治疗的反应。如果个体对事件的知觉是客观的、合乎逻辑的，则解决问题的可能性会大大提高。

2. 社会支持系统

人的本质是社会化的，人是生活在一定的社会联系和关系中的，社会支持系统是人们应对大量压力的重要的心理资源。这种资源的缺乏或丧失，面对压力的个体将变得无比脆弱、失衡并进一步产生危机。

3. 应对机制

我们通过日常生活，学会了运用各种手段去应对焦虑和减少紧张，并逐步形成了应对压力的模式。那些被人们运用的、有效的应对策略会成为人们日常生活中解决压力的一部分而纳入他们的认知模式中，并逐渐形成了人们解决压力的一套有效的应对机制。相反，如果没有恰当的、有效的应对机制，个体的压力或紧张持续存在，危机便会随之产生。

4. 个体的人格特征

心理危机还受个体的人格特征的影响，容易陷入危机状态的个体在人格上具有特异性。如注意力明显缺乏，看问题只看表面看不到本质；社会倾向性过分内倾，这种人格特征使个体遇到危机时往往瞻前顾后，总会联想不良后果；在情绪情感上具有不稳定性，自信心低，独立处理问题的能力极差；解决问题时缺乏勇气进行尝试，行为冲动缺乏理性，经常会有毫无效果的反应行为。

任务三 高职学生心理危机的预防与干预

◆心理知识

一、心理危机的预防

心理危机是一种正常的每个人都可能产生的生活经历，并不是一种心理疾病。人的一生中，在每个阶段都会出现危机，每个人都会遇到不同的危机。随着社会经济的飞速发展，竞争不断激烈，高职学生的心理危机事件的发生呈上升趋势。据统计，大学中每年因疾病休学、退学的学生中有50%左右是因为遭遇重大的心理危机和精神疾病，且这一比例在不断上升中。各高校都非常重视加强学生的心理教育，相继建立起高职学生心理危机干预体系，注重加强对学生的心理危机干预。

（一）学习自我干预

自我干预是高职学生心理危机干预体系的基础层面，其他的危机干预手段都必须通过个体的自我干预系统起作用。自我干预是指高职学生在面临日常心理危机时，通过自觉运用心理学的有关知识与方法技巧，及时改善不良情绪，缓解心理压力，促进和恢复心理平衡的过程。自我干预的实质是自我的心理调节，是一种积极的心理自助过程。在面临危机时，高职学生能够清醒地认识自身存在的问题，通过自我调节，促使自我心理恢复平衡的过程。所以，加强对高职学生自我干预地指导是解决日益严重的高职学生心理危机问题的一个重要思路。

在生活中，我们会观察到，面对同样的压力，人们的反应会大相径庭，其原因是什么呢？让我们借助下面的图示，了解一下压力的产生机制，进而采取相应的针对性措施。人的心理危机产生过程：应激事件→认知系统→社会支持系统→生物免疫系统→躯体心理行为反应。

外界的压力源作用于个体后，并不直接表现为压力，而是要经过由个体的认知系统、社会支持系统、生物免疫系统组成的“中介系统”的过滤，被削弱或加强，最终表现出来。由此可见，提升个体“中介系统”的抗压能力，是高职学生心理危机自我干预的有效方法。

1．培养科学的价值观，优化认知结构

价值观是指人们对周围客观事物的意义、重要性的评价和看法。由于人们追求的价值不同，表现出其态度也不一样。不同的态度产生不同性质的情绪，不同性质的情绪产生不同的心理与行为，因此正确的价值取向是应对心理危机的基本保证。

同时，人的认知犹如“过滤镜”，它会使许多情境改变颜色。我们要认识到压力、挫折和危机都是客观存在的。人的一生，困难、挫折和危机是不可避免的，可以说是逢时俱来，这是客观存在的东西，不以人的意志为转移。面对客观存在的这些情境，我们应该承认它，怨天尤人是没有任何意义的。其次，压力、挫折和危机又是辩证的。它们对人既是刺激、威胁，然而也是挑战，有人将其称为“生命之盐”是有一定道理的。从积极的意义上看，适度的压力、挫折是维系正常心理功能的条件，有助于人们适应环境，提高能力，有助于认识自身的长处与短处。而危机能激发潜能的发挥乃至发挥之极致。危机的克服能使人在增长人生经历的同时提高自信心，使人生变得丰富而充实。

2. 注重人际交往，构筑社会支持系统

社会支持是人与人之间的帮助、关心和肯定，是指通过外资源来帮助自己减轻或消除压力的应对过程。通常认为得到良好的社会支持有利于缓和压力，维护心理健康。社会支持资源是指来自主体外部的社会资源，包括社会关系和组织的资源，以及社会公共信息资源等。个人可利用的社会资源越多，并能积极利用这些资源，就越能有效化解压力与危机。

(1) 社会关系。来自个人社会关系的支持资源很广，主要有亲人、恋人、朋友、同学，以及热情的网友。

亲人：社会关系中支持力量最大的通常是家庭成员，也称为“有血缘关系”的社会支持，如自己的父母、兄弟姐妹等。通常现实的、物质的直接帮助都来自亲人。

恋人：对于已有恋爱对象，且在热恋中的人来说，支持力量最大的是恋人。一方受到挫折后，有恋人陪伴安慰，精神很快会缓和过来。中东的一些心理学工作者曾调查了受伤的青年士兵伤口愈合情况，发现有女友陪伴的受伤士兵愈合情况要好于没人陪伴的士兵，其中以感情处于热恋中的青年恢复最快。通常恋人给予情感支持为主。

好友：其次支持力量比较大的是好友、同学、老乡等。如遇到课程学习困难，如果一直自己查询资料来解决效果不佳，直接求助于优秀的学长，可能更有收获。学长的经历通常要比书本上的方案更实际，由他们帮助自己分析问题，制定学习计划，改进学习方法，常常更有针对性。这样的支持以情感和信息支持为多。

大家都会有体会，当自己烦恼时与自己喜欢的人呆在一起，或通过电话、QQ、邮件等向他们诉说，让他们分担自己的感受，会感到轻松很多。

(2) 团体和组织。除上述社会资源以外，还有学校机构、社团、老乡会、宗教团体等。高职学生求助最多的组织，主要是自己所在的学院、高校的心理健康中心或心理咨询中心，其次是各类自己所属的学生社团。

学校：重大事件威胁的解除，主要来自学校的支持。如校外人士骚扰威胁我校学生，常由学校或学院出面平息事端。又如某同学家境极为困难，父亲生病做手术，用去了自己的助学贷款，父亲再次要做手术时，就束手无策。后来学院与其家庭所在地方政府联系，帮助争取经济支持，学院给予困难补助，还发起募捐，帮助缓解了压力。

社团：同学们在社团里，因为有共同的兴趣，容易沟通，互相交流消解烦恼。

同乡会：同乡会也有很大的支持作用，共同的文化习惯容易互相认同，互相支持。高校学生来自全国各地，文化差异很大，不同地区的同学在同一个寝室里，常常互相不认同，时有摩擦，回到自己老乡那儿诉苦、宣泄往往会获得情感上的支持。

宗教：有宗教信仰的同学，宗教团体中的活动，其仪式行为具有社会支持的作用。

【读一读】

宠物

社会支持的作用可以来自宠物，如在家里养着的狗、猫、鸟等动物。宠物虽然不是人类社会成员，但宠物对人的忠诚和帮助、依赖与陪伴，有着与朋友类似的人性特点，常能起到社会支持的效果。校园里不断出现的狗和猫，反映出当代高职学生对社会支持的需求。美国宠物产生会曾调查发现，宠物可以减少孤独、抑郁和压力，可以降低血压和减少焦虑，有宠物的老年人很少生病，有宠物的心脏病患者，比没有动物陪伴的存活率要高。傅纳和郑日昌曾对北京 321 名饲养宠物犬和 418 名饲养任何宠物的 40 岁及以上的受试者进行调查，发现饲养宠物犬对身体健康、生活满意感具有显著影响；相对于不饲养宠物犬的受试，饲养宠物犬的受试身体更健康、生活满意感更高，对宠物犬越依恋的受试，生活满意度越高；研究认为，饲养宠物犬的社会支持主效应及社会支持缓冲作用显著。但是在大学宿舍养宠物，还是要考虑学校管理的规定和室友的感受。

(3) 社会公共资源。网站专题信息：互联网为我们提供了极其丰富的信息资源，我们遇到的许多一般的心理问题，都可以从网站上搜索到应对方法的介绍。可以用“心理卫生网站、心理健康服务”等关键词搜索，也可以用自己当时的感受作为关键词进行搜索，如“焦虑”“压抑”“失眠”等。

【读一读】

专业的心理健康信息网站

http：//www. 21jk. com. cn　中华精神卫生网

http：//www. camh. org. cn　中国心理卫生协会

http：//www. ourfeeling. com　心理健康网

http：//www. psyhealth. cn　中国大中学生心理健康教育在线

http：//psych. ac. cn　中国科学院心理研究所

http：//www. collegecounseling. org　高职学生心理咨询（美）

http：//www. shlhy. com/index. php　上海心灵花园心理咨询中心

你还可以在上网时，收集更适合自己的网址。许多综合性网站，如腾讯、新浪、网易，都有心理健康栏目，有许多信息可参考。

服务热线：各个大学的心理健康网页上都公布着学校心理服务的热线电话和电子邮箱地址，帮助你联系到能够帮助你的专业人员，一般不另外收费。公共网站上的心理服务热线，通常可直接进行电话心理咨询，但需要另外计时收费。

书店和图书馆：现在国内大书店和公共图书馆，都有大量的心理调节的图书资料。可以先查询一下电子目录，再找到需要的书籍。周末在大书店里，许多人坐地读书，成为书店一景，这是一种新的时尚，也是经济的信息索取方式。

影视片：优秀的影视片叙述的故事，能引人思考，清理思绪，给心灵带来启迪，引导人们应对眼前的困境。

3. 增强生物免疫系统的抗压能力

俗话说，健康的心灵寓于健康的身体，较好的身体素质是抵御心理危机的基本条件。

首先，高职学生应积极参加体育文化运动。运动能松弛人们紧张的神经，改善人们的自我感觉，消除失望或沮丧情绪。其次，高职学生还应学会一些积极有效的放松技术，增强应对压力的能力。如静坐，这是放松心境的方法，是一种积极的休息。许多专家研究指出，放松训练时身体内部会产生一系列如氧气消耗量降低、肌肉放松等生理变化，从而缓和内心的心理矛盾。

4. 营造积极的自我概念

提高自我调节能力的核心是营造积极的自我概念。董妍、俞国良（《自我提升的研究现状与展望》，《心理科学进展》2005 年第 2 期）认为，自我概念不是遗传的结果，而是后天社会实践的产物。具有积极自我概念的人的主要特质：一是以“真实的我”的面目出现，有适度的自信，不矫揉造作；二是对自我有明晰的认知评估，并以肯定的态度接纳自己，既能接纳自己的长处，也能接纳自己的短处乃至缺陷。那么，怎样才能营造积极的自我概念呢？主要途径是从事实践活动并力争获得成功，成功可增强人的自我效能感、价值感，提高自信心，同是还是医治抑郁症、焦虑症的良药。

（二）建立学校预防体系

为了防止严重心理问题发生，学校要做许多工作，学校的心理危机防范工作，就是要提高高职学生维护心理健康的意识，在制度上确实能控制心理问题恶化。

广义的危机防范工作，包括宣传、教育、培训、团体训练，以及心理普查、问题调研和心理咨询。防范工作对高职学生们来说，就是要通过学习或心理咨询，能够面对压力，缓解压力，防止琐碎的压力累积起来形成巨大压力而导致心理危机。狭义的心理防范工作，即心理普查、问题调研和心理咨询三个方面。

1. 心理普查

高校每年下半年在新生入学后，都要组织全校新生进行心理健康测查，简称心理普查或心理筛查。这项工作的目的，并不是要把有心理问题的学生查出来清退出去，而是为了全面了解新生的心理状态，以便制定合适的心理健康教育方案。这项工作包括多项内容，顺序为：心理测验、建立全校学生心理档案、对心理健康状况不佳的同学进行特别关注并提供辅导帮助，针对性地组织全校工作。

2. 信息调查与反馈

学校心理中心会定期对全校学生进行抽样调查，了解存在的心理问题与动态，了解同学们对心理健康活动的态度、参与度和需求，以便有针对性地开展心理宣传与辅导工作。

许多高校建有月或周汇报制度，即通过心理委员收集班级中心理方面的即时动态信息。内容一般包括：①班内同学出现的常规性心理问题及采取的措施和现状；②班内同学出现的非常规性心理问题及采取的措施；③班里组织心理健康教育活动的计划与结果；④开展心理工作需要帮助之处；⑤对学校、学院心理工作的评价、建议与要求；⑥班级心理委员改选情况。

汇报由心理中心分析综合后形成工作建议，作为调整全校心理健康工作的参考依据。

3. 心理咨询

高校的心理咨询是心理咨询教师对前来求助的同学提供心理咨询服务，帮助解决心理问题的过程。同学们如果感到压力很大，经努力也不能排解，烦恼或痛苦已持续一段时间了，最好还是去找心理咨询专业教师的帮助。

总的来说，心理危机的防范重点是关注高危个体。当然，首先要明确哪些高职学生是心理危机的高危个体，以下是湖北省教育厅文件《湖北高校高职学生心理危机干预及自杀预防实施方案（试行）》中对心理危机的高危高职学生个体的界定，具有一定的参考价值。

（1）在心理健康测评中筛查出来的有心理障碍或心理疾病或自杀倾向的学生。

（2）遭遇突然打击和受到意外刺激后出现心理或行为异常的学生（家庭发生重大变故，身体发现严重疾病，遭遇性危机，感情受挫，受辱，受惊吓，与他人发生严重人际冲突后出现心理或行为异常的学生）。

（3）学习压力、就业压力特别大以及严重环境适应不良出现心理或行为异常的学生。

（4）因严重网络成瘾行为而影响学习及社会功能的学生。

（5）性格内向、经济严重贫困且出现心理或行为异常的学生。

（6）有严重心理疾病（抑郁症、恐怖症、强迫症、癔症、焦虑症、精神分裂症、情感性精神病等）且出现心理或行为异常的学生。

（7）对近期发出下列警示讯号的学生，应作为心理危机干预的重点对象及时进行危机评估与干预：谈论过自杀并考虑过自杀方法，包括信件、日记、图画或乱涂乱画的只言片语中流露死亡念头者；不明原因突然给同学、朋友或家人送礼物、请客、赔礼道歉，无端致以祝福，述说告别的话等行为明显改变者；情绪突然明显异常者，如特别烦躁，高度焦虑、恐惧，易感情冲动，或情绪异常低落，或情绪突然从低落变为平静，或饮食、睡眠受到严重影响等。

二、高职学生心理危机的干预

心理危机干预是指在心理学理论指导下对有心理危机的个体或群体的一种短期的帮助行为，其目的是及时对经历个人危机、处于困境或遭受挫折和将发生危险的对象提供支持和帮助，使之恢复心理平衡。它不同于一般的心理咨询和治疗，最突出的特点是及时性、迅速性，其有效的行动是成功的关键。

（一）危机干预的原则

高职学生心理危机干预的一般原则主要有四条：其一，帮助当事人接受你的帮助。面临危机心绪不佳、郁闷、痛苦是正常的，帮助当事人接受你的帮助，在你的帮助下经历、体验并开始摆脱痛苦，有助于当事人最终走出危机；其二，帮助当事人有所作为地正视和处理危机。对当事人的处境表示同情和关注并有所准备地给当事人指明解决危机的办法，使其明白自己该做些什么、怎么做；其三，为当事人提供有关的信息。陷入危机的当事人往往因不了解真相而产生错觉，夸大危机的情境，对结果的想象远比事实更糟。因此，危机干预必须运用适当的方式、手段和语言，适当帮助当事人发现事实的真相，正视现实，走出困境；其四，必须避免怂恿当事人责备他人。

（二）危机干预步骤

1. 定义问题

从求助者的立场出发探索和定义问题。要求积极倾听，注意当事人的语言信息和非语言信息。

【读一读】

现场干预　如何定义问题

情境：恋人分手后或对方死亡

当事人："活着还有什么意义，我的心已经死了，不会再有爱情了……"

当事人可能的认识方面的问题是：

对自己的失望：初恋成功与否等于人生成功与否，或预示自己的未来成功否等，

把爱情看成人生唯一重要的事件

爱情等价于生命，或"爱情价更高"，没有爱情生命没有意义

干预者对此事件的观点可能有哪些？

"太傻了"，"真不值"，"对爱情的错误认识"，"你应该……"——这样的定义对吗？

注意：必须从当事人的立场定义问题。

（1）危机评估。危机评估的主要方面一是危机的严重程度：可通过心理危机者的主观认识和工作人员的客观判断来确定。二是心理危机者目前的情绪状态；包括持续时间、目前的情绪承受程度或应付能力、情绪能动性或无能动性的水平。三是心理危机者致死的水平：即对自我或他人的伤害危险程度。四是可替代的解决方法、应付机制、支持系统和其他资源。

（2）如何评估心理危机的危险程度。从情绪方面反常、混乱、精神崩溃程度来评估，并分别从语言（意识）、行为两方面进行评估。可参考相关的精神症状评定工具及其重要指标，对自我或他人的伤害危险程度、致死水平进行评估。

2．保证当事人安全

从心理危机者的立场出发探索和定义问题，理解其感受，不激化问题。根据对当事人躯体和心理安全的致死性、危险程度、失去能动性的情况或严重性的评估，做好防范工作。必要时先保证心理危机者知道代替冲动和自我毁灭行动的解决方法。

3．提供支持

让求助者认识到危机干预工作者是可靠的支持者，通过语言、声调和躯体语言向求助者表达，以关心的、积极的、接受的、中立的态度来处理危机事件。

【读一读】

现场干预　对心理危机者的心理支持

语言运用真诚：

"我能理解你的苦恼……"

"遇到这样的事确实很苦恼……"

"见你这么难我也很难过……"

"看你那么难过，想哭就哭出来吧……"

"会有办法的……"

"你那么难过（或气愤），能和我谈谈吗……"

表情、身体动作：关心的、倾向的、接纳的、包容的

可试探地握手，抚摸（背部、手等），拥抱。

4. 寻找应对策略、可替代解决的方法

寻找社会支持线索：亲人、恋人、朋友、老乡、同学、老师、相关组织机构、心理咨询机构。寻找办法，寻查替代解决办法，帮助探索他可以利用的解决方法，促使心理危机者积极地探索可以获得的社会支持、可利用的应付方式。帮助换个角度想问题，发掘积极的思维方式，即积极的角度、辩证地分析、发展地看事态。

5. 制订计划

帮助求助者做出现实的短期计划，发现另外的资源，提供应付方式，确定求助者理解的、自愿的行动步骤。

6. 得到承诺

帮助心理危机者向自己承诺采取确定的、积极的行动步骤。这些行动步骤必须是他自己的，从现实的角度是可以完成的或是可以接受的。在结束危机干预前，危机干预者应该从心理危机者那里得到诚实、直接和适当的承诺。如保证不再去伤害他人他物，不伤害自己；保证恢复正常的作息与生活，如回校、不离校出走，吃饭、不绝食，对应激反应、情绪激烈、问题严重者，保证去医院、配合治疗等。

三、自杀干预

自杀是指为结束自己生命的有计划的行动（王登峰，1993），是在意识清醒情况下，个体故意损害甚至毁灭自己生命的主动或被动的行为（肖水源，2006）。

自杀率是一个国家心理卫生状况的重要对照指数。据世界卫生组织统计，全球每 40 秒就有一个人自杀。自杀死亡占全部死亡人数的 3.6%，占相应人群死亡总数的 19%，是第 5 位最重要的死亡原因。12/10 万就是高自杀率的国家。中国的自杀率近几年为 23/100 000（世界卫生组织网站）。在 15～34 岁人群中自杀是第一位死因，占 18.9%。

近些年我国高职学生自杀率为每年（2～4）/100 000，开学与学期结束时自杀的人最多。2008 年中国青年报社会调查中心对 7 080 名高职学生进行的一项调查发现，89.3%的高职学生有过极度心理体验，比如极度失望、愤怒、孤独等，但仅有 8%的高职学生寻求过帮助。同时，55.1%的高职学生认为高校应该加强生命教育（中国青年报，2008）。

【读一读】

自杀现象分析

从个人角度看自杀，自杀是对生命的自我毁灭，是一个没有改正机会的错误。一个已经成年、且饱受父母抚育之爱、深得国家培养之恩，并在自己历经十余年艰苦奋斗后，好不容易取得接受高等教育的机会，完全不想珍惜、不思回报。不考虑自己的行为对亲人带来的伤害、对学校形成的影响、对社会造成的损失，断然弃世而去。当生命不在时，无论身上已被寄予多少期望，都因死亡而彻底毁灭。

从家庭的角度看自杀，自杀行为严重破坏家庭幸福并影响生活质量。一个自杀者，尤其当他是独生子女时，对于他的家人还有亲戚朋友，可能就会是全部，是百分之百。自杀身亡对家庭带来的损失是无法挽回的，自杀会给家人带来巨大的内心冲突和生活改变，家人常常背负着内疚、自责和羞耻感，这成为他们漫长人生路途的压力，使他们举步艰难。

我国每年有150万人遭受因亲友死亡而带来的严重心理创伤，400万人遭受亲友自杀未遂所带来的严重伤害。自杀死亡给他人造成的心理伤害会持续10年及以上。

从学校的角度看自杀　发生学生自杀事件，学校不仅要花费大量人力、物力、财力做好善后处理工作，还影响正常的教学和生活秩序，而且学校的声誉也受损。

从社会的角度看自杀　尽管自杀是一种个体行为，但自杀率的高低，在某种程度上反映了一个地区、一个社会文明进步的水平。在中国，大多数精神卫生工作者认为，自杀并不主要是精神卫生问题，而是一个社会问题。

（一）自杀的主要原因

（1）客观原因。主要有人际关系紧张、社会竞争激烈、天灾人祸、家庭纠纷、成长环境不良、压力过重。社会环境原因有经济变动、环境改变、季节、宗教。精神病理学原因主要有抑郁症、精神分裂症。个人心理的原因，有性格扭曲、人际关系扭曲。

（2）影响自杀的主要心理因素。一是倒霉，一系列消极事件连续发生，而且似乎不可避免。这些事件可能都是偶发的，却使个体产生倒霉感，包括受伤、丢失钱物、工作失败等。二是无助，个体处于孤独和困难之中时，无助感一般会相继而生。一般认为无法帮助自己的观念会削弱自尊感、个人价值感，以及自信心等有效心理机能，并因而出现抑郁。三是绝望，绝望是终止生命的信号，如果一个人经受了一系列的坏运气，并伴有无助和绝望，那么其自杀的危险就很高。

（二）自杀的干预策略

想要自杀的学生，从面对生活中的危机到实施自杀之间要经过几天或几周的时间；自杀的学生中大多数有想死和期待得到帮助的矛盾心情；直接接触学生的教师应重视每一个学生的“呼救信号”，尽可能满足每个学生的沟通要求，如果忽视了学生的要求，不仅有可能延误了自杀干预的时机，还会让对方认为不受重视，而更易产生轻生念头。

想自杀的学生在采取行动之前，在考虑到自己的死将给至爱亲朋带来极大痛苦和震惊时，心理压力特别沉重，会有一些可观察到的反常表现。心境和行为上的改变可能是自杀的重要征兆，如有自卑感和羞耻感，自我评价明显降低，抑郁、退缩，独处增加，明显减少与生活中重要人物的交流，丧失学习兴趣，经常不去上课，回避与人接触，与集体不融洽或过分注意别人。如何有效地进行干预？

（1）倾听。任何一个处于心理危机中的人，最迫切的需要就是有人能倾听他所传达的信息，对有自杀可能的人的指责只会阻碍有效的交流。

（2）对处于危机中的人的思想和情感进行评估。对任何自杀的想法都要认真对待，如果处于危机中的人已对自杀做了详细的计划，那么自杀的可能要比仅仅想到自杀时大得多。在做出自杀行动之前，他们既可能表现得很安静，也可能表现得情绪激动。如果既处于明显的抑郁之中，又伴有焦躁不安，这时出现自杀的危险性最大。

（3）接受所有的抱怨和情感。对处于危机中的人的任何抱怨都不应轻视或忽视，因为这可能对他们是非常严重的问题。在某些情况下，处于危机中的人可能以一种以经意的方式谈到他们的不满或抱怨，但内心却有着剧烈的情感波动。

（4）不要担心直接问及自杀。处于情绪危机中的人可能会隐约涉及自杀问题，但却不一事实上明确提出来。根据过去的经验，在适当的时候直接询问这一问题并不会产生不良的结果，但一般应在会谈进展顺利时再询问这一问题，在与处于危机中的人建立良好的协调关系后再问这一问题效果会更好。处于危机中的人一般也比较喜欢被直接问及自杀的问题，并能公开地对此进行讨论。

（5）要特别注意那些很快“反悔”的人。处于危机中的人经常会因为讲出了自杀的念头而感到放松，并且容易错误地以为危机已过，然而问题往往会再次出现，这时的自杀预防工作就更重要。

（6）做他的辩护者。处于危机中的人，他们的生活中需要有坚定、具体的指导者。这时，干预者要向他们传达这样的信息：他们所面对的问题已处于控制之中，并且干预者会尽全力阻止事态恶化，这样可以让处于危机的人有力量感。

（7）充分利用合适的支持资源。每一个体都既有内部资源（个人的、心理的），又有外部资源（环境中的，家庭、朋友的）。心理资源包括理性化、合理化，以及对精神痛苦的领悟能力等。如果这些资源缺乏，问题就很严重，必须有外界的支持和帮助。

（8）采取具体的行动。使当事人了解你已做好了必要的安排，例如在必要时安排住院或接受心理治疗等。对一个处于危机中的人来说，如果他觉得在咨询会谈中一无所获，他会感到挫折感。

（9）及时与专家商讨和咨询。根据问题的严重程度，要及时与有关专家取得联系，任何事都由自己一个人去处理是很不明智的。

（10）决不排斥或试图否认任何自杀念头的“合理性”。当有人谈到自杀时，决不能把这一问题看做是“操纵性的”或并不是真的想自杀，如认为是在吓唬人，装的，如果这样做，处于危机中的人会真切地感受到这种排斥或谴责。

（11）不要试图“大喝一声”就让试图自杀的人幡然悔悟。公开向试图自杀的人讨论并劝告他停止自杀，并相信这种评论会使对方认清自己的问题，这种想法很危险，可能会导致悲剧的发生。应该指出如果选择是去死，这样的决定就是不可逆的。只要生命尚存，就有机会解决存在的问题；而死亡同时也终止了任何出现转机的机会。同时也应强调情绪低落的阶段会过去，情绪低落虽然是对自我的限制，但它也有周期性。

当正处于自杀或其他的情绪危机中时，不能自己一个人单独去面对。当一个人孤立无援或缺乏人际接触时，自杀的危险性会大大提高。

◆拓展训练

【越玩越乐】

我的生命线

活动目的：协助你对自己的人生做出评估。

道具：1张白纸、1支红蓝两色铅笔或彩色笔。

操作过程：

（1）在纸的中部，从左至右画一道长长的横线，然后给这条线加上一个箭头，让它成为一条有方向的线。请你按照你为自己规定的生命长度，找到你目前所在的那个点。

（2）请在你的标志的左边，即代表着过去岁月的那部分，把对你有着重大影响的事件用笔标出来。注意，如果你觉得是件快乐的事，你就用鲜艳的笔来写，并要写在生命线的上方。如果你觉得快乐非凡，你就把这件事的位置写得更高些。如果你觉得是不快乐的事，你就用暗淡颜色的笔，写在生命线的下方，越痛苦的事情，越在生命线的相应下方很深的陷落处留下记载。

(3) 在探索的过程中，同时思考以下问题：你对过往的人生历程满意吗？人活着，有什么意义？你认为生命的质量如何？有价值和意义吗？

(4) 团体分享：活在当下，活在此时此刻。

【越测越乐】

自杀态度调查问卷（QSA）

指导语：本问卷旨在了解大家对自杀的态度，以期为我们的自杀预防工作提供资料与指导。请根据您的真实想法选择适合的答案。谢谢合作！其中1、3、7、8、10、11、12、14、15、18、20、22、28为反向计分，即回答“完全赞同”“比较赞同”“中立”“比较不赞同”“完全不赞同”分别计5、4、3、2、1分，其余条目均为正向计分，回答“完全赞同”“比较赞同”“中立”“比较不赞同”“完全不赞同”分别计1、2、3、4、5分。

1. 自杀是一种疯狂的行为。

2. 自杀与自然死亡者享受同等待遇。

3. 愿意和有过自杀行为的人深交。

4. 在整个自杀事件中，最痛苦的是自杀者的家属。

5. 对于身患绝症又极度痛苦的病人，可由医务人员在法律的支持下帮助病人结束生命。

6. 在处理自杀事件过程中，应该对其家人表示同情和关心，并尽可能为他们提供帮助。

7. 自杀是对人生命尊严的践踏。

8. 不应为自杀死亡者开追悼会。

9. 如果我的朋友自杀未遂，我会比以前更挂心他。

10. 如果我的邻居家里有人自杀，我会逐渐疏远和他们的关系。

11. 安乐死是对人生命尊严的践踏。

12. 自杀是对家庭和社会一种不负责任的行为。

13. 人们不应该对自杀死亡者评头论足。

14. 我对那些反复自杀者很反感，因为他们常常将自杀作为一种控制别人的手段。

15. 对于自杀，自杀者的家属在不同程度上都应负有一定的责任。

16. 假如我自己身患绝症又处于极度痛苦之中，我希望医务人员能帮助我结束自己的生命。

17. 个体为某种伟大的，超过人生命价值的目的而自杀是值得赞许的。

18. 一般情况下，我不愿去看望自杀未遂者，即使是亲人或好朋友也不例外。

19. 自杀只是一种生命现象，无所谓道德上的好和坏。

20. 自杀未遂者不值得同情。

21. 对于身患绝症又极度痛苦的病人，可不再为其进行维护生命的治疗（被动安乐死）。

22. 自杀是对亲人，朋友的背叛。

23. 人有时为了尊严和荣誉而不得不自杀。

24. 在交友时我不太介意他/她有过自杀行为。

25. 对自杀未遂者应给予更多的关心和帮助。

26. 当生命已无欢乐可言时，自杀是可以理解的。

27. 假如我自己身患绝症又处于嫉妒痛苦之中，我不愿再接维持生命的治疗。

28. 一般情况下我不会和家中有过自杀的人结婚。

29. 人应该有选择自杀的权利。

评分标准及分析：

QSA 共 29 个项目，都是关于自杀态度的陈述，分为 4 个维度：

1. 对自杀行为性质的认识，共 9 项，即问卷的第 1、7、12、17、19、22、23、26、29 项。

2. 对自杀者的态度；共 10 项，即问卷的第 2、3、8、9、13、14、18、20、24、25 项。

3. 对自杀者家属的态度：共 5 项，即 4、6、10、15、28 项。

4. 对安乐死的态度：共 5 项，即 5、11、16、21、27 项。

结果评价分析：

在此基础上，再计算每个维度的条目均分，最后分值在 1～5 之间，将对自杀的态度划分为三种情况，小于等于 2.5 分为对自杀的肯定、认可、理解和宽容的态度，大于 2.5 至小于 3.5 为矛盾或中立的态度，大于等于 3.5 认为对自杀持反对、否定、排斥和歧视的态度。

【越读越乐】

相信未来

作者：食指

当蜘蛛网无情地查封了我的炉台，
当灰烬的余烟叹息着贫困的悲哀，
我依然固执地铺平失望的灰烬，
用美丽的雪花写下：相信未来。
当我的紫葡萄化为深秋的露水，
当我的鲜花依偎在别人的情怀，
我依然固执地用凝霜的枯藤，
在凄凉的大地上写下：相信未来。
我要用手指向那涌向天边的排浪
我要用手撑起那托住太阳的大海
摇曳着曙光那枝温暖漂亮的笔杆
用孩子的笔体写下：相信未来
我之所以坚定地相信未来，
是我相信未来人们的眼睛——

她有拨开历史风尘的睫毛，
她有看透岁月篇章的瞳孔。
不管人们对于我们腐烂的皮肉，
那些迷途的惆怅、失败的苦痛，
是寄予感动的热泪、深切的同情，
还是给以轻蔑的微笑、辛辣的嘲讽。
我坚信人们对于我们的脊骨，
那无数次地探索、迷途、失败和成功，
一定会给予热情、客观、公正的评定。
是的，我焦急地等待着他们的评定。
朋友，坚定地相信未来吧，
相信不屈不挠的努力，
相信战胜死亡的年轻，
相信未来，热爱生命。

【越看越乐】

三个白痴

影片讲述兰彻顶替他人来到皇家工程学院的故事。这是一所印度传统的名校，这里检验学生的唯一标准只有成绩！成绩不好就意味着没有未来！而兰彻却不愿意随波逐流，他用他的善良、开朗、幽默和智慧影响着周围的人。他用所学的物理知识来教训野蛮的学长，他用智慧打破了学院墨守成规的传统教育观念。最后他用智慧成为了印度科学界的一位天才科学家，他实现了自己的梦想，也做回了真正的自己。“三人帮”中的拉加想成为工程师，法罕却想成为野生动物摄影家，在兰彻的影响下，他们最终都梦想成真。

参考文献

[1] [美] 理查德·格里格，菲利普·津巴多．心理学与生活 [M]．19 版．王垒，王甦，等，译．北京：人民邮电出版社，2016.

[2] [美] 卡伦·达菲，伊斯特伍德·阿特沃特．心理学改变生活 [M]．8 版．张莹，丁云峰，杨洋，译．北京：世界图书出版公司，2006.

[3] 张玲．心理健康研究与指导 [M]．北京：教育科学出版社，2001.

[4] 林崇德．发展心理学 [M]．北京：人民教育出版社，1995.

[5] 郑日昌．大学生心理咨询 [M]．青岛：山东教育出版社，1996.

[6] 岳晓东．登天的感觉 [M]．北京：北京师范大学出版社，1997.

[7] 周莉．大学生心理健康教育 [M]．2 版．北京：北京人民大学出版社，2015.

[8] 聂振伟．高职心理健康 [M]．北京：北京师范大学出版社，2004.

[9] 张大均，邓卓明．大学生心理健康教育 [M]．重庆：西南师范大学出版社，2004.

[10] 樊富珉．团体心理咨询 [M]．北京：高等教育出版社，2005.

[11] 边玉芳．心理健康 [M]．上海：华东师范大学出版社，2006.

[12] 刘电芝．儿童发展与教育心理学 [M]．北京：人民教育出版社，2006.

[13] 叶素贞．情绪管理与心理健康 [M]．北京：北京大学出版社，2007.

[14] 储争流．高职院校学生学习特点及教育对策探讨 [J]，湖南科技学院学报，2010 (1)：157 - 158.

[15] 杨晓燕，张海涛．当代大学心理健康教育 [M]．北京：中国原子能出版传媒公司，2011.

[16] 黄学军，韦磐石．大学生心理健康教育 [M]．天津：南开大学出版社，2012.

[17] 燕良轼．大学生心理健康教程 [M]．长沙：中南大学出版社，2006.

[18] David R. Shaffer & Katherine Kipp．发展心理学 [M]．9 版．邹泓，等，译．北京：中国轻工业出版社，2016.

[19] 彭聃龄．普通心理学 [M]．4 版．北京：北京师范大学出版社，2012.

[20] 鄢烈洲．大学生心理健康教育读本 [M]．武汉：华中师大出版社，2009.

[21] 朱翠英，高志强．大学生心理健康教育 [M]．武汉：武汉大学出版社，2007.

[22] 胡凯．大学生心理健康教育教程 [M]．长沙：湖南人民出版社，2009.

[23] 中共湖南省委教育工作委员会宣传部．湖南省大学生心理健康教育与指导 [M]．长沙：湖南大学出版社，2006.

[24] 蔺桂瑞．高职学生心理健康与人生发展：成长从关爱心灵开始 [M]．北京：高等教育出版社，2010.

[25] 胡凯．高职学生心理健康教育 [M]．北京：人民出版社，2010.

[26] 吉家文. 大学生心理健康教育 [M]. 天津：南开大学出版社，2012.
[27] 王磊，田晓红. 高职学生心理健康教育 [M]. 北京：人民日报出版社，2013.
[28] 李吉珊. 高职学生心理健康教育活动教程 [M]. 长沙：国防科技大学出版社，2013.
[29] 唐启金. 新编高职学生心理健康教育 [M]. 长沙：国防科技大学出版社，2012.
[30] 郑日昌. 高职学生心理健康 [M]. 北京：高等教育出版社，2007.
[31] 李晓华. 新时期高职院校学生学习特点与对策研究 [J]，职业教育研究，2013 (4)：37-38.
[32] 欧阳辉. 大学生心理健康教育教程 [M]. 沈阳：辽宁教育出版社，2012.
[33] 余丹丹. 大学新生适应性调查及适应不良群体的干预研究 [D]. 保定：河北大学，2011.
[34] 黄建春，林桦. 现代心理健康教育教程 [M]. 长沙：湖南人民出版社，2013.
[35] 许辉. 高职学生心理健康教育 [M]. 西安：西北工业大学出版社，2014.
[36] 钱铭怡. 心理咨询与心理治疗（重排本）[M]. 北京：北京大学出版社，2016.